Stefan Selke · Katja Maar (Hrsg.)

Transformation der Tafeln in Deutschland

Stefan Selke · Katja Maar (Hrsg.)

Transformation der Tafeln in Deutschland

Aktuelle Diskussionsbeiträge
aus Theorie und Praxis
der Tafelbewegung

VS VERLAG

Bibliografische Information der Deutschen Nationalbibliothek
Die Deutsche Nationalbibliothek verzeichnet diese Publikation in der
Deutschen Nationalbibliografie; detaillierte bibliografische Daten sind im Internet über
<http://dnb.d-nb.de> abrufbar.

1. Auflage 2011

Alle Rechte vorbehalten
© VS Verlag für Sozialwissenschaften | Springer Fachmedien Wiesbaden GmbH 2011

Lektorat: Frank Engelhardt | Cori Mackrodt

VS Verlag für Sozialwissenschaften ist eine Marke von Springer Fachmedien.
Springer Fachmedien ist Teil der Fachverlagsgruppe Springer Science+Business Media.
www.vs-verlag.de

Umschlaggestaltung: KünkelLopka Medienentwicklung, Heidelberg
Gedruckt auf säurefreiem und chlorfrei gebleichtem Papier
Printed in Germany

ISBN 978-3-531-18012-0

Inhalt

III PODIUMSDISKUSSIONEN ZUR TRANSFORMATION DER TAFELN

IV AUSBLICK

I GRUNDLAGEN

Transformation der Tafelbewegung – Idee und Zielsetzung einer transdisziplinären Fachtagung

Stefan Selke / Katja Maar

Zusammenfassung

Katja Maar und Stefan Selke waren gemeinsam die GastgeberInnen des „1. Interdisziplinären Tafelsymposions", das vom 22.–24. Oktober 2010 an der Hochschule Furtwangen University stattfand. Es versammelte zentrale AkteurInnen der Tafelbewegung zu einer gemeinsamen Klausur und Diskussion im Schwarzwald. In diesem einleitenden Beitrag werden Idee und Zielsetzung dieser Fachtagung erläutert. Damit werden gleichzeitig Intentionen und Rahmenbedingungen des umfassenden Moderationsprozesses der Tafelbewegung beschrieben, dessen Startpunkt im gemeinsamen Treffen gesehen werden kann. Es bleibt zu hoffen, dass sich der Moderationsprozess institutionalisiert und viele weitere AkteurInnen der Tafelbewegung erreicht.

1   Die Zeit ist reif: Verbindung der losen Fäden

Das Tafelsymposion, dessen Beiträge in der vorliegenden Publikation in Form eines Tagungsbandes dokumentiert werden, ist eine Initiative der Forschungsgruppe „Tafel-Monitor". Im Jahr 2009 gründete sich die Forschungsgruppe auf Initiative von Prof. Dr. Stefan Selke (Hochschule Furtwangen University). Als Kooperationspartnerin konnte Prof. Dr. Katja Maar (Hochschule Esslingen) gewonnen werden. Die Idee dieses Zusammenschlusses war, Synergieeffekte durch die Zusammenlegung von interdisziplinären Kompetenzen für die Forschung zu erzielen. Die Forschungsgruppe „Tafel-Monitor" verankert das Thema „Tafeln" zudem in der Lehre und trägt damit in diesem Umfeld zur Qualifizierung von NachwuchswissenschaftlerInnen bei. Darüber hinaus hat sich die Forschungsgruppe zum Ziel gesetzt, den Transformationsprozess über Stellenwert und Zukunft der Tafeln und ähnlicher existenzunterstützender Einrichtungen (z. B. Sozialkaufhäuser) in Deutschland moderierend zu begleiten.

- Vor diesem Hintergrund entstand im Frühjahr 2010 die Idee, eine interdisziplinäre Fachtagung zu Tafeln und ähnlichen existenzunterstützenden
Angeboten durchzuführen. Inspiriert wurde die Idee eines Symposions
auch durch im Folgenden skizzierte Erfahrungen, welche die Forschungsgruppe im Kontext von Forschungs-, Beratungs- und Vortragstätigkeiten
gesammelt hat.

- *Fragmentierung der Fachdiskussion:* An vielen Orten in Deutschland, innerhalb zahlreicher Institutionen und Organisationen existieren teils
voneinander isolierte und durch vielfältige Interessen strukturierte Teil-
diskussionen. Diese Fragmentierung der Diskussion und die institutions-
spezifischen Schwerpunkte führen dazu, dass vorhandene Ressourcen
(insbesondere in Form von Zeit, Kompetenzen und finanziellen Mitteln)
suboptimal eingesetzt werden. Aus diesen Fragmenten lässt sich nur unter
Mühen ein sinnvolles Gesamtbild rekonstruieren. Was fehlt, ist eine gemeinsame Strategie, eine gemeinsame Stimme und ein gemeinsames Ziel,
welches das Wohl der Menschen im Blick hat, die von Armut und sozialer
Exklusion betroffen sind und institutionelle Eigeninteressen hinten anstellt.

- *Isolierung der zentralen AkteurInnen:* Die zahlreichen AkteurInnen wissen
oft gar nicht um ihre inhaltliche Anschluss- und Konsensfähigkeit. Das
Hauptaugenmerk liegt vielmehr in der Abgrenzung gegenüber anderen
AkteurInnen und teilweise völlig kontrafaktischen Dissensunterstellungen.
Diese Isolierung kann auf Dauer nicht in einem konstruktiven Diskurs
münden und trägt vor allem nicht zu einem zielgerichteten gesellschaftlichen Transformationsprozess bei.

- *Immunisierung:* Damit einher gehen zahlreiche personelle oder institutionelle Immunisierungsstrategien. Es wird zu viel „übereinander" anstatt
„miteinander" geredet. Dies betrifft nicht nur die Immunisierung gegenüber Kritik an den Tafeln (gleich von wem vorgebracht), sondern auch
eine Immunisierung gegenüber anderen Sichtweisen konkurrierender
AkteurInnen.[1] Dies gilt insbesondere für die meisten AkteurInnen aus
dem Bereich der Medien, wodurch ein einseitiges und damit unzulänglich
differenziertes Meinungsbild in die Öffentlichkeit transportiert wird. Insbesondere gilt dies aber für die AkteurInnen aus dem Bereich der Politik,
wie zahlreiche eher eindimensional ausgerichtete Wortmeldungen in der
letzten Zeit zeigen.

---

[1] Vgl. auch den Beitrag „Akteure und Interessen – Ein analytisches Modell der Tafellandschaft" von Stefan Selke in diesem Band.

Zusammengenommen bilden diese drei Aspekte – Fragmentierung, Isolierung und Immunisierung – den wenig konstruktiven Nährboden, auf dem die Tafelbewegung und verwandte Bewegungen (z. B. die Bewegung der Sozialkaufhäuser) gegenwärtig gedeihen. Vor diesem Hintergrund können vorhandene konstruktive Ansätze von Einzelpersonen oder VertreterInnen einzelner Institutionen nur sehr mühsam Aufmerksamkeit erzielen und sich kaum entfalten. Zahlreiche Rückmeldungen (eingesammelt anlässlich von Vorträgen, Teilnahme an verschiedenartigen Podiumsdiskussionen sowie Kontakten zu Fach- und MedienvertreterInnen) zeigten, *dass die Zeit reif ist, die losen Fäden zusammen zu bringen*, die verteilten AkteurInnen gegenseitig bekannt zu machen, die „gefühlte Ignoranz" abzubauen und eine Brücke für ein gemeinsames Verständnis zu bauen. Es war genau diese, immer wieder real geäußerte Nachfrage nach einer gemeinsamen Plattform, die schließlich zur Realisierung des Tafelsymposions 2010 führte.[2]

2 Erfahrungsaustausch zwischen Theorie und Praxis

Obwohl im Titel des Symposions der Begriff „interdisziplinär" auftaucht, wurde der Rahmen für das Konzept der Fachtagung weiter gespannt. Eine rein interdisziplinäre Beschäftigung mit den Tafeln und weiteren existenzunterstützenden Einrichtungen, also ein Austausch von WissenschaftlerInnen über Fachgrenzen hinweg, reicht nicht aus, um dem komplexen Phänomen „Tafel" gerecht zu werden.

Üblicherweise muss man sich bei der Planung von Tagungen entscheiden, ob man thematisch eher in die Tiefe oder in die Breite geht. Bei der ersten Tagung dieser Art lag die Entscheidung auf der Hand: Es ging darum, gemeinsam mit relevanten AkteurInnen das Spektrum dessen abzustecken, was sich zu „Tafeln" und ähnlichen Einrichtungen denken und damit sagen lässt. Die Entscheidung für ein „Konzept der Breite" lag auch darin begründet, dass das Tagungsthema aus den sehr heterogenen Perspektiven von Armutsforschung, Sozialpolitik, Verbandspolitik, Sozialethik sowie der sozialpädagogischen NutzerInnenforschung, aber auch unter Berücksichtigung praktischer Erfahrungen aus der Tafellandschaft selbst diskutiert werden sollte. Mit anderen Worten: Es ging um einen ersten gemeinsamen Erfahrungsaustausch.

---

[2] Ein Teilnehmer brachte es in einer Wortmeldung stellvertretend auf den Punkt: „Ich habe zehn Jahre auf eine solche Veranstaltung gewartet!"

Für diesen Ansatz wird gerne der Begriff der *Transdisziplinarität* verwendet. Darunter wird ein „Prinzip integrativer Forschung" verstanden (Mittelstraß 2003). Im vorliegenden Fall ging es darum, die Perspektive der Praxis in die wissenschaftliche Beforschung der Tafeln zu integrieren sowie in reziproker Weise die Perspektive der Wissenschaft in die Prozesse der Praxis zu bringen. Transdisziplinarität ist immer dann notwendig, wenn lebensweltliche Probleme auftauchen über die noch wenig Wissen vorhanden ist, die umstritten sind und die für die Betroffenen selbst folgenreich sind. Das exakt ist die Ausgangsposition der Fachtagung.

Es gibt noch erhebliche Wissens- und Forschungslücken, die erst langsam durch empirische Projekte bearbeitet werden (zur Übersicht über den Forschungstand vgl. Selke 2010: 16ff.). Die Beurteilungen des gesellschaftlichen Stellenwertes von Tafeln gehen – so viel lässt sich schon jetzt verraten – oftmals diametral auseinander, denn letztlich handelt es sich um einen Bereich, der für viele Betroffene deshalb folgenreich ist, weil es hier eben um „existenzunterstützende Angebote" geht, d. h. Angebote, die das eigene Dasein im Kern betreffen.[3] Für Nahrungsmittel und Essen gilt dies in besonderer Weise.

Mit dem Tafelsymposion sollten nicht nur die Meinungs- und Interessensgegensätze überbrückt, sondern vor allem die relevanten Fragen und Forschungsfelder markiert werden. Dazu wurde auf das als gleichrangig anzusehende praktische Wissen „1. Ordnung" der Tafelaktiven zurückgegriffen. Deren Wahrnehmungen und Einstellungen wurden in ein System theoretischen Wissens „2. Ordnung" überführt (Berger/Luckmann 1997). Praktisches Wissen und wissenschaftliches Wissen sollten sich also (im Idealfall) zu einer Symbiose verbinden. Die Rahmenbedingungen dafür waren ein transparenter Dialog, in dem sich die unterschiedlichen Wirklichkeiten und begrifflichen Ordnungssysteme entfalten konnten. Dabei ging es darum, die Komplexität des Themas aufzuzeigen, und nicht darum, diese Komplexität zu überdecken. Dies sollte dadurch möglich sein, dass sich fallspezifisches Wissen der TeilnehmerInnen mit abstrahierenden Konzepten der Forschung verbindet. Es ging also um einen gegenseitigen Lern- und Reflexionsprozess zwischen Wissenschaft und Praxis. Dieser Spagat zwischen Praxis und Theorie war ein Experiment, aber dieses Experiment war gewollt und willkommen.

---

[3] Hierbei sollte berücksichtigt werden, dass die „existenzunterstützende Funktion" nicht nur auf der Seite der Hilfe*nachfragenden*, sondern vielmehr auch auf der Seite der Hilfe*anbieter* virulent wird. Auch die Existenz derer wird unterstützt, die sich ehrenamtlich im Feld der Tafeln engagieren. Aus ersten vorliegenden Studien ist bekannt, dass diese Unterstützung ebenso intensiv sein kann, wie der Erhalt einer Lebensmittelspende (vgl. Caritas NRW (2010).

Formate, die zur Anwendung kamen, waren neben Vorträgen zahlreiche
Podiumsdiskussionen, Plenumsdiskussionen sowie die Video-Dokumen-
tation aller Einzelveranstaltungen und deren anschließende Archivierung
(www.tafelforum.de). Für die Moderation zeigten sich die GastgeberInnen
verantwortlich, die sich in ihrer eigenen Meinung, soweit dies möglich war,
zurücknahmen und den kritischen Dialog zwischen den Anwesenden an der
Schnittstelle zwischen Wissens-, Wert- und Handlungsfeldern (Lieven/Maasen
2007) zu fördern versuchten.[4]

„Tafeln & Co." als vorläufiger Platzhalter

„Tafeln & Co." wurde als ein vorläufiger Platzhalter für die Gesamtheit der
existenzunterstützenden Angebote verstanden. Insbesondere für Formen von
Lebensmittelausgaben, auch wenn diese nicht als „Tafel" bezeichnet werden.
Gleichzeitig ist diese Formel aber auch ein Platzhalter für die vielfältigen Formen sozialen Wandels, die die Hintergrundfolie für die Existenz von Tafeln
und ähnlichen Angeboten bilden. Hierunter ist vor allem die gegenwärtige
Diskussion über Armut (vgl. exemplarisch Verstetigung von Armut, Altersarmut, Kinderarmut etc.) in Deutschland zu verstehen, aber auch die allgemeine Diskussion über die Zukunft des Sozialstaats und die Grenzen der
Zivilgesellschaft (Selke 2011). Da es sich hierbei um eine ganze Palette inter-
dependenter Themen handelt, wird an dieser Stelle darauf verzichtet, diese
darzustellen – die Themen tauchen gleichwohl mehrfach in den Vorträgen
und Diskussionen auf.

3   Stil und Ziele des Tafelsymposions

Die Tafeln gelten vielen als Reaktion auf eine Nachfrage nach Hilfeleistungen
in einer Gesellschaft, die zunehmend durch Armutslagen und soziale Spannungen gekennzeichnet ist. Es gibt aber auch zunehmend eine Nachfrage nach
der Klärung ihres gesamtgesellschaftlichen Stellenwerts, d. h. nach Orientie-
rungswissen und Reflexion. Letzteres war Aufgabe und Ziel der Fachtagung.

---

[4] Auch Abwesende konnten das Tafelsymposion verfolgen, denn alle Veranstaltungen wurden *live* ins Internet übertragen. An den drei Tagen der Veranstaltung wurde dieser Service
auch genutzt, so dass insgesamt etwa genauso viele Personen virtuell teilnahmen wie real
anwesend waren.

Wissenschaft ist eine „gemeinsame Form der Ungewissheitssteigerung"
(Baecker 2008). Dieser Ansatz wurde auch bei der Tagung verfolgt. Im Sinne
eines „geregelten Streits" wurde drei Tage lang ein Themenfeld aus unterschiedlichsten Perspektiven heraus diskutiert. Da dieses Themenfeld viele
Menschen emotional bewegt, kann man sich – auch bei besten Absichten –
nicht immer einig sein. Diese Dissonanzen galt es auszuhalten, aber eine
derartige Fachtagung sollte auch keine kollektive Harmonieveranstaltung
darstellen.

Ziele des Tafelsymposions

Die gemeinsame Form der Ungewissheitssteigerung bestand darin, darauf zu
verzichten, gleich zu abschließenden Antworten zu gelangen und diese gar
öffentlich zu postulieren. Dies würde trotz des versammelten Fach- und Pra-
xiswissens eine vehemente Überforderung darstellen und der Komplexität des
gesellschaftlichen Phänomens „Tafeln" nicht gerecht werden. Es reichte aber
schon aus, die passenden Fragen zu stellen und gemeinsam an diesen Fragen
weiter zu arbeiten. Das Ziel der Fachtagung bestand explizit *nicht* darin, alle
Beiträge holzschnittartig nach „Pro" und „Contra" zu sortieren. Stattdessen
sollten neue Sichtweisen ermöglicht werden. Zu diesen Sichtweisen gelangten
die TeilnehmerInnen deshalb, weil sich alle bemühten, ihre hervorgebrachten
Meinungen (empirisch) zu begründen. So wurden die meisten Aussagen auch
für Dritte *überprüfbar*. Nicht immer gelang die Trennung zwischen normativen
Aussagen und Faktenaussagen. Oftmals schwang noch der Rest sozialer Erwünschtheit mit. Insgesamt aber ist es gelungen, eine offene Dialogkultur und
Dialogfähigkeit zu etablieren.
      Die Ziele des Tafelsymposions lassen sich in informelle und formelle Ziele
untergliedern. Auf einer informellen Ebene gelang es, sich erstmals gegenseitig kennen und oft auch schätzen zu lernen.[5] Die formellen Ziele lassen sich
wiederum in zwei Gruppen unterteilen:

▪   *Ziele für die Transformation der Tafelbewegung*: Hierbei ging es darum, die
     Logiken und Denkweisen der je anderen AkteurInnen kennen zu lernen
     und Interessenskonflikte offen anzusprechen. Im Kern wurden hierzu die

---

[5] Dazu diente u. a. ein Hüttenabend in einer typischen Schwarzwaldhütte am ersten Abend
sowie die ausführlichen Mittagspausen, in denen an einer gemeinsamen „Tafel" im Foyer
des Veranstaltungsgebäudes gespeist wurde.

vorhandenen Selbst- und Fremdbilder sowie die damit verbundenen Zuschreibungsprozesse rekonstruiert, zuweilen mit überraschenden und sehr
konstruktiven Folgen.

- *Ziele für die wissenschaftliche Forschung*: Hierbei stand die Dokumentation
  des Forschungsstandes im Mittelpunkt, verbunden mit der Suche nach
  weiteren Forschungslücken. Hierzu dienten Impulsvorträge aber auch An-
  merkungen in den gemeinsamen Diskussionen.

Insgesamt ging es also darum, den gesellschaftlichen Stellenwert von Tafeln
und existenzunterstützenden Einrichtungen zu skizzieren und *unterschiedliche
Zielerreichungsgrade im Transformationsprozess* sowie dessen Stand, Stärke und
Richtung abzuschätzen.

4   Thematische Blöcke und deren Leitfragen

Der Zuschnitt der Einzelveranstaltungen auf dieser Tagung entspricht der
Wahrnehmung des Diskurses durch die GastgeberInnen, d. h. es ist der Versuch, zentrale Fragestellungen in je einem Themenblock zu bündeln.

Themenblock 1: „Metaperspektiven auf Tafeln"

In diesem Themenblock wurden einleitend vier Metaperspektiven eingenommen (vgl. dazu die Artikel in diesem Band)[6]. Dabei wurden folgende Fragestellungen verfolgt:

- Wie erscheint das bundesdeutsche Tafelsystem im internationalen Ver-
  gleich? (Stephan Lorenz)
- Wie prekär ist die bei Tafeln geleistete „Gastfreundschaft" im historischen
  Vergleich? (Mareike Layer)
- Was lässt sich über die „Verwundbarkeit" von Tafeln und TafelkundInnen
  aussagen? (Timo Sedelmeier)
- Was kann man aus der Sprache der Tafeln über deren „Logik" und „Denk-
  weise" lernen? (Rainer Witt)

---

[6] Stephan Lorenz konnte seinen Vortrag auf dem Tafelsymposion leider nicht halten. Er ist
jedoch aus Gründen der Vollständigkeit ebenfalls an dieser Stelle dokumentiert.

Themenblock 2: „Wirkung von Tafeln"

In diesem Themenblock trafen zwei Sichtweisen aufeinander: Die Selbstbeschreibung (Gerd Häuser) und eine gesamtwirtschaftliche Betrachtung der Tafeln (Rudolf Martens)[7]. Leitfragen waren hierbei:

- Welche Anforderungen werden an Tafeln hinsichtlich ihrer „Wirkung" gestellt?
- Welche „Erfolgskriterien" werden mit welchen Begründungen geltend gemacht?

Hierbei gab es eine Überschneidung mit dem Themenblock 7 „NutzerInnenperspektiven", in dem nach dem subjektiven Gebrauchswert der Tafeln aus Sicht der AdressatInnen der Hilfe gefragt wurde.

Themenblock 3: „Gesellschaftlicher Stellenwert der Tafeln"

In diesem Themenblock – einer der zentralen der Tagung – ging es darum, die Tafeln diskursiv und normativ einzuordnen und deren Stellenwert in der Öffentlichkeit und den Medien gemeinsam zu verhandeln. Leitfragen hierbei waren:

- Wie gestaltet sich das Verhältnis von Tafeln und Politik?
- Welche gesellschaftlich-diskursiven Auswirkungen ergeben sich aus der Existenz von Tafeln?
- Wie lässt sich das Engagement von Unternehmen für die Tafeln im Kontext der ökonomischen Entwicklung einordnen?
- Was sind die langfristigen (realistischen und utopischen/erwünschten) Perspektiven für die Rolle der Tafeln in der Gesellschaft?
- Wie sehr ist die öffentliche/mediale Darstellung der Tafeln von den empirischen Fakten entfernt?

---

[7] Der Vortrag von Rudolf Martens ist nicht in dieser Dokumentation enthalten, weil er schon komplett in einem anderen Sammelband abgedruckt wurde (vgl. Martens 2010).

Themenblock 4: „Tafeln, Ehrenamt und Soziale Dienste"

Diese Veranstaltung fokussierte die Sphäre der Praxis und die institutionelle Sphäre der Tafeln. Einerseits müssen Konflikte zwischen Laien und Professionellen direkt in der Praxis ausgehandelt werden. Andererseits sind sie aber auch Gegenstand konkurrierender Konzeptionalisierungen bei Trägern und Interessensvertretungen der Tafeln. Leitfragen hierbei waren:

- Welchen Stellenwert nehmen Tafeln und ähnliche Einrichtungen im Kontext sozialer Dienste ein?
- Wie gestaltet sich das Verhältnis von Ehrenamt und professioneller Sozialer Arbeit?
- Führt das ehrenamtliche Engagement zu einer „Deprofessionalisierung" Sozialer Arbeit?
- Welches Selbstverständnis liegt dem ehrenamtlichen, welches dem hauptamtlichen Engagement zugrunde?

Themenblock 5: „Transformation der Tafeln"

In dieser Veranstaltung wurden die bislang erfolgten Versuche der Rekonzeptionalisierung von Tafeln als Ergebnis interner Reflexions- und Positionierungsprozesse in verschiedenen Trägerinstitutionen thematisiert. Leitfragen waren hierbei:

- Wo liegen die Unterschiede, wo die Gemeinsamkeiten der verfügbaren Konzepte?
- Welchen Stellenwert haben die Konzepte in den jeweiligen Institutionen, wie konsensfähig sind die Konzepte?
- Welche institutionenübergreifenden Konfliktpotenziale sind damit ggf. verbunden?
- Welche latenten und manifesten Interessen sind damit verbunden?
- Wie werden dabei die Interessen der AdressatInnen dieser Konzepte berücksichtigt?

Themenblock 6: „NutzerInnenperspektiven"

In der Sphäre der Praxis wurden Erfahrungen und Kognitionen von Nutzer-
Innen und Nutzungsverweigerern in den Blick genommen, d. h. in dieser
Veranstaltung ging es um die Konfrontation des Selbstbildes der existenzunterstützenden Einrichtungen mit den Fremdbildern ihrer jeweiligen NutzerInnen. Leitfragen hierbei waren:

- Welchen Nutzen/Gebrauchswert haben Tafeln und ähnliche Einrichtungen
  aus der subjektiven Perspektive ihrer NutzerInnen?
- In welcher Form werden Tafeln von ihren NutzerInnen in Anspruch genommen?
- Welche (begründeten oder unbegründeten) Erwartungen sind damit verbunden?
- Wie gestaltet sich das Passungsverhältnis zwischen Angebot und Nachfrage?

Themenblock 7: „Tafeln, Sozialethik und Menschenwürde"

Die Frage nach der Menschenwürde hat sowohl hohe Praxisrelevanz, ist aber
gleichzeitig auch eine Frage normativer Aushandlungsprozesse. Dieses Thema
ist am wenigsten „punktgenau" zuzuordnen – es ist ein übergreifendes Thema.
Leitfragen hierbei waren:

- Welche unterschiedlichen Konzepte von Menschenwürde gibt es?
- Wie sieht deren normative Basis aus?
- Welche konkreten Ansätze und Beispiele gibt es, Menschenwürde im Feld
  der Tafeln und ähnlicher Einrichtungen zu ermöglichen?
- Wo liegt die Grenze der Ermöglichung von Menschenwürde?

5   Dokumentation im Tagungsband

Neben der Videodokumentation (www.tafelforum.de) wurden die Vorträge,
die nicht schriftlich vorlagen, transkribiert, ebenso alle Podiumsdiskussionen
und gemeinsamen Diskussionen zwischen den TagungsteilnehmerInnen. Die
Diskussionen werden nicht wörtlich wiedergegeben, sondern anhand der dort
artikulierten Kernaussagen zusammengefasst. Sie sind nicht repräsentativ für

die gesamte Tafelbewegung, dokumentieren jedoch das *Meinungsspektrum* der TeilnehmerInnen der Fachtagung – und sicher auch darüber hinaus.

Nach der Darstellung (Teil I) eines Modells des Tafellandschaft mit den darin enthaltenen AkteurInnen und Interessenskonflikten (Stefan Selke) werden die Vorträge des Tafelsymposions vorgestellt (Teil II), danach die Podiumsdiskussionen (Teil III). Die Podiumsdiskussionen werden in verdichteter Form dargestellt, wobei nicht die Chronologie der Diskussion im Vordergrund steht, sondern die thematische Sortierung der Argumente. Es kommt uns nicht primär auf eine wörtliche Widergabe an, sondern auf eine sinngemäße. Dort, wo es notwendig erschien, wurden zur Illustration wörtliche Zitate eingefügt. Die Zitate wurden von einer umgangssprachlichen Form in die Schriftform überführt. Bei der Übertragung der Argumente aus den Videoaufzeichnungen und der anschließenden verdichteten Darstellung wurde größte Sorgfalt an den Tag gelegt. Sollte sich dennoch ein Fehler eingeschlichen haben, so bitten wir dies zu entschuldigen. Abschließend (Teil IV) wird ein kurzer Ausblick unternommen, indem die wesentlichen Ergebnisse der Diskussionen in einer argumentativen Landkarte zur Transformation der Tafelbewegung dargestellt werden.

6.   Danksagung

Das Tafelsymposion wurde mit kleinem Budget, dafür aber mit viel Herzblut organisiert. Die Veranstalter danken an dieser Stelle dem Bürgermeister der Stadt Furtwangen, Herrn Josef Herdner, dem Rektor der Hochschule Furtwangen University, Prof. Dr. Rolf Schofer sowie der Hochschule Esslingen für die großzügige Unterstützung! Dank gebührt auch dem studentischen Team des Informations- und Medienzentrums unter der Leitung von Dominik Dühning, das alle Vorträge und Diskussionen des Tafelsymposions videotechnisch dokumentiert und uns damit die Grundlage für diese Tagungsdokumentation geliefert hat. Besonderer Dank gilt dem Orgateam, bestehend aus Lena Drews, Paul Markwardt und schließlich Marion Selke, die die Transkripte anfertigte. Bei den redaktionellen Arbeiten unterstützten Luise Molling (die auch eine der Podiumsdiskussionen moderierte) sowie Marion Schubert die HerausgeberInnen. Ohne die Arbeit dieser Personen, die zeit- und nervenaufreibend war, wäre diese Tagungsdokumentation nicht zustande gekommen.

Literatur

Baecker, Dirk (2008): Studien zur nächsten Gesellschaft. Frankfurt a. M.

Berger, Peter L./Thomas Luckmann (1997): Die gesellschaftliche Konstruktion von Wirklichkeit. Eine Theorie der Wissenssoziologie. Frankfurt a. M.

Caritas NRW (2010): Brauchen wir Tafeln, Suppenküchen und Kleiderkammern? Hilfen zwischen Sozialstaat und Barmherzigkeit. Freiburg i.Br.

Lieven, Oliver/Maasen, Sabine (2007): Transdisziplinäre Forschung: Vorbote eines „New Deal" zwischen Wissenschaft und Gesellschaft? In: GAIA 1, 2007, 35–40.

Martens, Rudolf (2010): Warum sind die Tafeln erfolgreich? Skizze einer gesamtwirtschaftlichen Betrachtung. In: Selke, Stefan (Hg.): Kritik der Tafeln. Standortbestimmungen zu einem ambivalenten sozialen Phänomen. Münster, 109–127.

Mittelstraß, Jürgen (2003): Transdisziplinarität: Wissenschaftliche Zukunft und institutionelle Wirklichkeit. Konstanz.

Selke, Stefan (2011): Grenzen der Zivilgesellschaft. Die Tafel-Bewegung in Deutschland. In: POLIS. Report der Deutschen Vereinigung für Politische Bildung. Heft 1, 6–10.

Selke, Stefan (2010) (Hg.): Kritik der Tafeln in Deutschland. Standortbestimmungen zu einem ambivalenten sozialen Phänomen. Wiesbaden.

Akteure und Interesse – Ein analytisches Modell der Tafellandschaft

Stefan Selke

Zusammenfassung

Eine Grunderkenntnis aus der bislang geführten Diskussion ist die Tatsache, dass AkteurInnen, die aus unterschiedlichen Perspektiven auf das Phänomen „Tafel" blicken, schnell aneinander vorbei reden. Aus der Praxis des Transformationsprozesses, aber auch den Notwendigkeiten der begleitenden Forschung heraus, entstand daher die Nachfrage nach einem Modell der Tafellandschaft, das die verschiedenen Diskussionsebenen abbildet und damit zumindest im Ansatz Orientierung schafft. Dieses Modell bildet in vier „Sphären" die zentralen TafelakteurInnen sowie damit zusammenhängende Interessens- und Konfliktfelder ab. In einem weiteren Schritt können die im Umfeld des Tafelthemas genutzten theoretischen Erklärungsansätze den einzelnen Ebenen des Modells zugeordnet werden. Das Modell soll als Heuristik offen sein für Kritik und Weiterentwicklungen.

1   Modelle der Wirklichkeit – Modelle als Wirklichkeit

Modelle sind vereinfachte Darstellungen der Wirklichkeit. In der Soziologie gibt es dafür klassische Vorbilder, bestand doch von Beginn an die Notwendigkeit, das „große Ganze", d. h. die Gesellschaft in anschaulichen Modellen darzustellen. Die Notwendigkeit zur Etablierung von Modellen zur Beschreibung der Gesellschaft bestand von Anfang an (Chaplin 1994). Heute kommt kein Lehrbuch der Sozialstrukturanalyse mehr ohne visuelle Modelle aus: Klassenmodelle, Schichten- und Lebenslagenmodelle, Milieumodelle u. v. m. (z. B. Hradil 2011). Dies hat einen plausiblen Grund: Modelle reduzieren die Komplexität der Wirklichkeit. Sie machen zudem kommunikativ anschlussfähig. Modelle sind Konsensvorstellungen der Welt, es sind Repräsentationen, deren Aussage von den meisten geteilt werden (Barlösius 2005). Somit dienen sie der Orientierung und werden sogar handlungsleitend, indem die Modelle

auf die Wirklichkeit zurückwirken. Sie zeigen Zusammenhänge, Abhängigkeiten, Konflikte aber auch Spielräume auf.

   Ein Modell der Tafellandschaft kann und soll daher nicht mehr sein, als
eine stark *vereinfachte Darstellung* verschiedener Aspekte, die von den Tafeln
berührt werden. Mit dem Modell verbindet sich die Hoffnung, dass es die
Kommunikation über Wirkungen und Nebenwirkungen der Tafeln strukturiert und damit zielführender macht. Das handlungsleitende Potenzial
des Modells liegt darin, dass sich alle AkteurInnen selbst verorten und ihr
eigenes Selbstverständnis überprüfen können. Primär dient das Modell der
Strukturierung des zukünftigen Diskussions- und Transformationsprozesses.
Daneben kann es zur Forschungsplanung genutzt werden, da sich die verschiedensten Theorien zuordnen und Forschungsfragen ableiten lassen. Ein
sekundärer Nutzen könnte eine verbesserte Themenfindung innerhalb der
Medienberichterstattung oder im Kontext von wissenschaftlichen Qualifika-
tionsarbeiten sein.

2   Analytisches Rahmenmodell

Im Modell der Tafellandschaft sind alle relevanten AkteurInnen innerhalb
von vier interdependenten Sphären angeordnet. Dies führt in einem zweiten
Schritt dazu, die mit den AkteurInnen verbundenen Interessenskonflikte offen
zu legen.

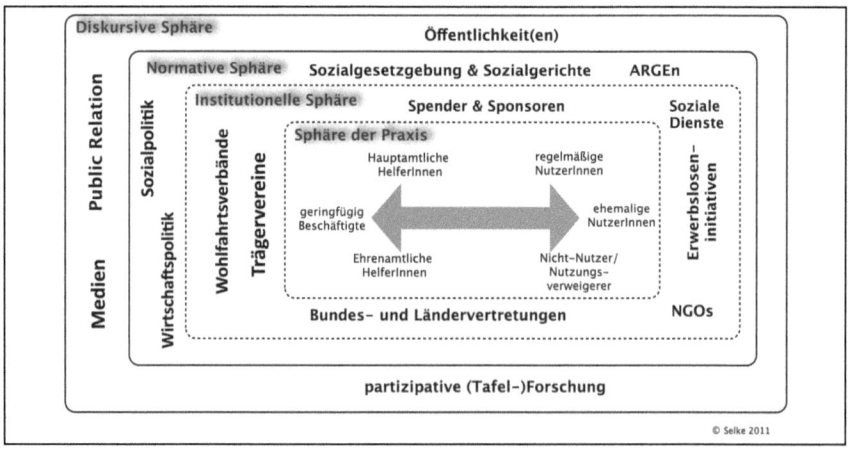

Abbildung 1   Übersicht über die AkteurInnen der Tafellandschaft

Im Folgenden werden die wesentlichen Zusammenhänge erläutert, die durch das Modell verdeutlicht werden. Es ist als Heuristik zu verstehen, offen für jegliche Form von Weiterentwicklungen. Die AkteurInnen sind auf vier unterschiedlichen Ebenen (hier „Sphären" genannt) nach dem Vorbild eines „Zwiebelmodells" angeordnet. Dies impliziert, dass die äußeren Sphären jeweils die inneren einschließen und auf diese wirken.

2.1   Sphäre der Praxis

In der Sphäre der Praxis begegnen sich die HauptakteurInnen der Tafellandschaft, diejenigen, die ein Hilfsangebot machen und diejenigen, die ein Hilfsangebot annehmen (müssen). Es ist die *Mikroebene* der Tafellandschaft – verbunden mit einer Innenperspektive. Sie ist geprägt von unterschiedlichen Formen der Ausgestaltung des je vorfindlichen sozialen Interaktionsraums (Selke 2010: 19). Für diese beiden Gruppen haben sich die Begriffe „HelferInnen" und „NutzerInnen" durchgesetzt. Unter den HelferInnen müssen (mindestens) drei Unterkategorien unterschieden werden: a) die Gruppe der hauptamtlichen HelferInnen, also z. B. MitarbeiterInnen von Trägerverbänden oder festangestellte Markt- oder TafelleiterInnen bei Trägervereinen, b) die Gruppe der ehrenamtlichen HelferInnen und c) die Gruppe der geringfügig Beschäftigten und/oder bei Tafeln mitarbeitenden bedürftigen NutzerInnen. Schon auf den ersten Blick wird also deutlich, dass es sich bei der Tafelbewegung *keinesfalls* ausschließlich um eine Laien- oder Ehrenamtsbewegung handelt (vgl. Selke 2010a). Dieser Akteursgruppe stehen die unterschiedlichen NutzerInnen gegenüber, wobei hier „gegenüber" in vielen Fällen wörtlich verstanden werden kann. Dies sind a) die Gruppe der (mehr oder weniger) regelmäßigen TafelnutzerInnen, b) die Gruppe der ehemaligen NutzerInnen sowie c) die Gruppe der Nicht-NutzerInnen bzw. Nutzungsverweigerer. Unter der letzten Gruppe sind diejenigen Personen zu verstehen, die zwar EmpfängerInnen von Transferleistungen sind und somit ein Anrecht haben, eine Tafel zu nutzen, dies aber nicht können (keine Tafel im Umfeld vorhanden) oder nicht wollen (aus Scham oder sonstigen Gründen)[1]. Auch hier offenbart die Übersicht, wie schnell es zu Fehlwahrnehmungen kommen kann. *Die Tafeln erreichen nur einen geringen Teil der bedürftigen Menschen in Deutschland und werden gleichwohl als verlässliches System der Armutsversorgung wahrgenommen.*[2]

---

[1] Vgl. dazu den Beitrag von Jens Becker in diesem Tagungsband.
[2] Vgl. dazu den Beitrag von Timo Sedelmeier in diesem Tagungsband.

Interessenskonflikte werden sichtbar, wenn man das Interaktionsverhältnis dieser beiden Gruppen betrachtet. Für jede der beiden Akteursgruppen ergeben sich aus dieser Übersicht offene *Forschungsfelder* – ebenso aus dem Zusammenspiel beider Gruppen. So fehlt einerseits eine empirisch verlässliche Strukturdatenerhebung zur Verteilung zwischen Haupt- und Ehrenamtlichen im Feld der Tafeln und ähnlicher Einrichtungen. Interessenskonflikte bestehen aufgrund der unterschiedlichen Motivationslagen sowie Macht- und Hierarchiepositionen. Zudem ist bislang unklar, wie hoch der Anteil des Ressourceneinsatzes ist, der von geringfügig Beschäftigten stammt. Auf der Seite der NutzerInnen fehlen Daten zur Verteilung der einzelnen Nutzertypen (die Nicht-NutzerInnen und Nutzungsverweigerer eingeschlossen) sowie verlässliches Wissen über die Gründe der Nicht-Nutzung von Tafeln. Zwischen den beiden Nutzergruppen bestehen weitere Interessenskonflikte. Diese wurden schon ausführlich in der Literatur beschrieben (z. B. Selke 2008, 2010). Die Interessenskonflikte standen auch im Mittelpunkt einiger Vorträge und Podiumsdiskussionen der Fachtagung. Der Kernkonflikt ist hierbei die *strukturelle Asymmetrie zwischen Gebenden und Nehmenden*, die kein noch so engagiertes Auftreten verhindern kann. Unter den Aspekte Sozialethik und Menschenwürde wurden daher auf der Fachtagung zahlreiche Praxisbeispiele diskutiert, die sich um die Machtasymmetrie gruppieren (Bedürftigkeitsfeststellung, Wartesituation, Kommunikationsformen, Beteiligungsmöglichkeiten u. v. m.).

Für die Transformation der Tafelbewegung ist es von zentraler Bedeutung, diese strukturellen Konflikte nicht zu negieren, sondern bewusst in den Blick zu nehmen. Das Forschungsprojekt *„Tafel-Monitor: Transformation der Lebensmitteltafeln und ähnlicher existenzunterstützender Angebote im institutionellen Spannungsfeld zwischen Angebot und Nachfrage"*, das im Frühjahr 2011 vom Ministerium für Wissenschaft und Kunst in Baden-Württemberg aufgrund des Antrages der gleichnamigen Forschungsgruppe (Selke/Maar) mit zwei Jahren Laufzeit genehmigt wurde, wird genau diese Fragen im Detail untersuchen.

2.2   Institutionelle Sphäre

Die institutionelle Sphäre wird im Wesentlichen von den Trägern der Tafeln und ähnlicher Einrichtungen aufgespannt. Es ist die *Mesoebene* der Tafellandschaft (Selke 2010a: 19). Hier können vereinfachend die Wohlfahrtsverbände (Diakonie, Caritas, AWO etc.) als Träger von den bürgerlichen Trägervereinen unterschieden werden. Diese Institutionen schaffen die Möglichkeit zur Gründung und Etablierung einer Lebensmittelausgabe, verfolgen damit aber gleichwohl auch eigene Interessen. Der Betrieb einer Tafel ist ohne (Lebensmittel-)Spender und Sponsoren nicht möglich, daher werden diese AkteurInnen ebenfalls aufgeführt. Auf der Seite der NutzerInnen gibt es einige rudimentäre Interessensvertretungen, hierbei sollen vorläufig die Stichworte Erwerbsloseninitiativen, Gewerkschaften und Nichtregierungsorganisationen (NGOs) reichen.

Interessenskonflikte entstehen z. B. dort, wo Markenrechte berührt werden, wie dies beim Tafelnamen selbst der Fall ist.[3] Sie entstehen aber auch dort, wo sich die Tafeln mehr oder weniger abhängig von ihren Spendern gemacht haben oder diese Abhängigkeit droht. Der Bundesverband Deutsche Tafel e. V. verfügt über die Namensrechte an der Marke „Tafel". Dies führt zu Monopolbildung, da sich ähnliche Einrichtungen, die nach dem Tafelprinzip arbeiten solange nicht „Tafel" nennen dürfen, wie sie nicht Mitglied im Bundesverband sind. Es ist eine *offene Forschungsfrage*, ob es dafür gute Gründe gibt, z. B. die Sicherung des Qualitätsmanagements oder die Wiedererkennbarkeit der Tafelidee. Diese Fragen wurden bislang nur aus der Innensicht des Verbandes beantwortet.[4] Wohlfahrtsverbände, die ebenfalls in einem erkennbaren Anteil Träger von Lebensmittelausgaben sind, dürften über diese Ausschließlichkeit der Namensverwendung intern nicht sehr glücklich sein. In Zukunft geht es darum, vor diesem Hintergrund möglichst *konfliktarme Kooperationsmodelle* zu entwerfen. Offen ist auch, ob und wie die Interessensvertretungen der Erwerbslosen und/oder bedürftigen Menschen sich *partizipativ* an Planungen und Entwicklungen beteiligen lassen (wollen). Dies gilt gleichermaßen für die Frage, ob und *wie die Tafelarbeit mit Sozialen Diensten konvergieren kann oder soll* und welche (De-)Professionalisierungseffekte dies nach sich ziehen würde. Bei aller Sinnhaftigkeit von Vernetzung im Allgemeinen ist doch auch selbstkritisch zu fragen, ob sich bei manchen Angeboten institutionelle Eigeninteressen in den Vordergrund schieben. *Letztlich kann der Erfolg von Tafeln und ähnlichen Einrichtungen ausschließlich aus der Perspektive der NutzerInnen und nicht aus der Perspektive der Institutionen heraus definiert werden.*

---

[3] Vgl. dazu den Beitrag von Rainer Witt in diesem Tagungsband.
[4] Vgl. dazu auch den Beitrag von Gerd Häuser in diesem Tagungsband.

2.3 Normative Sphäre

In der normativen Sphäre werden die gesetzgeberischen Rahmenbedingungen der Tafelarbeit ausgehandelt und beschlossen. Wie schon an anderer Stelle beschrieben, muss hier die *komplexe Balance zwischen Sozialstaat und Zivilgesellschaft* in den Blick genommen werden. Es handelt sich um die *Makroebene* der Tafellandschaft auf der gegenwärtig das Verhältnis zwischen privater Wohltätigkeit und öffentlicher Wohlfahrt neu ausgehandelt wird (Selke 2010a: 20). Diese Entwicklung muss zudem vor dem Hintergrund der gegenwärtigen „Ökonomisierung" und der daraus resultierenden verstärkten Einführung von Qualitätsmanagementsystemen in die Soziale Arbeit betrachtet werden (Maar 2010). Hierin liegt der Interessenskonflikt: Angesichts der Forderungen nach Einsparung öffentlicher Mittel sieht sich die Soziale Arbeit zunehmend damit konfrontiert, ihre Tätigkeiten zu legitimieren bzw. die Effektivität und Effizienz ihrer Angebote zu belegen. Kostengünstige zivilgesellschaftliche Lösungen im Kontext einer Freiwilligen-Gesellschaft (Nitschke 2005) haben daher Hochkonjunktur. Die langfristigen Folgen der Modifizierung sozialpolitischer Maßnahmen und der veränderten Finanzierungsmodi sozialer Dienstleistungen sind ein noch offenes Forschungsthema. Es stellt sich daher die Frage, wie sich die Tafeln langfristig in den neuen Strukturen des sozialen Marktes und dem damit verbundenen ‚Wohlfahrtsmix' positionieren werden.

Auf der normativen Ebene geht es aber auch um *weitreichende Aushandlungsprozesse.* Diese reichen von volkswirtschaftlichen Entscheidungen über Lohnniveaus, Mindestlöhne und Grundeinkommen über sozialpolitische Entscheidungen zum Grundsicherungsniveau[5] bis hin zu den Praktiken des Anwendungsvollzugs bei den ARGEn und (im Negativfall) bei den Sozialgerichten. Hierbei bestehen latente, bislang kaum thematisierte Interessenskonflikte zwischen den bürokratischen Agenturen des Sozialstaates und den Tafeln als Vertretern der Zivilgesellschaft. Verweise von ARGE-MitarbeiterInnen auf die lokalen Tafeln oder gar direkte Zusammenarbeit von Tafeln und Kommunen lösen die Grenzen zwischen Staat und Zivilgesellschaft schleichend auf. Hieraus ergibt sich ein neues Forschungsfeld, das den daraus resultierenden gesellschaftlichen und kulturellen Wandel in den Blick nehmen muss – ganz gleich wie sich Einzelpersonen politisch-weltanschaulich zu dieser Entwicklung positionieren.

---

[5] Zum Problem der Bedarfsdeckung beim gegenwärtigen Grundsicherungsniveau vgl. Martens (2010) aus wirtschaftlicher Perspektive.

2.4 Diskursive Sphäre

Um die bereits beschriebenen Sphären herum gruppiert sich die diskursive Sphäre. Hier werden die gesellschaftlich, kulturell und milieuspezifisch vorrätigen Wissensformen zu Armut in Deutschland im Allgemeinen und Tafeln im Speziellen produziert (Selke 2010a: 21). Es geht, in anderen Worten, um das *information branding* im Kontext der Tafeln. Interessenskonflikte bestehen dort, wo unterschiedliche Einschätzungen zu Wirkung und Folgen des Tafelsytems zirkulieren. Seit 2008 hat sich hierbei ein Paradigmenwechsel vollzogen, d. h. immer häufiger kritisieren Erwerbsloseninitiativen, Kirchen, Gewerkschaften, Wohlfahrtsverbände sowie vereinzelt auch AkteurInnen aus der Politik das System der Tafeln (vgl. Selke 2010). Am *information branding* sind die Public-Relation-Abteilungen (z. B. von Unternehmen, die Tafeln unterstützen), aber auch die Public-Relation der Tafelvertretungen ganz wesentlich beteiligt. Es ist bislang nicht ausreichend erforscht, welche Rolle die Medien bei der Vermittlung des Images von Tafeln spielen. *Insgesamt zeigt sich hier (aber auch auf allen anderen Ebenen) ein erhebliches Empiriedefizit, d. h. zu grundlegenden Fragen über AkteurInnen, Institutionen und Interessen im Feld der Tafeln gibt es keine repräsentativen empirischen Daten.*

Der zentrale Interessenskonflikt auf dieser Ebene besteht in der Unterscheidung zwischen Aussagen sozialer Erwünschtheit und Faktenwissen. Ziel der Transformation der Tafelbewegung sollte daher sein, *sich auf einer fundierten Datenbasis von Selbstzuschreibungen zu trennen, die nicht belegt werden können.* Für derartige Soll-Aussagen, die im Kontrast zu dem empirisch messbaren Ist-Zustand stehen, gibt es bereits zahlreiche Beispiele (vgl. Selke/Maar 2010). Ein Zwischenziel besteht also in einer systematischen Erfassung dieser Dissonanzen. Letztlich muss es darum gehen, dass die Öffentlichkeit im Rahmen eines informierten Konsenses Zustimmung zu einer gesellschaftlichen Entwicklung geben kann, die noch nicht abgeschlossen ist, sondern noch ergebnisoffen gestaltet werden kann.

In der folgenden Abbildung sind noch einmal die zentralen Akteurskonstellationen und Interessenskonflikte übersichtlich zusammengestellt.

	Akteurskon-stellationen	Interessenskonflikte
Sphäre der Praxis	HelferInnen vs. NutzerInnen	Geben/Nehmen; Machtasymmetrie, Hilfe ist an Bedingungen geknüpft, Disziplinierung, Willkür, Missbrauchserfahrungen etc.
Institutionelle Sphäre	Bundesverband vs. Wohlfahrtsverbände	Marken-/Namensrechte, Monopolbildung, Abhängigkeit von Spendern, institutionelle Eigeninteressen, Partizipationspotenziale etc.
Normative Sphäre	Politik vs. Bürokratie	Aushandlung von Zuständigkeiten und Erwartungen, Kompetenzdefizite, Kanalisierung von Gesetzen im Anwendungsbezug etc.
Diskursive Sphäre	Medien/PR vs. Forschung	Empiriedefizit, Effekte sozialer Erwünschtheit, Legitimationsproblem, Rationalitätsmythos, kognitive Dissonanzen etc.

Abbildung 2   Exemplarische Interessenskonflikte im Überblick

3   Transformationsprozess der Tafelbewegung

Die Tafeln wandeln und entwickeln sich täglich – dafür braucht es keinen weiteren Anlass als den alltäglichen Erfolgsdruck unter dem die meisten Tafeln stehen. *Soll diese Entwicklung aber sinnvoll und zielgerichtet vor sich gehen, dann kann sie nicht allein aus dem Tafelsystem selbst erfolgen.* Das folgende Modell zeigt die Komponenten eines derartigen Prozesses auf.

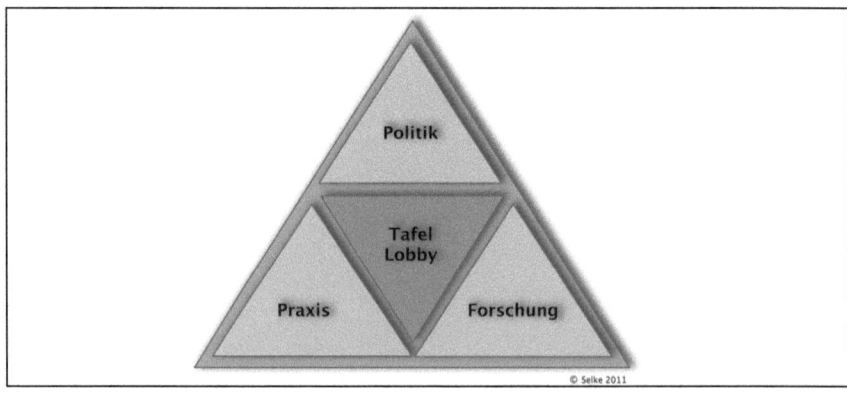

Abbildung 3   Idealtypische Darstellung des Transformationsprozesses

Im Idealfall arbeiten die Tafel (Praxis), die Forschung sowie die Lobbyvertretungen der Tafeln Hand in Hand. Der „Bundesverband Deutsche Tafel e.V." befindet sich dabei in einer „Sandwich-Position" – eine gute Ausgangsposition, um den Transformationsprozess aktiv zu gestalten. Er wird von den politischen AkteurInnen wahr- und als imageträchtiger zivilgesellschaftlicher Akteur ernst genommen. Gleichzeitig hat der Bundesverband einen enormen Gestaltungsspielraum in Richtung Basis – mehr als ihm vielleicht bewusst wird. Die partizipative Begleitforschung zu Tafeln erhält ihre Erkenntnis aus der Praxis. Sie koppelt alle Forschungsergebnisse an die Praxis zurück, findet sich aber auch als Gesprächspartner auf Augenhöhe mit dem Bundesverband wieder. Dieser kann die Anregungen aus der Forschung (die nichts anderes macht als die empirischen Phänomene der Praxis zu systematisieren) zielgerichtet und ggf. mit Forderungen verbunden an die Politik weitergeben. In diesem Modell können alle oben genannten AkteureInnen ihre je eigenen Interessen artikulieren. Es bleibt zu wünschen, dass aus dem 1. Tafelsymposion 2010 ein derartiger Transformationsprozess entsteht.

Literatur

Barlösius, Eva (2005): Die Macht der Repräsentation. Common Sense über soziale Ungleichheiten. Wiesbaden.

Chaplin, Elisabeth (1994): Sociology and visual representation. London.

Hradil, Stefan (2011): Die Sozialstruktur Deutschlands im internationalen Vergleich. Wiesbaden.

Maar, Katja (2010): Tafeln aus der Perspektive der sozialpädagogischen NutzerInnenforschung. In: Selke, Stefan (Hg.), Kritik der Tafeln. Standortbestimmungen zu einem ambivalenten sozialen Phänomen. Münster, 233–240.

Martens, Rudolf (2010): Warum sind die Tafeln erfolgreich? Skizze einer gesamtwirtschaftlichen Betrachtung. In: Selke, Stefan (Hg.): Kritik der Tafeln. Standortbestimmungen zu einem ambivalenten sozialen Phänomen. Münster, 109–127.

Nitschke, Peter (2005) (Hg.): Die freiwillige Gesellschaft. Über das Ehrenamt in Deutschland. Frankfurt a. M.

Selke, Stefan/Katja Maar (2010): Grenzen der guten Tat. Ergebnisse der Studie „Evaluation existenzunterstützender Angebote in Trägerschaft von katholischen und caritativen Anbietern in Nordrhein-Westfalen". In: Caritas NRW (Hg), Brauchen wir Tafeln, Suppenküchen und Kleiderkammern? Hilfen zwischen Sozialstaat und Barmherzigkeit. Freiburg i.Br., 15–104.

Selke, Stefan (2008): Fast ganz unten. Wie man in Deutschland durch die Hilfe von Lebensmitteltafeln satt wird. Münster.

Selke, Stefan (2010) (Hg.): Kritik der Tafeln in Deutschland. Standortbestimmungen zu einem ambivalenten sozialen Phänomen. Wiesbaden.

Selke, Stefan (2010a): Kritik der Tafeln in Deutschland – Ein systematischer Blick auf ein umstrittenes gesellschaftliches Phänomen. In: ders. (Hg.): Kritik der Tafeln in Deutschland. Standortbestimmungen zu einem ambivalenten sozialen Phänomen. Wiesbaden, 11–53.

II VORTRÄGE AUF DEM TAFELSYMPOSION 2010

Tafeln transnational. Zum Erfolg und Scheitern einer sozialen Bewegung

Stephan Lorenz

Zusammenfassung

Das wohltätige Sammeln und Verteilen von Überschüssen, wie es Tafeln, Food Banks und ähnliche Initiativen praktizieren, ist innerhalb von vier Jahrzehnten von einer lokalen Initiative zu einem globalen Phänomen geworden. In vielen Überflussgesellschaften hat es sich etabliert. Gründe für die Expansion sind zum einen in den Entwicklungen der Überflussgesellschaften in den vergangenen Jahrzehnten zu finden, insbesondere in Tendenzen zu sozialer Polarisierung und Ausgrenzung. Zum anderen gibt es aber auch ‚innere' Antriebe der Ausweitung dieses Engagements. Falsche Dramatisierungen in der Problemdarstellung legitimieren dabei die Expansionsdynamik der Organisationen, stehen aber einer adäquaten Problembearbeitung im Wege. Ein Anerkennen dieses Scheiterns könnte zur Grundlage einer Neuorientierung werden.

1 Einleitung

Auch Bob Dylan tat es: Er spendete die Einkünfte seiner 2009 erschienen Weihnachts-CD „Christmas in the Heart" der größten US-amerikanischen Food-Bank-Organisation „Feeding America". Bekanntermaßen stammt das Konzept des wohltätigen Sammelns und Verteilens überschüssiger Lebensmittel aus den USA, wo in den 1960er Jahren die ersten Food Banks gegründet wurden. Wie anerkannt und populär diese Form der *charitable food assistance* und deren öffentlich vertretene Anliegen heute sind, dafür liefert unter anderem die Prominenz der Unterstützenden einige Hinweise. Dies bietet Anlass genug für die Tafeldiskussion, die sich bislang fast ausschließlich auf Deutschland bezieht, einen Blick über den nationalen Teller- (oder in diesem Fall vielleicht eher Lebensmitteltütenrand) hinauszuwerfen. Von ‚Tafeln' zu reden kann in den Debatten zweierlei bedeuten. Es kann sowohl die so benannte Organisation gemeint sein, aber auch das wohltätige Sammeln und Verteilen ganz allgemein, wofür die Tafeln hierzulande mittlerweile paradigmatisch stehen. Das eine sollte aber nicht mit dem anderen verwechselt werden. Denn das würde den Blick darauf verstellen, dass es viele vergleichbare Initiativen gibt, dass die Tafeln regional auf Deutschland, Österreich und die Schweiz begrenzt tätige Organisationen sind und dass das Phänomen selbst, das Engagement-Konzept, dagegen ein transnationales, heute sogar globales ist.

Ich werde im Folgenden in zweifacher Hinsicht über die Tafeln und ihren internationalen Kontext beziehungsweise die Zusammenhänge von beidem sprechen. Zum einen möchte ich Tafeln und ähnliche Initiativen als Phänomene der Überflussgesellschaften bestimmen (1). Als solche nutzen sie die systematisch entstehenden Überschüsse als Ressourcen ihres wohltätigen Engagements, begeben sich damit aber in strukturelle Konflikte, da ihre Aktivitäten in Widerspruch zu den eigenen Zielen geraten (2). Zum anderen werde ich etwas zur transnationalen Ausbreitung von tafelähnlichen Initiativen, in diesem Fall zu Food Banks, sagen (3). Bislang liegt keine grenzüberschreitende vergleichende Forschung zu Tafeln und Food Banks vor. Ich beschränke mich darauf, einige Anhaltspunkte dazu zu diskutieren, welche innere Antriebsdynamik bei der lokalen wie globalen Expansion von Tafeln und ähnlichen Initiativen zu beobachten sind (4). Gerade der Ausbreitungserfolg demonstriert aber letztlich auch ein Scheitern dieser Art von Engagement in der Sache (5).

2   Internationaler Kontext I: Überflussgesellschaft

Dem Phänomen der Tafeln kann man sich auf verschiedene Weisen nähern. Dabei hat sich weitgehend ein Verständnis etabliert, das die Tafeln vor allem als Unterstützung für Menschen ansieht, die mit Armut und Ausgrenzung leben müssen. Mit der Hinwendung zu den Sozialverbänden und den Ambitionen, selbst einen solchen zu bilden, setzt sich bei den Tafeln auch eine ähnliche Sichtweise durch, wie sie sich beispielsweise in der bei Verbänden gebräuchlichen begrifflichen Eingliederung von Tafeln in die „ergänzenden Armutsdienste" zeigt. Aus Verbandsperspektive ist dies naheliegend. Der Fokus ist dabei darauf gerichtet, wozu das Sammeln und Verteilen dienen soll.

In meiner Arbeit bin ich zunächst aus einer anderen Perspektive auf die Tafeln aufmerksam geworden, nämlich aus der Beschäftigung mit Konsum und insbesondere den damit verbundenen ökologischen Fragen heraus. Die Wieder- oder Weiterverwendung systematisch erzeugter Überschüsse ließen die Tafeln als eine gesellschaftliche Praxis erscheinen, die etwas realisiert, was in Nachhaltigkeitsforschungen und -debatten oft eingefordert wird: eine Verbindung ökologischer und sozialer Fragen. Am Beginn meiner Forschung zu den Tafeln war der Fokus jedenfalls darauf gerichtet, woher die Ressourcen kommen und wie sie entstehen, bevor sie – in diesem Fall – wohltätig verteilt werden. Dieser anders gelagerte Zugang ist im Übrigen einer, der sich auch bei Tafel-Aktiven selbst findet und der als Engagement gegen die ‚Wegwerfgesellschaft' für manche sogar der primäre ist oder war – Motivverschiebungen bei den Freiwilligen sind nicht ungewöhnlich, wie schon von Normann (2003) feststellte. Um das Phänomen insgesamt zu verstehen sind zweifellos beide Seiten einzubeziehen. Ich werde allerdings mit den Überschüssen als Ressourcenquelle beginnen.

Dazu ist ein kurzer historischer Rückblick zur Herausbildung der Überflussgesellschaften nötig. Im allgemeinen Verständnis meint Überflussgesellschaft zunächst etwa dasselbe wie (Massen-) Konsumgesellschaft. Der Beginn der Konsumgesellschaften ist in den USA bereits vor, in Europa etwas später nach dem II. Weltkrieg anzusetzen. Es wurde nun deutlich mehr und anderes produziert als man bis dahin für notwendig gehalten hatte, und eine gestiegene Kaufkraft ermöglichte vielen den Zugang dazu. Konsum und die Wahlfreiheiten des Konsums nahmen verstärkt einen Eigenwert an und versprachen Gestaltungsoptionen individuellerer Lebensvorstellungen und zwar für immer mehr Menschen.

Sehr früh schon wurden die gesellschaftlichen Konsequenzen dieser Entwicklungen diskutiert, am prominentesten in der Arbeit „The Affluent Society" (Gesellschaft im Überfluss) von Galbraith (1998/1958). Von ‚Überfluss' zu reden führt eine Zweideutigkeit mit sich, da Überfluss sowohl für den Reichtum und die Vielfalt an Möglichkeiten steht als auch für das Überflüssige, die Übersteigerung und Vergeudung. Damit ist markiert, dass der (Konsum-) Überfluss zwar Mangel- oder Notwendigkeitsprobleme überwindet, aber zugleich neue eigene Probleme mit sich bringt.

Auf den ersten Blick mögen die Probleme des Überflusses weit weniger bedeutend als die des Mangels erscheinen. Doch war und ist gerade das Festhalten an der Mangelperspektive ein wesentlicher Grund dafür, dass die neue Qualität von Überflussproblemen, die auch neuer Lösungen bedarf, gar nicht angemessen erfasst wird, so ein zentrales Argument schon bei Galbraith. Im weiteren Verlauf des Textes wird sich zeigen, dass dieser Punkt in gewisser Weise auch auf die Tafeln zutrifft, wenn sie nämlich die Probleme der Tafelnutzer als ‚Hungerprobleme' betrachten.

In Kürze seien einige Konsequenzen und Ambivalenzen des Überflusses skizziert. So steht Überfluss sowohl für Wahlfreiheit als auch für Wahlnotwendigkeit und Wahlzwänge: man kann nicht *nicht* wählen. Die Freiheiten verleihen den Konsumenten Einflussmöglichkeiten über Kaufentscheidungen, wie dies zum Beispiel in Bereichen des ökologischen Konsums bewusst zu nutzen versucht wird. Das ist freilich nur die eine Seite. Ein sich ständig änderndes Angebot erzeugt zugleich Entscheidungsdruck und erlaubt es kaum, sich durch Konsumroutinen und Verwendungsgewohnheiten zu entlasten. Technische Neuerungen sind ein bekanntes Beispiel dafür. Wenn dann noch – im Zeichen der Freiheit – in immer weiteren Lebensbereichen gewählt werden muss, bei der Krankenversicherung, der Rentenversicherung, dem Telefon-, Strom- oder Gasanbieter usw., nicht zu vergessen die Vielfalt der Optionen, die gerade in der Freizeit realisiert werden wollen, stellen sich leicht Überforderungen ein. Zudem sind die Wahlanforderungen häufig widersprüchlich: das vielfältigste Essen steht ebenso zur Auswahl wie die verschiedensten Diätprogramme, womit man sich in quasi-bulimischen Anreizstrukturen bewegt (vgl. Lorenz 2009). Man kann natürlich versuchen, dem zu begegnen. Schlägt man sich auf die Seite der ‚Wahlfreiheit‘ und Nutzung der Optionenvielfalt, wird man tendenziell exzessiv konsumieren, während auf der anderen Seite extreme Disziplinierung, bis zur Magersucht, stehen können. Einen Ausweg bietet wohl die Variante ‚Klasse statt Masse‘, das heißt, dass man eher Qualität und Preis als Menge steigert. Diese Strategie erfordert freilich ein entsprechendes und weiter wachsendes Einkommen oder Vermögen. Ähnlich verhält es sich mit einer weiteren Strategie, bei der man sich Entlastung durch den Zukauf von Dienstleistungen verschafft, um sich selbst den ‚wirklich wichtigen‘ oder erfreulicheren Anliegen widmen zu können. Das mag in manchen Bereichen zu einträglichen und anerkannten Tätigkeiten führen (Steuerberatung). Doch zählen dazu genauso die Haushaltshilfen und ‚Putzkolonnen‘, die wenig geachtete Arbeiten zu schlechten Konditionen und bei geringer Entlohnung leisten (vgl. Jungwirth/Scherschel 2010).

Beim Öffnen der Überfluss-Büchse der Pandora wirken Konsum und Produktion eng zusammen (vgl. Lorenz/Rosa 2009), denn die Konsumwünsche treiben die Dynamik ebenso voran wie die Gewinnerwartungen. Gerade weil eine Auswahl vorhanden ist, muss die Konkurrenz der Produzenten zunehmen, da die eigenen und nicht die Produkte der Konkurrenten gewählt werden sollen. Aus demselben Grund werden auch Versuche der Beeinflussung von Konsumenten (Werbung/Marketing) gesteigert. So kommt es zu der scheinbar paradoxen Situation, dass gerade dann, wenn der Mangel historisch weitgehend überwunden, das Reich der Notwendigkeit verlassen ist und sich Zufriedenheit einstellen könnte, die Anreize für ständige Steigerungen weiter zunehmen. Diese Anreize regen auf Seiten des Konsums ein Streben nach gesteigertem Einkommen an, welches ja die Voraussetzung des Konsumierens ist.

Auf Seiten der Produktion wird dagegen das Sparen an Löhnen (bis zu Entlassungen) eine Strategie sein, um in der Konkurrenz besser abzuschneiden. Wie auf gesellschaftlicher Ebene die weitgehende Überwindung des Mangels nicht zur Entspannung führt, so ist es auch auf individueller Ebene kaum eine Alternative, einfach weniger zu konsumieren, denn der soziale Vergleich dynamisiert die Konsumstandards. Es gibt Erwartungen an Konsumniveaus, und wer die nicht einhält, wird deklassiert.

Offensichtlich sind in diesen Entwicklungsdynamiken Konflikte angelegt: wer kann in solchen verunsichernden und konkurrenten Verhältnissen, auch der Konkurrenz um Arbeitsplätze, bestehen, und wie wird die gesellschaftliche Teilhabe derer begründet und organisiert, die nicht mithalten? Befriedet wurden diese Konflikte in den vergangenen Jahrzehnten vor allem durch ökonomisches Wachstum, an dessen Gewinnen innerhalb der Überflussgesellschaften die große Mehrheit beteiligt werden konnte, wenn auch in ungleichem Maße. Doch sobald das Wachstum ins Stocken gerät wird sichtbar, wie leicht Verunsicherung und Entsolidarisierung greifen. Nicht zuletzt wurde diese Art der sozialen Befriedung durch ökologischen Raubbau erkauft.

Für die Tafeldiskussion ist das in zweifacher Hinsicht relevant. Zum einen zeigt dies, wie in einer verschärften Konkurrenz die individuellen Anforderungen auf Seiten von Konsum wie Arbeit steigen, was zuletzt durch die Politik forciert statt moderiert wurde. Wer nicht mithalten kann oder einfach mehr Pech als andere hatte, verliert leicht den Anschluss, ohne deshalb vom Erwartungsdruck erlöst zu werden. Für die derart ‚Überflüssigen‘ im Sinne der sozialwissenschaftlichen Debatten (exemplarisch Bude/Willisch 2008) können die Tafeln zu einer Option werden. Zum anderen erzeugt diese Entwicklungsdynamik den Überfluss, der die Wahloptionen bietet, die zugleich systematisch Nicht-Gewähltes und damit Überschüsse hervorbringen. Das ist die „sprudelnde Überschussquelle", die die Tafeln und ähnliche Initiativen als ihre Ressourcenbasis erschlossen haben und erst in der Überflussgesellschaft erschließen konnten. Während es Wohltätigkeit schon immer auf die eine oder andere Weise gab, ist es diese Ressourcenbasis, die die Tafeln zu einem typischen Phänomen der Überflussgesellschaften macht. Und so ist es wohl kein Zufall, dass die ersten Food Banks auch in der historisch ersten Überflussgesellschaft – den USA – entstanden und sich von hier aus weiter verbreiteten.

3   Strukturelle Konflikte des Tafel-Engagements

Das Engagement der Tafeln und ähnlicher Initiativen bezieht sich also auf
zwei Seiten, nämlich die Überschüsse auf der einen sowie Armut und Ausgrenzung auf der anderen. „Against Hunger and Food Waste in Europe" heißt
es beispielsweise bei der europäischen Food Bank Organisation (www.euro-
foodbank.org, 20.10.2010). Unter den Motiven der Engagierten findet sich sowohl der Wunsch, etwas gegen die ‚Wegwerfgesellschaft' und deren achtlosen
Umgang mit wertvollen Lebensmitteln zu tun, als auch die Kritik an einer
unzureichenden sozialstaatlichen Absicherung von Menschen, die mit Armut
und Ausgrenzung leben müssen. Dabei stellt sich freilich das Problem ein,
dass das eigene Engagement mit Mitteln operiert, die ihrerseits dem Erreichen
der Ziele nicht gerecht werden können:
    Auf Seiten der Überschüsse bedeutet das, dass man diese zwar vermin-
dern will, sie aber zugleich als Ressource nutzen möchte. Es müsste deshalb
gleichzeitig möglichst wenige und möglichst viele Überschüsse geben. Auf
der sozialen Seite (Armut und Ausgrenzung) soll das wohltätige Verteilen
vom Zuviel zum Zuwenig eine Antwort auf gesellschaftliche Polarisierung
bieten. Obwohl dies mit einer Kritik an mangelhafter sozialstaatlicher Absicherung, das heißt unzureichenden sozialen Rechten, einhergeht, kann die
eigene Engagementform des Sammelns/Verteilens weder eine Rechtsbasis
haben noch zu einer solchen verhelfen. Die sozialstaatliche Sicherung und
die gesellschaftliche Integration werden durch das wohltätige Verteilen von
Lebensmitteln nicht verbessert. Vielmehr ist die Tafelnutzung gerade umgekehrt ein Indikator der Ausgrenzung (Lorenz 2010a, b).
    Die Widersprüchlichkeiten sind für sich genommen noch nicht unbedingt
problematisch. Im gesellschaftlichen Leben bewegt man sich häufig in wider-
sprüchlichen oder ambivalenten Handlungskontexten, die nach Abwägungen
oder Aushandlungen verlangen oder die gegebenenfalls Anlässe für Protest-
handeln liefern. Die entscheidende Frage ist deshalb vielmehr, ob beziehungsweise welche Konsequenzen daraus gezogen werden. Wie gehen also Tafeln
und ähnliche Initiativen mit dem Konflikt um, dass die eigenen Tätigkeiten
für sich genommen keine Lösungen für die Probleme bieten können, zu deren
Lösung sie doch etwas beitragen möchten?
    Ich beschränke mich hier darauf, dies für die soziale Seite exemplarisch
zu verfolgen, also für die Frage, wie Armut und Ausgrenzung thematisiert
werden. Dabei zeigt sich, dass die strukturellen Konflikte üblicherweise nicht
zur Sprache kommen und folglich als solche nicht wahrgenommen oder gar
bearbeitet werden. Diese Konfliktvermeidung verleitet dazu, die eigenen Akti-

vitäten des Sammelns und Verteilens als solche bereits als Lösungsbeiträge zu Armutsproblemen zu präsentieren. Das kann aber nur durch eine falsche Dramatisierung erreicht werden. Dies wiederum wird sich als eine wesentliche Legitimationsgrundlage für die immer weitere Expansion der Organisationen herausstellen. Bevor ich das beispielhaft veranschauliche, ist diese Expansion, die heute globale Ausmaße angenommen hat, kurz aufzuzeigen.

4   Internationaler Kontext II: Globale Ausbreitung von Food Banks

Die erste „Food Bank" wurde 1967 in den USA gegründet. Seit Anfang der 1980er Jahre setzte in den USA sowie in Kanada eine verstärkte Ausbreitung solcher Initiativen ein. In Europa nahm die erste Food Bank ihre Aktivitäten 1984 in Paris auf und seit 1986 existiert die „European Federation of Food Banks" (www.eurofoodbank.org) als Dachorganisation auf europäischer Ebene. Heute gibt es Food Banks in einem Großteil der europäischen Staaten, in Deutschland allerdings konnten sie in dieser organisierten Form kaum Fuß fassen. Hier und in der Folge auch in Österreich und der Schweiz etablierten sich ‚Tafeln', beginnend 1993 in Berlin. Auch wenn sich organisatorische Besonderheiten zwischen Food Banks und Tafeln ausmachen lassen, so teilen sie doch das grundlegende Prinzip des wohltätigen Sammelns und Verteilens von Überschüssen und orientierten sich in der Gründung beide an Vorbildern in den USA.

Ausgehend von den US-amerikanischen, kanadischen, mexikanischen und argentinischen Food Banks entstand schließlich 2006 „The Global FoodBanking Network" (www.foodbanking.org), das einen weltweiten Zusammenhang für Mitgliedsorganisationen über alle Kontinente knüpft. Food Bank Organisationen sind jetzt auch in Ländern aktiv, die bislang nicht zu den Überflussgesellschaften zählen konnten, wie Ghana und Indien. Während in den reichen Ländern vor allem die Armut erklärungsbedürftig ist, stellt sich in den ärmeren Staaten die Frage, wo die zu verteilenden Überschüsse herkommen. Für Ghana weist die Organisation beispielsweise aus, dass es auf den Farmen insofern ungenutzte ‚Überschüsse' gibt, als dass bis zu vierzig Prozent der Ernte aufgrund unzureichender Lager- und Transportmöglichkeiten die Märkte gar nicht erst erreicht.[1]

---

[1] Vgl.: www.foodbanking.org/work/country/ghana (Letzter Abruf am 8.11.2010).

In Indien soll mit Hilfe des „Global FoodBanking Network" seit 2008 ein landesweites Food Bank Netz aufgebaut werden.[2] Es kann sich dabei auf viele andere, bereits existierende Einrichtungen und Programme stützen, die Lebensmittelverteilung und sonstige Unterstützungen tragen, darunter auch die seit 1993 existierende Chennai Food Bank (vgl. Warrier 2003). So soll es Anschluss an kleinteilige Hilfskonzepte finden, die beispielsweise darauf setzen, dass viele, die sich das leisten können, täglich eine handvoll Reis für die wohltätige Verteilung beiseitelegen. Zugleich wird im großen Maßstab die Kooperation mit etablierten Hilfsorganisationen gesucht, wie mit dem „Catholic Relief Program" (Mitglied von Caritas internationalis), das seit über 50 Jahren Partner eines nun auslaufenden US-Hilfsprogramms ist und eine entsprechende Infrastruktur aufgebaut hat. Der Aufbau des indischen Food Bank Netzwerks erfährt sowohl administrative Unterstützung als auch Förderung durch ‚Global Player' der Lebensmittelbranche (namentlich Cargill, Walmart, Kraft, Kelloggs) und Sponsoren.

Wie genau und ob überhaupt Konzepte aus den reichen Ländern des hoch industrialisierten Nordens in ärmeren Ländern greifen können, wie sich dadurch möglicherweise die Arbeitsweise der Organisationen ändert und warum es überhaupt sinnvoll sein soll, dass Food Banks sich in dieser Weise ausbreiten – zumal es ja viele andere Organisationen und Programme gibt, die sich um die Armut in der Welt kümmern – dies alles sind Fragen, die nicht erforscht und bislang wohl nicht einmal systematisch gestellt wurden. Ändert sich damit die entwicklungspolitische Ausrichtung oder wird der von vornherein wohltätigkeitsgestützte Aufbau von Sozialsystemen befördert? Wobei die Wohltäter diese Rolle dann nur spielen können, wenn sie die entsprechenden Marktanteile erobert haben? International vergleichende Forschung zu den sich globalisierenden Phänomenen der im Stile von Food Banks und Tafeln findet sich bislang nicht. Wichtig für die weiteren Diskussionen wird nicht zuletzt der Anschluss an entwicklungspolitische Erfahrungen sein.

Bislang wurden im nordamerikanischen Kontext ethnografische Fallstudien oder auch sozialpolitische, sozialökonomische oder gesundheitswissenschaftliche Untersuchungen auf lokaler oder nationaler Ebene angestellt. Sie fragen nach der organisatorischen Effektivität dieses Engagements sowie nach Leistungsfähigkeit und Qualität der Unterstützungsangebote. Sie thematisieren aber auch den Verlust sozialer Rechte und die mit solchen Unterstützungsformen verbundenen Stigmatisierungen. Insofern sind die Diskussionen, mit etwas zeitlichem Vorlauf, vergleichbar mit den aktuellen Tafeldebatten in

---

[2] Vgl.: www.foodbanking.org/work/country/india (Letzter Abruf am 8.11.2010).

Deutschland. Wie sehr die Ausbreitung solcher Wohltätigkeit auch für die USA ein vergleichsweise neues Phänomen ist, das seit Anfang der 1980er Jahre gerade deshalb massive Verbreitung erfuhr, weil in dieser Zeit starke sozialstaatliche Kürzungen durchgesetzt wurden, hat kürzlich Grell (2010) herausgearbeitet. Die Einsichten daraus sind besonders hilfreich für die Debatte, weil damit etwas Licht sowohl auf die Ursprünge dieses Engagements fällt als auch auf dessen mögliche Zukunftsperspektiven, da die Entwicklungen dort bereits länger andauern.

Nach der globalen Verbreitung und zeitlichen Entwicklung über nun gut vier Jahrzehnte hin zu einer etablierten sozialen Tatsache ist der Blick auf die Herkunft des Phänomens für dessen Verständnis weiterhin wichtig. Dass beispielsweise die erneute Zunahme dieses Engagements im Zusammenhang mit sozialstaatlichem Umbau und Leistungskürzungen einherging, in Deutschland nach der Hartz IV-Gesetzgebung (vgl. Molling 2010), lässt sich zeigen. Umgekehrt war das aber auch nur möglich, weil es diese Initiativen bereits gab. Ein Verständnis des Phänomens sollte sich deshalb nicht zu sehr auf bestimmte Folgeeffekte beschränken.

Die Tafeln wurden oben als überflussgesellschaftliches Phänomen bestimmt. Was die globale Entwicklung angeht, so scheinen Tafeln und Food Banks nicht nur Indikatoren einer Polarisierung der reichen Gesellschaften zu sein, sondern möglicherweise auch solche der sich globalisierenden Überflussgesellschaften. Dafür gibt es durchaus Anzeichen. So markiert die „Fair Future"-Studie des Wuppertal-Instituts (2005) Verschiebungen im Verhältnis der reichen Industrieländer zu den armen ‚Südländern'. Nicht, dass diese Unterscheidung obsolet wäre, aber es sei doch eine „transnationale Verbraucherklasse" entstanden, die auch in insgesamt ärmeren Ländern Konsumweisen nach westlichem Muster realisiere. Umgekehrt gebe es in den Industriestaaten Bevölkerungsteile, in der Größenordnung von etwa zehn Prozent, die vom gesellschaftlichen Reichtum in hohem Maße ausgeschlossen sind. Dies macht es auch global plausibel, ungeachtet der noch erforderlichen vergleichenden Forschung, Tafeln und Food Banks als Phänomen der (polarisierten) Überflussgesellschaften zu begreifen.

5   Konfliktvermeidung, Dramatisierung, Expansion

Folgt man diesen Überlegungen, dann erscheinen Tafeln und ähnliche Initiativen genau dort, wo die gesellschaftliche Polarisierung eine Kluft erwarten lässt, also zwischen dem Überfluss mit seinen Überschüssen und der Ausgrenzung mit ihrer Armut. Es wurde aber auch bereits festgestellt, dass die Mittel, die hier zum Einsatz kommen, gegenüber den Zielen der Überschuss- und Ausgrenzungsverminderung zumindest ambivalent bleiben. Oder, wie man auch sagen kann: Es wird wohl eine Verbindung zwischen Überfluss und Ausgrenzung geschaffen, die Differenz überwinden kann sie aber nicht. In sozialer Hinsicht heißt das, dass das Wohltätigkeitsengagement im Konflikt mit Zielen in Richtung gestärkter sozialer Rechte steht, womit die Unterstützungsleistungen dieser Engagementform selbst in Frage stehen. Wobei das Problem zunächst einmal weniger der Konflikt selbst ist, sondern dass er nicht thematisiert wird, was die Grundlage für einen angemessenen Umgang damit wäre. Und diese Konfliktvermeidung führt dazu, das faktische Handeln als solches zu legitimieren, unter anderem indem der Handlungsdruck dramatisiert wird, was wiederum die weitere Expansion begründet. Um den Zusammenhang von Konfliktvermeidung, Dramatisierung und Expansion besser nachvollziehen zu können, werde ich diese Aspekte exemplarisch illustrieren, wofür ich auf Daten von „Feeding America" zurückgreife. „Feeding America" ist die größte US-amerikanische Food Bank Organisation, die nach eigenen Angaben jährlich 37 Mill. Menschen erreicht sowie etwa 61.000 soziale Einrichtungen und 70.000 Programme, die direkt Lebensmittel verteilen, beliefert.

Konfliktvermeidung meint, dass die strukturellen Konflikte ausgeblendet werden. Wo man keinen Konflikt thematisiert, gibt es auch keinen. Die Probleme liegen an anderer Stelle und dafür bietet man selbst Lösungen an. Auf ihrer Homepage formuliert die Organisation ihre Zielsetzung so:

> „Unser Ziel ist einfach: genügend Lebensmittel bereitzustellen für das nationale System der Lebensmittelunterstützung (*the nation's charitable feeding system*), so dass alle Bürger des Landes, die ein Essen haben wollen, auch eines bekommen können.
> Unser Land ist eines des Überflusses und genau daraus kann unser Netzwerk schöpfen. Wir stützen uns auf die Großzügigkeit der nationalen Lebensmittelproduzenten und des Lebensmittelhandels, um sichere und gesunde Lebensmittel zu erhalten, die ansonsten weggeworfen würden."[3]

Die Food Banks präsentieren sich hier als Problemlösung. Sie selbst sind es, die im nationalen Maßstab die Essensversorgung der Bürger sichern wollen. Und sie gehen dabei davon aus, dass das, was sonst „weggeworfen würde", die nötigen Ressourcen in ausreichendem Maße dafür liefern kann. Dazu müssten

---

[3] Vgl.: http://blog.feedingamerica.org/2010/02/starting-the-conversation-about-hunger-in-america/ (Letzter Abruf am 9.6.2010, eigene Übersetzung S. L.)

nur die Sponsoren in diesem Sinne kooperieren, was sie großzügiger Weise auch tun. Von Rechten ist keine Rede, und es wird zudem selbstverständlich vorausgesetzt, dass die unterstützten Bürger auf „ein Essen" aus sind, dass sie also genau das wollen, was die Food Banks anbieten (können).

Das ist freilich keineswegs selbstverständlich, stattdessen zeichnet sich daran bereits die Dramatisierung ab. Aus einem verfügbaren Angebot an überschüssigen Lebensmitteln kann man nicht unmittelbar auf ‚Hungerprobleme' schließen, so dass es ein direktes Interesse an Lebensmitteln gebe. Dies ist auch dann nicht möglich, wenn die Angebote angenommen werden. In meiner eigenen Studie, die sich auf Deutschland bezieht (wo sich bei den Tafeln ähnliche Formulierungen finden), bin ich jedenfalls auf eine andere ‚Nachfrage' gestoßen. Auf der Basis offener Interviews habe ich im Wesentlichen zwei Typen der Tafelnutzung gefunden, die sich m. E. auch gut auf die bislang vorliegenden Beschreibungen des Tafelzugangs beziehen lassen (vgl. exemplarisch Selke 2008: 151 ff., 162 ff.). Ich nenne diese Typen die *Tafelnutzung als kalkulierte Option* und *Tafelnutzung als Zugehörigkeit*. Sie sind als äußerste Ausprägungen auf einem Kontinuum zu verstehen, so dass alle erdenklichen ‚Mischformen' möglich sind. Beim ersten Typus geht es Tafelnutzern darum, sich kostengünstig Lebensmittel zu holen, um auf diese Weise ihr Haushaltsbudget zu entlasten. Das verschafft bei allzu knappen Ressourcen bescheidene Möglichkeiten, mit dem eingesparten Geld zu kalkulieren und zu entscheiden, was dafür gekauft werden soll. Man sieht daran, dass der Zugriff auf Lebensmittel nicht primär und unmittelbar aus Hunger und einem entsprechenden Bedarf an Essen motiviert ist, sondern zunächst einmal darauf beruht, dass diese Lebensmittel verteilt werden. Wenn anderes verteilt würde, was ja oft auch so ist, dann wird eben dieses andere, zum Beispiel Kleidung, zur Entlastung des Haushaltsbudgets genutzt. Nutzern des zweiten Typus geht es vor allem darum, bei den Tafeln einen Ort sozialer Zugehörigkeit vorzufinden, wo man sich mit anderen Menschen treffen, sich vielleicht sogar selbst nützlich machen kann, um der privaten Einsamkeit zu entkommen. Dazu kann beispielsweise auch das Aufsuchen des mittäglichen ‚Stammtischs' bei der Tafel zählen, der aber dann wegen des Zusammentreffens und nicht (primär) wegen des Essens selbst besucht wird.[4]

Mit dieser Darstellung soll gar nicht bestritten werden, dass es auch in Deutschland Phänomene gibt, die sich im einen oder anderen Zusammenhang

---

[4] Anmerkung der HerausgeberInnen: Dabei ist beachten, dass nur eine geringe Anzahl von Tafeln auch Lebensmittel in einer Suppenküche ausgibt. Die meisten Tafeln beschränken sich auf die Verteilung unzubereiteter Lebensmittel. Vgl. dazu auch den Beitrag von Gerd Häuser in diesem Tagungsband.

sinnvoll als ‚Ernährungsarmut' charakterisieren lassen (vgl. Pfeiffer 2010). Nur
besteht eben kein unmittelbarer Zusammenhang mit dem Tafel-Engagement,
wie es durch das Verteilen von Lebensmitteln leicht suggeriert wird. Bei näherer Betrachtung erweisen sich solche Rückschlüsse oder Behauptungen sogar
als äußerst problematisch. Erstens, weil die Nutzer dann als Hungerleidende,
als bloß passiv Bedürftige erscheinen, denn wer wirklich Hunger hat, der hat
keine Wahl, sondern ist schlicht abhängig von der Essensversorgung durch
die Tafeln. Man muss aber davon ausgehen, dass die Nutzer eine Entscheidung
getroffen haben, ob sie die Tafelangebote nutzen oder nicht beziehungsweise
in welchem Umfang. Zweitens ist es auch politisch fragwürdig. Denn dann
werden keine sozialen Rechte eingefordert, vielmehr werden die historisch
erreichten sozialstaatlichen Standards seitens der Tafeln selbst sogar drastisch
unterboten (vgl. Möhring-Hesse 2010). Der Sozialpolitik faktisch als Maßstab
anzubieten, dass den Bürgern genügend Essen zur Verfügung gestellt werden
solle, ist ein Rückfall mindestens ins vorletzte Jahrhundert. Das ist das völlige
Gegenteil einer sozialen Bewegung auf der Höhe der Zeit, geschweige denn
einer, die als Protestbewegung vorangeht.

Möglicherweise stellen sich die Probleme in den USA anders dar. Das
müsste erst in vergleichenden Studien herausgefunden werden. Eine gewisse Skepsis gegenüber dem direkten Zusammenhang zwischen der Existenz
von Food Banks und Hungerproblemen/*food insecurity* (die es zweifellos gibt)
scheint dennoch angebracht. Denn dass dort mit Dramatisierungen ‚gearbei-
tet' wird, lässt sich erneut an Daten von Feeding America zeigen. Zu sehen
ist hier eine sich selbst dementierende Darstellung bei der Problemdiagnose.
Zunächst heißt es im Text:

> „Hunger kann unsichtbar sein. Fast alle kennen die tragischen Bilder des Hun-
> gers und Verhungerns in anderen Teilen der Welt, und wir haben großen Respekt
> vor den anderen Nonprofit-Organisationen, die sich diesen Problemen annehmen.
> Aber Hunger in Amerika sieht anders aus – er ist versteckt in den Sorgen einer
> allein erziehenden Mutter, die sich um das Abendessen der Familie sorgt; in der
> herzzerreißenden Wahl, die ein Rentner treffen muss, Geld für Essen oder medi-
> zinische Versorgung auszugeben; und in den Augen eines Mädchens, das nicht
> versteht, warum ihr Vater täglich auf das Abendessen verzichtet, damit sie und ihre
> Geschwister essen können."[5]

---

[5] Vgl.: http://blog.feedingamerica.org/2010/02/starting-the-conversation-about-hunger-in-
america/ (Letzter Abruf am 9.6.2010, eigene Übersetzung S. L.)

Im Gegensatz zu der Feststellung, dass die „Bilder des Hungers" sich in den Überflussgesellschaften von denen der Hungerkatastrophen in armen Länder unterscheiden, zeigt das tatsächlich präsentierte Bild zum Text genau das, was man an „Bildern des Hungers" üblicherweise erwarten kann: ein Kind mit dunkler Hautfarbe, krausem Haar und einer Decke o. ä. über den Kopf gezogen. (Bildtext: „Beteiligen Sie sich – Es gibt viele Möglichkeiten, wie Sie beim Kampf gegen den Hunger helfen können. (Link: Erfahren Sie mehr darüber.")

Abbildung 1   Bildwerbung (Feeding America)

Während der Text also darauf aufmerksam macht, dass die Problemdiagnose komplexer ist als es das Wort ‚Hunger' üblicherweise assoziieren lässt, setzt das Bild genau bei der gewohnten Verknüpfung an. Das über das Bild unmittelbar angesprochene Gefühl verzerrt die Wahrnehmung und steht einer genaueren Problemanalyse entgegen.

Skandalisierung gehört zweifellos zu sozialen Bewegungen und dient dazu, den Blick auf Probleme zu richten, die bislang zu wenig Beachtung fanden. Das ist aber von einer falschen Dramatisierung zu unterscheiden, wie sie bei Tafeln und ähnlichen Initiativen zu beobachten ist; so zeigen es meine Forschungen und für Feeding America ließen sich entsprechende Indizien aufzeigen. Aus den oben genannten Gründen ist ein Verständnis der Nutzer als schlicht Hungerleidende weder realistisch noch sinnvoll, und ein resultierender Gewinn daraus kann für die, die doch eigentlich unterstützt werden sollen, bezweifelt werden. Viel offensichtlicher ist dagegen der Gewinn für die Organisationen. Denn wenn tatsächlich genau das als Problemlösung gesucht ist, was die Tafeln anbieten können – nämlich die Verteilung von Lebensmitteln – dann setzt sich eine „tafeladäquate(n) Sichtweise auf Armut" (Selke 2010: 34) durch und dann ist das die bestmögliche Legitimationsgrundlage des eigenen Engagements. Mehr noch: es besteht dann die Dringlichkeit und geradezu die moralische Verpflichtung, immer weiter zu machen mit genau

dieser Tätigkeit des wohltätigen Sammelns und Verteilens von Lebensmitteln,
sie möglichst noch zu steigern, denn schließlich darf man Menschen nicht
hungern lassen. Oder, wie es der Vorsitzende des Bundesverbands der Tafeln
im Zeitungsinterview sagte: „Würden wir nichts tun, gäbe es mehr Hunger"
(SZ vom 1.2.2010). Das ist die moralische Legitimationsgrundlage der immer
weiteren Expansion dieser Art von Engagement. Selbst wenn man nun bei Ge-
legenheit einräumt, dass die Tafeln eigentlich überflüssig sein sollten und dass
es eigentlich sozialpolitischer Lösungen bedürfte – man muss doch weiter machen, mit aller verfügbaren Kraft, die dann freilich nicht für Alternativen zur
Verfügung steht, weder theoretisch noch praktisch. Dass auf diese Weise die
Tafelnutzenden entmündigt werden, wird dabei völlig übersehen. Eher politische Fragen nach Ausgrenzung, nach Teilhabe und sozialen Rechten kommen
gar nicht erst in den Blick, werden aus dem eigenen Zuständigkeits- und Ver-
antwortungsbereich verbannt oder können schlicht aus Überforderung nicht
auch noch geleistet werden.

6   Schluss: Das Scheitern einer Bewegung – und ein Neubeginn?

Das wohltätige Sammeln und Verteilen von Überschüssen ist in seiner Verbreitung heute ein globales Erfolgsmodell und hat sich in vielen Überflussgesellschaften als soziale Tatsache etabliert. Gerade dies stellt freilich die Erfolge
in der Sache in Frage. Wenn die Verminderungen von Überschüssen und Ausgrenzung die Ziele sind, dann ist nach insgesamt vier, in Deutschland fast
zwei Jahrzehnten dieses freiwilligen Engagements nicht zu erkennen, dass
man diesen näher gekommen wäre. Es ist nicht abzusehen, dass die Über-
schusserzeugung vermindert würde, dass tragfähige Lösungen für Armuts-
und Ausgrenzungsprobleme greifen würden und dass die Tafeln zum einen
und/oder anderen Lösungsimpulse setzen würden. Im Gegenteil fanden die
sozialpolitischen Neuausrichtungen erst statt (das gilt sowohl für die USA als
auch für Deutschland), als es die Tafeln (bzw. Food Banks) längst gab. Die
Verantwortung für soziale Sicherung wurde und wird dabei verstärkt vom
Sozialstaat auf die Individuen verlagert, ohne dass immer ersichtlich wäre,
wie die damit verbundenen Anforderungen individuell erfüllt werden könnten. Bei dauerhaft hoher Arbeitslosigkeit und unsicheren Arbeitsverhältnissen
wird die Konditionierung des ‚Förderns' durch ein ‚Fordern' zur restriktiven
Ideologie, um Kosteneinsparungen bei denen durchzusetzen und populistisch
zu legitimieren, deren Chancen am geringsten sind. Über die Tafeln können
sich die Tafelnutzer, wie oben zu sehen, eine gewisse Entlastung verschaffen.

Entlastung durch Lebensmitteltüten ist dann ein Symptom und ein sichtbares Zeichen des weitgehenden Ausgeschlossenseins von Arbeit und Konsum, nicht aber selbst eine Lösung. Heute muss man sogar in Frage stellen, dass die Tafeln zumindest übergangsweise Verbesserungen schaffen, denn dafür dauert der Übergang doch schon recht lange und außer dem Wachstum der Organisationen selbst wurde wenig erreicht.

Die Gründe ihres Verbreitungserfolges liegen nicht in den Organisationen und Initiativen der charitable food assistance allein. Sozialstaatliche Einsparungen gingen einher mit Entwicklungen, bei denen Unternehmen ihr Image zunehmend gern durch sichtbare Wohltätigkeit aufbesserten (vgl. Hiß 2010), und auf einen Zeitgeist, für den die private, quasi-unternehmerische Initiative den Maßstab allen, auch solidarischen Handelns bildete. Hinzu kam eine Aufwertung zivilgesellschaftlichen Engagements, das sich ebenfalls von staatlicher Bevormundung emanzipieren wollte. Denkt man dabei etwa an den Umweltbereich, dann ist ersichtlich, dass das gleichwohl mit politischen Forderungen, mit der gleichzeitigen Etablierung auch staatlicher Institutionen sowie der Schaffung von Rechtsgrundlagen einhergeht. Daran ist zu sehen, dass die Ausbildung und Stärkung zivilgesellschaftlicher Strukturen nicht einfach gegen staatliche gerichtet ist und diese nicht ersetzen soll und kann. Vielmehr gelingt die Stärkung der Zivilgesellschaft nur, wenn zugleich der (Sozial-) Staat entwickelt wird und Rechtsgrundlagen geschaffen werden – wenn sich die Engagierten zugleich als politische Bürger begreifen –, weil nur dadurch die nötigen Verbindlichkeiten geschaffen werden können. Dass sich der Bundesverband Deutsche Tafel e. V. in letzter Zeit Forderungen nach einer Kindergrundsicherung und nach einem Mindestlohn angeschlossen hat, kann man als vorhandene Ansätze in dieser Richtung begreifen, an die sich anschließen lässt.

Auch wenn sich der Verbreitungserfolg und die Resonanz auf die Arbeit der Tafeln in hohem Maße in historischen und sozialen Umständen begründen lassen, so stützt sie sich doch zugleich auf eine ,innere' Entwicklungsdynamik, wie sie im Text analysiert wurde. Der dargelegte Zusammenhang zeigt nur einen Ausschnitt aus der Tafelwelt, allerdings einen zentralen. Denn er liefert eine wichtige moralische Legitimationsbasis der Ausbreitung dieser Art von freiwilligem Engagement. Zu wenig Beachtung findet dabei, dass eine Fokussierung auf ,Hungerprobleme' diejenigen, die unterstützt werden sollen, auf bloß passiv Bedürftige reduziert und sie in ihren tatsächlichen Problemen keineswegs ernst nimmt. Denn zentral für die gesellschaftliche Integration sind heute der Zugang zu Arbeit und Konsum, zum Gesundheitssystem, zu Bildung und Kultur sowie soziale Bindungen – das Verteilen von Essenstüten hilft dabei eben nur äußerst bedingt. Das wäre zu allererst einmal grundsätzlich anzuerkennen. Die Tafeln weichen aber einer Auseinandersetzung mit den strukturellen Konflikten ihres Engagements, nämlich der Tatsache, dass sie mit ihrem Engagement die anvisierten Probleme nicht lösen können, aus. Dass sie in der Sache nicht erfolgreich sein können liegt eben nicht daran, dass sie zu wenige sind oder zu geringe Kapazitäten haben – heute stimmt vielleicht sogar das Gegenteil –, sondern daran, dass ihre ureigensten Mittel des Sammelns und Verteilens nicht den Zielen entsprechen können.

Vor diesem Hintergrund und eingedenk der globalen Entwicklungsdynamik, die doch den Zielen nicht näher kommt, ist es hilfreich, das Scheitern des Konzepts auszurufen. Ja, mehr noch zu sehen, dass ein Immer-Weiter-So nur den Einsatz, aber nicht den Nutzen fördert. Erst dieses Eingeständnis wird den Blick für Alternativen frei bekommen und ihn vom eigenen Wachstum lösen können.

Literatur

Bude, Heinz/Willisch, Andreas (Hg.) (2008): Exklusion. Die Debatte über die ,Überflüssigen'. Frankfurt a. M.

Galbraith, John Kenneth (1998/1958): The affluent society. (40th Anniversary Edition, Updated and with a new Introduction by the Author) Boston/New York.

Grell, Britta (2010): ,Feeding America and the World'. Zur Geschichte und ungewissen Zukunft des Tafelsystems in den USA. In: Stefan Selke (Hg.): Kritik der Tafeln in Deutschland. Standortbestimmungen zu einem ambivalenten sozialen Phänomen. Wiesbaden, 129–146.

Hiß, Stefanie (2010): Übernehmen Unternehmen mit ihrer Unterstützung der Tafeln gesellschaftliche Verantwortung? In: Lorenz, Stephan (Hg.): TafelGesellschaft. Zum neuen Umgang mit Überfluss und Ausgrenzung. Bielefeld, 69–80.

Jungwirth, Ingrid/Scherschel, Karin (2010): Ungleich prekär – Zum Verhältnis von Arbeit, Migration und Geschlecht. In: Manske, Alexandra/Pühl, Katharina (Hg.): Prekarisierung zwischen Anomie und Normalisierung? Geschlechtertheoretische Bestimmungsversuche. Münster, 110–132.

Lorenz, Stephan (2009): Überflusskultur und Wachstumshunger. Verausgabungen in Arbeits- und Konsumgesellschaft. In: Bähr, Christine/Bauschmid, Suse/Lenz, Thomas/Ruf, Oliver (Hg.): Überfluss und Überschreitung. Die kulturelle Praxis des Verausgabens. Bielefeld, 29–43.

Lorenz, Stephan (2010a): Sind Tafelnutzende ,Kunden' – und sollten sie deshalb bei der Tafel zahlen? In: Lorenz, Stephan (Hg.): TafelGesellschaft. Zum neuen Umgang mit Überfluss und Ausgrenzung. Bielefeld, 91–102.

Lorenz, Stephan (2010b): Haben Tafelnutzende Ansprüche? In: Lorenz, Stephan (Hg.): TafelGesellschaft. Zum neuen Umgang mit Überfluss und Ausgrenzung. Bielefeld, 103–113.

Lorenz, Stephan/Rosa, Hartmut (2009): Schneller Kaufen! Zum Verhältnis von Konsum und Beschleunigung. In: Berliner Debatte Initial 20 (1): 10–18 (aktualisierte Fassung: http://www.berlinerdebatte.de/documents/toc/2009/2009-1_RosaLorenz_Schneller%20kaufen.pdf).

Möhring-Hesse, Matthias (2010): Die Tafeln – und die Zukunft des Sozialstaats. In: Lorenz, Stephan (Hg.): TafelGesellschaft. Zum neuen Umgang mit Überfluss und Ausgrenzung. Bielefeld, 199–216.

Molling, Luise (2010): Beförderte die neuere Arbeitsmarktpolitik den Erfolg der Tafeln? In: Lorenz, Stephan (Hg.): TafelGesellschaft. Zum neuen Umgang mit Überfluss und Ausgrenzung. Bielefeld, 57–68.

Pfeiffer, Sabine (2010): Hunger in der Überflussgesellschaft. In: Stefan Selke (Hg.): Kritik der Tafeln in Deutschland. Standortbestimmungen zu einem ambivalenten sozialen Phänomen. Wiesbaden, 91–107.

Selke, Stefan (2008): Fast ganz unten. Wie man in Deutschland durch die Hilfe von Lebensmitteltafeln satt wird. Münster.

Selke, Stefan (2010a): Kritik der Tafeln in Deutschland – Ein systematischer Blick auf ein umstrittenes gesellschaftliches Phänomen. In: ders. (Hg.): Kritik der Tafeln in Deutschland. Standortbestimmungen zu einem ambivalenten sozialen Phänomen. Wiesbaden, 11–53.

von Normann, Konstantin (2003): Evolution der Deutschen Tafeln. Eine Studie über die Entwicklung karitativer Nonprofit-Organisationen zur Verminderung von Ernährungsarmut in Deutschland. Bad Neuenahr.

Warrier, Shobha (2003): A fistful of rice… (http://www.hvk.org/articles/0703/85.html, 24.11.2010).

Wuppertal-Institut (2005): Fair Future. Begrenzte Ressourcen und globale Gerechtigkeit. Bonn.

Prekäre Gastfreundschaft im historischen Vergleich

Mareike Layer

Zusammenfassung

Anhand historischer Studien zur Armenfürsorge im Hochmittelalter wird ein Konzept von Gastfreundschaft herausgearbeitet, das zwischen Fürsorge und Begegnung changiert. Das von den Zisterziensern spirituell ausformulierte Modell einer alles durchdringenden Caritas, verstanden als Gottes- und Nächstenliebe, erfährt bei Franz von Assisi und seinen Gefährten eine praktische Deutung, indem der Nächste in seiner konkreten Bedürftigkeit aufgesucht wird. Sowohl Gast als auch Gastgeber erwächst aus dieser Begegnung ein Nutzen, der sich in einer wechselseitigen Angewiesenheit manifestiert. Die Chance einer über das rein Materielle hinausgehenden Gastfreundschaft liegt, auch für das Konzept der Tafel, in einer Öffnung aus der ökonomisch-häuslichen Beschränkung hin zu einer politisch-öffentlichen Präsenz.

1   Einleitung

Die Bewegung der „Tafeln" ist aus dem Bedürfnis heraus entstanden, der angestiegenen Armut in der Bevölkerung, die vielen Menschen zunehmend ausweglos erscheint, praktische Hilfen entgegen zu setzen, die zudem kaum Kosten verursachen sollten. Anstelle großmütiger Geldspenden, ging und geht es den aktiven Helfern um tätigen Einsatz und Engagement, die sie ohne materielle Vergütung leisten wollen.[1] Diese Form der karitativen Hilfe lässt sich im Paradigma der Gastfreundschaft beschreiben.

Bei der Gastfreundschaft handelt es sich um eine kulturelle Praxis, die einerseits der friedlichen Kommunikation und Verständigung dient, ande-

---

[1] Die aus diesem Beschreibungszusammenhang herausfallenden MAE-Kräfte werden hier außen vor gelassen, da sie bislang quantitativ zu vernachlässigen sind. Zu beachten ist allerdings eine Tendenz zu wachsender In-Anspruchnahme von so genannten Ein-Euro-Jobbern, die eine staatliche Unabhängigkeit zumindest in Frage stellt.

rerseits dem Modus der Fürsorge zuzurechnen ist. Heute verstehen wir unter Gastfreundschaft meist die private „Verlustigung" mit Freunden oder im weitläufigen Sinne „bekannten Fremden", zudem reden wir metasprachlich von einer „Gastfreundschaft der Völker". Dabei gerät der dem Modus der Fürsorge zuzurechnende Aspekt, die Caritas, häufig aus dem Blick.

Im Folgenden soll paradigmatisch am Beispiel der hochmittelalterlichen Gastfreundschaft Theorie und Praxis karitativen Handelns mit dem Ziel nachgegangen werden, eine Folie der Betrachtung für die Auseinandersetzung mit dem Phänomen „Tafeln" zu liefern.

Zunächst zu einigen Gemeinsamkeiten der genannten Epochen. Sowohl im Hochmittelalter als auch gegenwärtig ist ein sprunghafter Anstieg an Armut in der Bevölkerung zu verzeichnen, auch wenn die Armut im Hochmittelalter um ein Vielfaches größer war.[2] Beiden Zeiten gemeinsam ist jedoch, dass nach neuen Lösungsmöglichkeiten gesucht wurde, die der veränderten gesellschaftlichen Realität gerecht werden sollten.

Hochmittelalter und Gegenwart sind zudem geprägt von hoher Mobilität. Im Verlaufe des Mittelalters steigt die Anzahl sowohl derer, die *mit* Ziel als auch jener, die *ohne* Ziel umherziehen, stetig an. Zu ihnen gehören neben den berufsmäßig Reisenden und den Pilgern Personen, die aus Gründen der Armut durch die Lande ziehen, darunter Elende und Schwache, aber auch zunehmend in Not geratene Bauern und verarmte Adlige, die sich gezwungen sehen, nach einem neuen Auskommen zu suchen (vgl. Le Goff 1982: 109 f.). Mit der Vernetzung und Systematisierung von Migrantenströmen in der modernen, globalisierten Welt ist dies nur schwer zu vergleichen. Dennoch bleiben zentrale Fragen bestehen: *Wem* – d. h. Fremden oder Einheimischen, zur Arbeit Befähigten oder dazu nicht bzw. nicht mehr Fähigen – kann *wie* – d. h. nach welchen Regeln und unter welchen Bedingungen geholfen werden. Die Frage nach dem *wie* beinhaltet auch konkrete Aspekte des *wo* und *wohin*.

2   Gastfreundschaft zwischen Begegnung und Fürsorge

Moderne Theorien der Gastfreundschaft befassen sich meist mit dem Fremden oder dem Anderen. Entweder untersuchen sie dabei den Umgang mit Frem-

---

[2] Materielle Armut war eine Bedrohung für alle Schichten, auch wenn diese unterschiedlich hart von ihr betroffen waren. Eine homogene Gruppe von Armen gab es jedoch nicht (vgl. Mollat 1987: 67).

den aus soziologischer oder anthropologischer Sicht[3] oder sie formulieren philosophisch-ethische Idealvorstellungen einer gastlichen Gesellschaft[4]. Dabei wird häufig zu beachten versäumt, dass das Konzept der Gastfreundschaft bereits in sich zweischneidig ist.[5] Denn Gastfreundschaft, das ist einerseits der fürsorgliche Umgang mit im weitesten Sinne Bedürftigen, die gastliche Aufnahme, Beherbergung und/oder Verköstigung. Andererseits handelt es sich um eine Praxis der Begegnung und des Austauschs, die bereits in der Antike hochpolitisch zu nennen ist[6], mit der Entwicklung des Gasthausgewerbes allerdings an Bedeutung verliert[7] und heute, zumindest in der vorwiegend privatisierten Form, ihre gesellschaftsbildende Kraft weitgehend eingebüßt hat.

Es sind dies zwei unterschiedliche Weisen dem Anderen zu begegnen: die erste ist asymmetrisch, d. h. es besteht eine klare Hierarchie vom Gebenden zum hilfsbedürftigen Nehmenden. Die andere ist demgegenüber nicht unhierarchisch, da der Gastgeber stets über die materiellen Mittel verfügt und somit potentiell über mehr Macht (Montandon 2003: 450). Der wesentliche Unterschied besteht darin, dass im Falle der reziproken Begegnung die Möglichkeit eines Zurückgebens, d. h. einer Verkehrung der Rollen, von vornherein mit einkalkuliert ist. Der Gast, der dem Gastgeber auf Augenhöhe begegnet, der ihm also ebenbürtig ist, kann – und er wird es auch irgendwann – zum Gastgeber werden[8]. Der Gast ist daher auf lange Sicht gesehen nicht machtlos, er ist

---

[3] Eingehende Forschungen gingen aus von Alain Montandon, der Herausgeber zahlreicher Sammelbände ist (wegweisend: Montandon 2004). Derzeit stehen im Zusammenhang mit Gastfreundschaft häufig Prozesse der Migration im Zentrum (siehe hierzu exemplarisch Rosello 2004). Zu beachten sind zudem literaturwissenschaftliche Ansätze (Friedrich 2009).
[4] Hervorzuheben ist insbesondere die Arbeit von Derrida 2001; vgl. Bahr 1994, Liebsch 2008.
[5] Ulrich Jänecke (1980) schenkt zumindest im Einführungsteil seiner Dissertation zur Gastaufnahme beiden Formen Beachtung.
[6] Fortgeschrittenste Entwicklungsstufe der griechischen Gastfreundschaft ist die institutionalisierte Gastfreundschaft zwischen Individuen und Gemeinwesen, die Proxenie (Hellmuth 1984: 313).
[7] Hans Conrad Peyer (1987: 278ff.) unterscheidet zwischen einer formenreichen und die Verpflegung einschließenden Gastfreundschaft der Vornehmen und einer formloseren, unentgeltlichen Gastlichkeit ohne Verpflegung, die jedem Reisenden und insbesondere Pilgern und Kaufleuten geboten wurde. Letztere stand offen für die Entwicklung zur gewerblichen Gastlichkeit und begünstigte den städtisch geprägten Übergang zum Gasthausgewerbe.
[8] In dieser Hinsicht ist an die Theorie der Gabe zu erinnern, wie sie von Marcel Mauss im Anschluss an seine Untersuchungen polynesischer Gesellschaften entwickelt wurde. Herzstück der Gabentheorie ist die wechselseitige Verpflichtung, die durch das Geben und Nehmen von Gaben im weiteren Sinne instituiert wird. Demgegenüber firmiere das Almosen als Produkt eines moralischen Begriffs der Gabe und des Reichtums einerseits und des Begriffs des Opfers andererseits (Mauss 1990: 28 u. 47).

ein gleichberechtigtes Gegenüber. Soweit die Unterschiede. Was nun ist diesen beiden Formen der Gastfreundschaft gemein? Zunächst einmal ist auch die Gastfreundschaft gegenüber Bedürftigen nicht ohne ein Moment der Begegnung denkbar. Aufgrund dessen ist es naheliegend, einen mehr oder weniger engen Zusammenhang zwischen beiden Formen der Gastfreundschaft zu behaupten. Zweitens gibt es ein Alphabet der Gastlichkeit, das, wenngleich variiert, stets dasselbe beinhaltet: man bietet einen Stuhl an, eine Schlafstätte und bzw. oder als Grundvoraussetzung etwas zu essen und zu trinken.[9] Ob gemeinsam gespeist wird, ob die Gäste vor Ort verköstigt werden oder nur ein Almosen auf die Hand gegeben wird, hängt dabei von ihrem jeweiligen Status ab. Jede gastliche Situation verfügt zudem über ein Moment, an dem die Gäste als solche wahrgenommen, eingeladen und später als solche auch wieder verabschiedet werden (vgl. Jänecke 1980: 87 ff.). Dies führt uns zum dritten gemeinsamen Merkmal: dem Ort. Gastfreundschaft braucht einen geschützten Ort, in der Regel ist es ein Haus oder ein hausähnliches Gebäude, auch ein Zelt ist denkbar. In der Regel jedoch ist das Haus, welches dem Gast vorübergehend Schutz bieten soll, der genuine Ort der Gastfreundschaft. In der modernen Gesellschaft wird das Haus zum Ort des ausgesprochen Privaten. Es ist Raum für Gemeinschaft, Familie, Ort der vertrauten Interaktionen, Rückzugsbereich. Die Ambivalenz der Gastfreundschaft besteht nun gerade darin, janusköpfig auf der Schwelle zwischen der privaten, geschützten Behausung und dem öffentlich-politischen Geschehen verortet zu sein. Zwar verfügt das Mittelalter noch nicht über die neuzeitliche Trennung zwischen ‚öffentlich' und ‚privat'[10], jedoch ist es auch

---

[9] Alain Montandon (2003: 443) spricht von der „Szene der Gastfreundschaft", welche sich in eine Reihe von Unterszenen gliedere: „die Ankunft, den Empfang, das Hinsetzen, das Feiern, die Identifizierung, das zu Bett gehen, das Waschen, das Geschenkeverteilen, die Verabschiedung usw.". Wenngleich Montandon den Aspekt der asymmetrischen Gastfreundschaft ausspart, tragen seine Aussagen zum Ritual-Charakter der Gastfreundschaft auch für diesen Gültigkeit: Das Ritual der Gastfreundschaft wird als ein „Dialog zwischen zwei in Verbindung tretenden Seiten" beschrieben. Es handle sich dabei um eine „relativ starre protokollarische Inszenierung", die auf beiden Seiten mit bestimmten Zielen verbunden sei: „Für den Hausherrn bedeutet dieses Protokoll, den Gast würdig zu empfangen und somit die (göttliche) Gunst auf sich zu ziehen und die Achtung und Anerkennung seiner Umgebung zu verdienen; für den Gast heißt es Nahrung, Dach und Unterstützung zu finden. Der Hausherr übernimmt nicht nur die materielle Verpflegung desjenigen, den er empfängt, sondern auch seinen Schutz, der seiner eigenen Familie ebenbürtig ist".

[10] Horst Wenzel und Rüdiger Brandt haben hinsichtlich der hochmittelalterlichen Dichtung die Existenz eines nichtöffentlichen Bereiches herausgearbeitet, der nicht dem Repräsentationsmodus der Öffentlichkeit entspricht, dabei aber auch (noch) nicht mit der modernen Kategorie der Privatheit in eins zu setzen ist (Wenzel 1986: 277–300; Brandt 1990).

hier ein geschützter Ort, welcher eine Begegnung zwischen Gast und Gastgeber möglich macht.

3 Armenfürsorge im Mittelalter

Caritas wurde nicht immer schon als eine Form der Gastfreundschaft verstanden. Erst mit der Verbreitung des Ideals der christlichen Nächstenliebe, demzufolge Gottes- und Nächstenliebe radikal gleichzusetzen sind, rücken karitative Aufgaben in den Fokus der Gastlichkeit.[11] Eine der zentralen Stellen im Neuen Testament, die den Auftrag der Gastfreundschaft beschreibt, findet sich in Matthäus 25,35 (vgl. Riemer 2005: 246). Im Hinblick auf das Weltgericht hebt Jesus gegenüber seinen Jüngern die gastliche Aufnahme Fremder hervor. Er sagt: „Ich war fremd und obdachlos, und ihr habt mich aufgenommen." Die Jünger reagieren zunächst mit Unverständnis, da sie ihn nie fremd und obdachlos gesehen haben. Jesus antwortet ihnen darauf hin: „Was ihr für einen meiner geringsten Brüder getan habt, das habt ihr mir getan." Daran lässt sich zweierlei erkennen: Erstens geht es nicht um Gastfreundschaft im Allgemeinen, sondern ganz konkret um Barmherzigkeit und Hilfe für Arme und Notleidende. Zweitens ist die Rede von Brüdern (ebd.). Das Besondere ist dabei, dass der Mittellose und Fremde auf dieselbe Stufe gehoben wird wie der Gottessohn, dass er als Bruder verstanden wird.

Wer aber gehörte zu den Bedürftigen? Als arm galten im Früh- und Hochmittelalter zunächst einmal alle, die im Gegensatz zum Mächtigen und zum Ritter nicht an der Herrschaft und der bewaffneten Gewalt teilhatten und des Schutzes bedurften, gleichgültig, ob sie habliche Bauern, Kaufleute oder mittellos waren (Peyer 1987: 119). Im Zuge des Wachstums der Geldwirtschaft insbesondere in den Städten gewinnt der Gegensatz zwischen *pauper* und *civis*, d. h. zwischen dem Armen und dem Bürger, im geldwirtschaftlichen Sinne von arm und reich an Bedeutung, und im Spätmittelalter wird auch die bisherige Hochschätzung der Armut, die als Mittel zur eigenen Seelsorge und

---

[11] Explizit in einen Zusammenhang gestellt werden Fürsorge, Nächstenliebe und Gastfreundschaft beispielsweise im Hebräerbrief (Heb. 13,1-3): „Vergesst die Gastfreundschaft nicht; denn durch sie haben einige, ohne es zu ahnen, Engel beherbergt. Denkt an die Gefangenen, als wäret ihr mitgefangen; denkt an die Misshandelten, denn auch ihr lebt noch in eurem irdischen Leib." Hans-Jürgen Benedict (2004: 69) arbeitet heraus, inwiefern die Grundlagen der Diakonie bereits im alttestamentlichen Erbarmensrecht zu finden sind, für das ein unhintergehbarer Zusammenhang von Recht/Gerechtigkeit und Barmherzigkeit bestehe.

Vervollkommnung genutzt wurde, durch eine verächtliche Haltung mehr und
mehr überdeckt (ebd.).

Gleichermaßen spiegelt es sich in der Praxis. Die für die westlichen Klöster
über Jahrhunderte als maßgeblich angesehene Ordensregel des Heiligen Benedikt sah vor, dass alle Gäste wie Christus empfangen werden sollten. Insbesondere wurde dabei an Arme und Pilger gedacht. Wie Thomas Schuler für
die Praxis der karolingischen Benediktinerklöster herausgearbeitet hat, bedeutete das jedoch nicht, dass Arme und Reiche eine *gleichwertige* Behandlung
erfuhren. Dies zeigt sich schon im Empfang. Mit vornehmen Gästen wurde
gebetet und sie empfingen den Friedenskuss, während Arme vom Pförtner
zu einer separaten Herberge geleitet wurden (Schuler 1979: 23). Nicht zuletzt
aufgrund der angestiegenen Armut und dem vermehrten Reiseverkehr, gerade der Herrscher und der Pilger, bildete sich ein Zwei-Klassen-System heraus.
Die Armenfürsorge wurde dabei in der Karolingerzeit systematisch aus dem
Gästewesen, das von nun an den Herrschenden und den visitierenden Brüdern vorbehalten war, ausgegliedert (ebd: 32).

Dieses in sich hierarchische System wurde von einer im Hochmittelalter
sich formierenden, neuen Armutsbewegung kritisiert.[12] Dieser heterogenen
Gruppierung, zu der sowohl reformerische Ordensgruppierungen (Zisterzienser, Prämonstratenser) als auch die im Spätmittelalter verbreiteten Bettelorden
(Franziskaner, Dominikaner u. a.) zählten, ging es um die Rückkehr zu einer
,ursprünglichen', apostolischen Lebensweise, die einer freiwilligen Armut hul-
digte, sich dem Dienst am Nächsten verschrieb und dabei ihren Lohn in einem
jenseitigen Leben erwartete. Als leitend kann hier neben den Seligpreisungen
ein Ausspruch Jesu gelten, der im Markusevangelium (Mk 10,21) verzeichnet
steht: „Verkaufe, was du hast, gib das Geld den Armen und du wirst einen
Schatz im Himmel haben." (vgl. Barzen 2004: 399).

3.1 Die Bedeutung der Caritas bei den Zisterziensern

Als Teil der skizzierten neuen Armutsbewegung, zugleich aber geradezu kon-
servativ nehmen die Zisterzienser eine ambivalente Stellung ein. Es geht ihnen

---

[12] Neben den hier zu beschreibenden, religiösen Praktiken der Armenfürsorge gewinnen
seit der Wende zum 12. Jahrhundert städtische Fürsorgeeinrichtungen an Bedeutung, die
die Kapazitäten der Kirche ergänzen (vgl. Haverkamp 2007: 111 f.). Die zunächst prinzipiell
für alle Armen, Kranken und Schwachen offenen Hospize erfahren im Spätmittelalter eine
Wandlung hin zu dezidierten Krankenhäusern, aus denen die so genannten *pauperes com-
munes*, die Nichtkranken, ausgeschlossen werden (Esposito 2005: 15 f.).

um die Rückkehr zu einer wortgetreuen Befolgung der einflussreichen Regel der Benediktiner[13]. Sie haben hierbei eine strenge, jedoch nicht geistlose Befolgung der Regel im Sinn, da eine zeitweilige Änderung bzw. Entbindung von der Regel in zwei Fällen gerechtfertigt erscheint. Erstens konnte die *Notwendigkeit*, orientiert am Gratianischen Dekret „Not kennt kein Gebot", eine Änderung bewirken (Schreiner 1994: 81). Zweitens rechtfertigte jede Abweichung von einem Handeln im Geiste der Caritas eine zeitweilige Revision der Regel: Denn „zu keinem anderen Zweck als zur Förderung und Wahrung der Liebe" seien Normen für die Mönchsgemeinschaft überhaupt vereinbart worden, heißt es bei Bernhard, dem Gründer des Ordens (ebd: 79).

Wie sah es nun in der Praxis aus? Die Zisterzienser-Mönche waren ärmlich gekleidet und ihr Alltag war stark asketisch, er beschränkte sich im Wesentlichen auf Gebet und Studium. Die Bewirtschaftung der Klöster sowie der außerhalb der Klostermauern liegenden Wirtschaftshöfe wurde von Laienbrüdern vorgenommen, welche hart für die Klostergemeinschaften arbeiteten. Ihnen verdankten die Zisterzienser zunehmenden Besitz und Macht. Dass diese Expansion trotz des Armutsgelöbnisses möglich wurde, rechtfertigten sie damit, dass man ja wirtschaften müsse, um das Gebot der Nächstenliebe, an erster Stelle die Gastfreundschaft, erfüllen zu können (Berger 1999: 60 f.). Als geradezu perfide erscheint demgegenüber, dass die Praxis der Gastfreundschaft gegenüber Bedürftigen nicht der Prosperität der Klöster gemäß ausgebaut wurde, sondern sich in vielen Fällen rückläufig auf eine Almosengabe an der Klosterpforte reduzierte, abgesehen von einer für das Seelenheil der Mönche bedeutsamen, alljährlichen Fußwaschung (ebd: 203). Das heißt jedoch nicht, dass die Zisterzienser keine Nächstenliebe übten. Nur verstand man unter den Nächsten nicht vorrangig die Elenden und Notleidenden, welche der Heilige Benedikt in seiner Regel hervorgehoben hatte, sondern an erster Stelle die eigenen, sowie fremde Ordensbrüder. Insbesondere aber kann als Nächstenliebe auch die Verankerung und Förderung der Laienbrüder, welche nicht selten aufgrund drohender Verarmung dem Orden ihren Dienst angeboten hatten, angesehen werden. Die so genannten Konversen waren den Mönchen zwar nicht gleichgestellt, schon aufgrund der harten, zu großen Teilen körperlichen Arbeit, die sie im Gegensatz zu den vorwiegend studierenden

---

[13] Die Schriften der Zisterzienser sind daher nicht aus dem Horizont der benediktinischen Lehre herauszulösen, wie Ambrosius Schneider betont (zit. nach Berger 1999: 384).

Mönchen zu verrichten hatten, aber sie hatten Teil am Kloster, nicht zuletzt, weil man auf ihre Arbeit angewiesen war.[14]

Zusammenfassend ist bezüglich der hochmittelalterlichen Zisterzienser zu unterscheiden zwischen dem spirituellen Anspruch, der sich in tiefgreifenden Texten niederschlug, und dem Wirken in theologischen und ökonomischen Zusammenhängen. Bemerkenswert war, dass man die Ordensregel, der man sich aufs Strengste verschrieben hatte, genau dann für die Revision im Einzelfall öffnete, wenn ein Handeln im Geiste der Liebe bezweifelt wurde. Caritas oder die Nächstenliebe stellte einen Motor dar, um bestehende Regeln zu hinterfragen, sie neu zu fassen und eben auch Ausnahmen, je nach Notwendigkeit, in das Handeln von vornherein mit einzubeschließen. Genau genommen heißt das, dass es *eine* Regel, welche für jede Situation unabänderlich ist, nicht geben konnte. Eine Regel ist demnach auch kein Gesetz, sie ist eine Handlungsanweisung (vgl. Derrida 2001).

Darüber hinaus hat sich gezeigt, dass Gastfreundschaft nicht grundlos gewährt wird. Man muss hier unterscheiden zwischen Nutzen und Grund. Einen Grund zu haben, warum man dem Nächsten gibt, scheint legitim. Den *Nutzen* aber bereits im Blick zu haben, spannt das Seil noch etwas weiter. Es wird hier nicht in Frage gestellt, dass derjenige, welcher gibt, auch einen Nutzen davon trägt. Davon zu unterscheiden wäre jedoch, wenn im Vorfeld bereits auf diesen Nutzen fokussiert wird, wie es die Zisterzienser im Falle der Laienbrüder sicherlich getan haben und auch bezüglich der Bedürftigen, die von Interesse waren, insofern mit ihrer Hilfe die eigene geistige Stellung erhöht werden konnte – und zwar mittels der Fußwaschung, in der symbolisch Christus im Armen empfangen wurde (vgl. Rüffer 1999).

3.2 Caritas und Seelsorge bei den Franziskanern

Obgleich auch sie der Bewegung der *Pauperes Christi*, der Armen Christi, angehörten, ist der Weg, den die frühen Franziskaner beschritten, ein gänzlich anderer. Im Zuge seiner Bekehrung, die Franz von Assisi der Legende nach[15]

---

[14] Berger (1999: 222ff.) betont, dass den Konversen zudem die Aufgabe der Versorgung der Gäste zukam.

[15] So berichtet die Dreigefährtenlegende (1972: 185 u. 190), verfasst von drei Mitstreitern Franz von Assisis, von einem ausschweifenden aber zugleich großherzigen Lebenswandel, dessen Ende von zwei einschneidenden Erfahrungen eingeläutet wird. Zunächst ist dies' eine mystische Gottesbegegnung, die Franz bezeichnenderweise nach einem üppigen Gastmahl mitten auf dem Weg, abgesondert von seinen Gefährten, (materiell) bedingungslose Glückseligkeit

von einem hochmütigen und verschwenderisch-freigebigen Kaufmannsleben zum demütigen Gottes-Dienst in der Nachfolge Christi führte, gelangte er zu der Überzeugung eines radikalen Verzichts auf jeglichen Besitz und Güter, dem sich auch die ersten Gefährten bedingungslos verschrieben. Sein Leben verstand er von nun an als „gelebte Predigt" (Feld 1994: 192). Es stellte Vorbild zum rechten Leben, aber auch Ermahnung zu Buße und Nächstenliebe vor. Nächstenliebe verstand sich dabei ganz praktisch aus der gemeinschaftlichen Fürsorge der Brüder füreinander sowie dem Eintreten für die wirklichen Armen, die dem Elend von Geburt und Stand an zugefallen waren (Esser 1966: 265).[16] Die gesuchte Nähe zu den Randständigen, die Legitimierung des Bettels und das in die Pflicht Nehmen der Reichen, Überschüsse als Almosen abzugeben, stellte jedoch nur die eine Seite dar. Stets ging es Franziskus in seinem neuen Leben, das er bis ins hohe Alter der mühseligen Handarbeit widmete, auch darum, zu Selbsttätigkeit und Verantwortung zu animieren (Manselli 1984: 129f.). Während für die Benediktinermönche Handarbeit und Arbeit im Allgemeinen als rein asketisches Mittel diente und (noch) keinen Selbstwert darstellte, erfuhr sie durch das Wirken und Bestreben der Bettelmönche eine Aufwertung (Ertl 2006: 214f.). Für die in selbst gewählter Mittellosigkeit lebenden Brüder war das Arbeiten – nur an zweiter Stelle wurde das Sammeln von Almosen zugestanden[17] – überlebensnotwendig, zugleich vertrieb es Müßiggang und war Instrument der Buße. Die frühen Minderbrüder im Gefolge Franz von Assisis, die immer wieder die Nähe zu den Aussätzigen gerade auch als tätige, der selbst gewählten Armut trotzende Gläubige suchten, wollten weniger durch gezielte Bildung, als durch ihr Vorleben überzeugen. Dass auch *ihr* Leben in den Anfängen keinerlei Sicherheiten gewährte und nur auf die Solidarität der Brüder untereinander gebaut war, wurde von Franziskus ganz explizit in eine Tugend der Vorläufigkeit und des transzendenten ‚zu Gast seins' gekleidet. Selbst dann, wenn die armen Brüder gastlich aufgenommen werden, sollen sie immer „herbergen wie Pilger und Fremdlinge" (Manselli 1984: 124).

Im Gegensatz zu den in Abgeschiedenheit lebenden Zisterzienser-Mönchen, die sich dem kontemplativen Studium und Gebet widmeten und die Gastfreundschaft gegenüber Bedürftigen aus ihrem Leben weitgehend aus-

---

erfahren lässt. Zum anderen prägenden Ereignis wird die Begegnung mit einem Aussätzigen, dem er, trotz des Ekels, den er empfindet, die Hand küsst und ein Almosen reicht.

[16] „Durch die radikale Armut ist jene Liebe aufgerufen, die den einzelnen antreibt, dem anderen zu dienen, für ihn zu sorgen und ihm auch das zum Leben Notwendige zu verschaffen." (ebd.)

[17] Vgl. Testament 15-26. In: Manselli (1984: 124).

gelagert hatten, stand das Leben mit und für die Notleidenden im Zentrum des franziskanischen Selbstverständnisses. Die Problematik, die ein Leben zugleich in und für die Armut bedeutet, ergibt sich aus der radikalen Besitz-losigkeit, die der Gründer der neuen Bewegung anstrebte (Gleba 2004: 181). Neben dem Verzicht auf Eigentum umschloss dies auch ein Verbot jeglichen Umgangs mit Geld. Wie aber sollte man barmherzig sein, Almosen an die Elenden verteilen, wenn man selbst nur das härene Gewand auf dem bloßen Leib besaß? Wenngleich erst die päpstliche Forderung Gregor IX., neben dem Verzicht auf Besitz ein Gebrauchsrecht von Gütern anzuerkennen (vgl. Grund-mann 1961), eine Institutionalisierung der Seelsorge und Armenfürsorge er-möglichte, sahen sich auch die frühen Franziskaner nicht daran gehindert, ihre Dienste der Seelsorge und Beichte anzubieten.

Um diese Seelsorge aber entbrannte ein Streit, der sich über mehrere kle-rikale Ebenen erstreckte und auch innerhalb der franziskanischen Bewegung unterschiedliche Positionierungen hervorrief. Angriffsfläche bot eine stark angewachsene und zu großen Teilen von Laien getätigte Seelsorge der Min-derbrüder, die den Pfarreien gewissermaßen die ‚Kunden' abspenstig machte (Sickert 2006: 123 ff.). Zwar ging es den Franziskanern um eine Wiederbelebung der vernachlässigten priesterlichen „cura animarum", im Zentrum der Debat-te standen letztlich jedoch weniger inhaltliche Neuerungen als finanzielle Vor-teile, die man seitens der Minoriten durch gezielte Rhetorik erlangte, während man sie auf Seite der parochialen Seelsorge einbüßte. Das von den Franzis-kanern gepredigte und angestrebte Ideal einer kompromisslosen Armut ge-langt hier an seine, mit der wirtschaftlichen Realität nicht zu vereinbarenden, Grenzen.[18] Äußerlich hingegen wirkte das entworfene Bild eines asketischen, bedürfnislosen Lebens fort, glich darin jedoch wenig der ausweglosen Situa-tion der wirklichen Bedürftigen. In gewisser Hinsicht lässt sich konstatieren, dass das ‚gute, tätige Leben' der *Pauperes Christi* erst den Abgrund zu jener anderen Armut aufriss, die kaum heilig oder heilsam zu nennen ist, indem Letztere mehr und mehr als passives Ausharren verdammt wurde (Todeschini,

---

[18] Hans-Joachim Schmidt (1986: 334) weist auf das Paradoxon hin, „dass die unter dem An-spruch absoluter Armut angetretenen Bettelorden mit den während des hohen Mittelalters sich entwickelnden geldwirtschaftlichen Formen des Wirtschaftsverhaltens eng verflochten waren – enger sogar als andere geistliche Gemeinschaften, die sich noch stärker auf ihre naturalwirtschaftlichen Einkommensquellen stützen konnten". Jens Röhrkasten (2001: 161 ff.) zeigt am Beispiel Londons, auf welche Weise die Franziskaner mit der städtischen Wirtschaft verbunden waren. Den kaum verzeichneten bis erfolglosen Bettelversuchen standen vielfäl-tige Einnahmen für spirituelle Dienstleistungen entgegen, darunter auch Privateinkünfte, die das Armutsgebot durchbrachen.

2008: 50). Zusammenfassend zeigt sich zweierlei: Zunächst scheint die Praxis der Gastfreundschaft, die bei den Franziskanern neben dem Almosengeben insbesondere seelsorgerliche Dienste umfasste, nicht auf den Besitz von Gebäuden angewiesen zu sein. Jedoch sind hier ganz klare Grenzen aufgezeigt. Erst als die Franziskaner Klöster errichten und sich auf ein Nutzungsrecht von Gütern einlassen, können sie auch im umfassenderen Sinne gastfreundlich agieren. Dass auch bereits die nicht standortgebundene Seelsorgetätigkeit der frühen Franziskaner nicht ohne finanzielle Anreize auskam, zeigt zugleich umso deutlicher die ökonomische Bedingtheit jeder Art von Gastfreundschaft.

Zweitens ist die *Seelsorge* der Franziskaner als dasjenige Moment zu werten, das zielgerichtet über eine bloß materielle Hilfe hinausweist. Sie ist die *Dynamik* der Nächstenliebe, die bei den Zisterziensern als spiritueller Auftrag noch weitgehend theoretisch bzw. auf das engere Umfeld bezogen bleibt.

4   Die Tafeln

Die westeuropäische Praxis der Gastfreundschaft hat sich im Zuge der Kommerzialisierung in drei Bereiche aufgespalten. An erster Stelle firmiert in der Moderne die Gastlichkeit der Gasthäuser und Hotels. Daneben findet man die private Gastfreundschaft unter Freunden oder im weiteren Sinne Bekannten. Schließlich existiert eine unentgeltliche Gastfreundschaft gegenüber Fremden, die im Bereich des Privaten eher selten geworden ist, jedoch noch gegenüber Bedürftigen in eben jenen Bewegungen wie der *Tafel* zum Ausdruck kommt.

Im Folgenden soll skizziert werden, wie dies mit Blick auf die mittelalterlichen Studien und unter Berücksichtigung der Ergebnisse meiner Feldforschungen zu bewerten ist.

Die Einrichtungen der Tafel bieten zunächst einmal vor allen Dingen materielle Hilfen, die hinsichtlich eines Konzepts von Gastfreundschaft als mildtätige Gaben zu bezeichnen sind. Dass hierbei nicht nur die Nutzer der *Tafel* etwas empfangen, sondern auch die Helfer, lässt sich, wie gezeigt wurde, als Merkmal gastlichen Verhaltens bestimmen. Der Kaufmann im Mittelalter, der öffentlich, z. B. auf dem Marktplatz, dem Armen eine Gabe zukommen lässt, steigert auf diese Weise sein Ansehen, ebenso wie der Mönch das seine vor Gott. In anderer Weise befestigen die Helfer ihren Status in der Gruppe, der sie zugehören und in der Gesellschaft, in der sie agieren dadurch, dass sie Gastfreundschaft üben.

Die Chance der *Tafeln* besteht jedoch in mehr als asymmetrischen, barmherzigen Gaben. Anders als etwa bei der Zuteilung eines bestimmten, begrenzten Geldbetrages spielt hier die einzelne Person durchaus eine Rolle. Tafelhelfer kommen ins Gespräch mit Bedürftigen, die ihnen ihre Situation schildern und von ihren individuellen Schwierigkeiten erzählen. Dies gerade auch, weil einige der Helfer selbst finanziell nicht so gut gestellt sind und auf diese Weise vermögen, sich in die Situation der Nutzer hineinzuversetzen[19], aber auch weil sie Zeit mitbringen, die sie beispielsweise als Rentner zur freien Verfügung haben.[20]

Ruft man sich das Modell der frühen Franziskaner in Erinnerung, unter Berücksichtigung der Tatsache, dass wir es mit einer Gesellschaft ohne staatsrechtliches Fundament zu tun haben, so fällt ins Auge, dass die materielle Hilfe nicht mehr der alleinige Fokus ist, sondern eine von Laien geübte Seelsorge, die mitunter eine große Nähe zu den Bedürftigen ermöglichte.

Die Chance eines Konzepts von Gastfreundschaft, das über die aktuelle Befriedigung materieller Not hinausreichen will, besteht jedoch noch in anderer Hinsicht. Und zwar in der genuinen Zwitterstellung von Gastfreundschaft, die als Institution zwischen häuslich-privater *Atmosphäre* und öffentlich-politischer *Präsenz* changiert. Gewissermaßen auf der Schwelle liegt das Potential zu einer Thematisierung und Skandalisierung als fehlgeleitet erscheinender politischer Prozesse. Zu beachten ist dabei jedoch, dass wir es bei der Gastfreundschaft mit einer kulturellen Praxis zu tun haben, die zeitlich begrenzt ist.[21] Solange der Gast Gast ist, genießt er eine herausgehobene und geschützte Position. Sobald er länger bleibt, als dies mit dem Gaststatus zu vereinbaren ist, beginnt im positiven Falle die Integration, im negativen hingegen die Marginalisierung.[22]

Genauso wenig wie wir heute noch „Gastarbeiter" wollen, die auf zynische Weise bereits mit der Bezeichnung den Weg aus der Gesellschaft wieder

---

[19] In ähnlicher Weise bestand eine Nähe zwischen den häufig vor der Bedürftigkeit in die Obhut des Klosters flüchtenden Konversen der Zisterzienser, und den bedürftigen Gästen, welche sie zu versorgen hatten (Berger 1999: 219).

[20] Im Vergleich von 1999 und 2004 hat das Freiwillige Engagement von Frauen im Alter von 55 bis 64 um 8 % signifikant zugenommen, dasjenige der Männer im Alter von 65+ um 6 %. (Gensicke/Picot/Geiss 2006: 231).

[21] Zum Gastrecht siehe Pitt-Rivers (1995).

[22] Der Randständige oder Marginal Man, wie ihn Robert E. Park beschrieben hat, ist, im Gegensatz zur Simmel'schen Figur des Fremden, in der Gesellschaft angekommen, d. h. nicht, dass er in sie aufgenommen ist. Als Außenseiter tritt er gewissermaßen auf der Stelle, einer Stelle, die er gerne verlassen würde. Simmels Figur des Fremden ist gerade jene Beweglichkeit zu eigen, die im Randständigen zur Sehnsucht geworden ist; der Fremde bleibt ein „potentiell Wandernder", wenngleich er diese Möglichkeit zum Zeitpunkt seines Aufenthalts nicht in Anspruch nimmt (vgl. Geenen 2002).

heraus zu finden haben, ebenso wenig können wir uns Gast-Arme auf Dauer wünschen wollen, deshalb müssen die Aktivitäten der *Tafel* über ihre aktuell notwendige, aber als Übergang zu begreifende Arbeit aus der geschützten Atmosphäre des Hauses hinaus in die Öffentlichkeit und Politik weisen. Das Dilemma der Gastfreundschaft – eine Institution zu sein, deren Regeln sich nicht gesetzlich fixieren und verallgemeinern lassen, sondern sich vielmehr immer wieder rituell am Einzelfall erweisen müssen – sollte dabei auch als Chance begriffen werden.

Literatur

Bahr, Hans-Dieter (1994): Die Sprache des Gastes. Leipzig.

Barzen, Rainer/Escher-Aspner, Monika/Multrus, Dirk (2004): Religiös motivierte Barmherzigkeit und karitatives Handeln von Gemeinschaft im hohen und späten Mittelalter. In: Andreas Gestrich (Hg.), Inklusion/Exklusion. Studien zu Fremdheit und Armut von Antike bis zur Gegenwart. Frankfurt a. M., 397–422.

Benedict, Hans-Jürgen (2004): Biblische Diakonie – diakonische Gemeinde. A. Gott als kooperative Macht der Barmherzigkeit und Gerechtigkeit. In: Schibilsky, Michael/Zitt, Renate (Hg.), Theologie und Diakonie. Gütersloh, 66–86.

Berger, Jutta (1999): Die Geschichte der Gastfreundschaft im hochmittelalterlichen Mönchtum. 1. Die Cistercienser. Berlin.

Brandt, Rüdiger (1990): Enklaven – Exklaven. Zur literarischen Darstellung von Öffentlichkeit und Nichtöffentlichkeit im Mittelalter. München.

Derrida, Jacques (2001): Von der Gastfreundschaft. Wien.

Dreigefährtenlegende des heiligen Franziskus (1972): Die Brüder Leo, Rufin u. Angelus erzählen vom Anfang seines Ordens. Einf. von Sophronius Clasen. Übers. u. Anm. von Engelbert Grau (1972). Werl.

Ertl, Thomas (2006): Religion und Disziplin. Selbstdeutung und Weltordnung im frühen deutschen Franziskanertum. Berlin.

Esposito, Anna (2005): Von der Gastfreundschaft zur Krankenaufnahme. Zur Entwicklung und Organisation des Hospitalwesens in Rom im Mittelalter und in der Renaissance. In: Michael Matheus (Hg.), Funktions- und Strukturwandel spätmittelalterlicher Hospitäler im europäischen Vergleich. Stuttgart, 15–28.

Esser, Kajetan (1966): Anfänge und ursprüngliche Zielsetzungen des Ordens der Minderbrüder. Leiden.

Feld, Helmut (1994): Franziskus von Assisi und seine Bewegung. Darmstadt.

Friedrich, Peter/Parr, Rolf (Hg.) (2009): Gastlichkeit. Erkundungen einer Schwellensituation. Heidelberg.

Geenen, Elke M. (2002): Soziologie des Fremden. Ein gesellschaftstheoretischer Entwurf. Kiel.

Gensicke, Thomas/Picot, Sibylle/Geiss, Sabine (2006): Freiwilliges Engagement in Deutschland 1999–2004. Empirische Studien zum Bürgerschaftlichen Engagement, hg. v. Bundesministerium für Familie, Senioren, Frauen und Jugend. Wiesbaden.

Gleba, Gudrun (2004): Klosterleben im Mittelalter. Darmstadt.

Grundmann, Herbert (1961): Die Bulle ‚Quo elongati‘ Papst Gregors IX.. In: Archivum Franciscanum Historicum 54, 3–25.

Haverkamp, Alfred (2007): Neue Formen von Bindung und Ausgrenzung. Konzepte und Gestaltungen von Gemeinschaften an der Wende zum 12. Jahrhundert. In: Bernd

Schneidmüller/Stefan Weinfurter (Hg.), Salisches Kaisertum und neues Europa. Die
   Zeit Heinrichs IV. und Heinrichs V.. Darmstadt, 85–122.
Hellmuth, Leopold (1984): Gastfreundschaft und Gastrecht bei den Germanen. Wien.
Jänecke, Ulrich (1980): Gastaufnahme in der mittelhochdeutschen Dichtung um 1200. Diss.
   Universität Bochum.
Le Goff, Jacques (1982): La civilisation de l'Occident medieval. Paris.
Liebsch, Burkhard (2008): Für eine Kultur der Gastlichkeit. Freiburg/München.
Manselli, Raoul (1984): Franziskus. Der solidarische Bruder. Zürich.
Mauss, Marcel (1990): Die Gabe. Frankfurt a. M.
Mollat, Michel (1987): Die Armen im Mittelalter. München.
Montandon, Alain (2003): Die Szene der Gastfreundschaft. In: Rituelle Welten. Paragrana 12,
   H. 1-2, 443–456.
Montandon, Alain (2004): Le livre de l'hospitalité. Paris.
Peyer, Hans Conrad (1987): Von der Gastfreundschaft zum Gasthaus. Studien zur Gastlichkeit
   im Mittelalter. Hannover.
Pitt-Rivers, Julian (1995): The law of hospitality. In: ders., The Fate of Shechem or the politics
   of sex. Essays in the anthropology of the Mediterranean. Cambridge, 94–112.
Riemer, Ulrike (2005): Der fremde Bruder. Gastfreundschaft im Neuen Testament. In: Riemer,
   Ulrike/Riemer, Peter (Hg.), Xenophobie – Philoxenie. Vom Umgang mit Fremden in
   der Antike. Stuttgart, 241–259.
Rosello, Mireille (2004): Immigration. Discours et contradictions. In: Alain Montandon (Hg.),
   Le livre de l'hospitalité. Paris, 1516–1528.
Röhrkasten Jens (2001): Mendikantische Armut in der Praxis – Das Beispiel London. In: Gert
   Melville (Hg.), In propositio paupertatis. Studien zum Armutsverständnis bei den mit-
   telalterlichen Bettelorden. Münster u. a., 135–167.
Rüffer, Jens (1999): Orbis Cisterciensis. Zur Geschichte der monastischen ästhetischen Kultur
   im 12. Jh.. Berlin.
Schmidt, Hans-Joachim (1986): Bettelorden in Trier. Wirksamkeit und Umfeld im hohen und
   späten Mittelalter. Trier.
Schreiner, Klaus (1994): Puritas Regulae. In: Clemens M. Kaspar (Hg.), Zisterziensische Spi-
   ritualität. St. Ottilien, 75–100.
Schuler, Thomas (1979): Ungleiche Gastlichkeit der karolingischen Benediktinerklöster, seine
   Gäste und die christlich-monastische Norm. Bielefeld.
Selke, Stefan (2009): Tafeln und Gesellschaft. Soziologische Analyse eines polymorphen Phä-
   nomens. In: ders. (Hg.), Tafeln in Deutschland. Aspekte einer sozialen Bewegung zwi-
   schen Nahrungsumverteilung und Armutsintervention. Wiesbaden, 9–38.
Sickert, Ramona (2006): Wenn Klosterbrüder zu Jahrmarktsbrüdern werden. Studien zur
   Wahrnehmung der Franziskaner und Dominikaner im 13. Jahrhundert. Münster.
Todeschini, Giacomo (2008): Richesse franciscaine. De la pauvreté volontaire à la société de
   marché. Paris.
Wenzel, Horst (1986): Ze hove und ze holze – offenlîch und tougen. Zur Darstellung und Deu-
   tung des Unhöfischen in der höfischen Epik und im Nibelungenlied. In: Gert Kaiser/
   Jan-Müller (Hg.), Höfische Literatur, Hofgesellschaft, Höfische Lebensformen um 1200.
   Düsseldorf, 277–300.

DISKUSSION zum Vortrag von Mareike Layer

Mitten im Thema – die Unmöglichkeit des Rollentausches

Zunächst erscheint der Ansatz, sich den Tafeln von heute über das Thema „Gastfreundschaft im Mittelalter" zu nähern, für einige der Symposionteilneh-merInnen befremdend. Schnell zeigt sich aber, dass es tatsächlich zahlreiche Parallelen zwischen mittelalterlichen Klöstern und zeitgenössischen Tafeln gibt. Im Kern geht es dabei um die Frage, ob und wie ein Rollentausch möglich ist. So wie sich die Rollen zwischen Gastgeber und Gast nicht einfach tauschen lassen, besteht auch bei den Tafeln eine strukturelle Asymmetrie zwischen Gebenden und Nehmenden.

Sehr deutlich wurde in der weiteren Diskussion, dass es einen fundamen-talen Unterschied zwischen privathäuslicher Gastfreundschaft und institu-tionalisierter Fürsorge gibt. Das Alphabet der Gastfreundschaft, so Mareike Layer, hat sich aus ungeschriebenen Gesetzen heraus gebildet. Bei jeder Be-gegnung erneuert und aktualisiert es sich. Die Tafeln sind ein Indikator dafür, dass sich eine Spaltung vollzogen hat. Entstanden aus dem Ideal der Gast-freundschaft und der Idee, erst einmal zu helfen, hat sich eine mehr oder we-niger festgelegte Form der Fürsorge entwickelt.

Begegnungen auf Augenhöhe

Um sich auf gleicher Augenhöhe zu begegnen, muss man jedoch ebenbürtig sein. Diese Aussage stieß auf viel Zustimmung. Bei den Tafeln ist diese Eben-bürtigkeit jedoch nicht vorhanden, reziproke Rollen sind daher unmöglich: „Es wird nicht möglich sein, dass derjenige, der als Bedürftiger kommt, in dieser Rolle etwas zurückgeben kann. Er muss die Möglichkeit haben, aus dieser Rolle heraus zu kommen" so Mareike Layer weiter. Damit formuliert sie zugleich ein mögliches Handlungsprogramm für die Transformation der Tafeln. Diese könnten in Zukunft verstärkt darauf achten, Menschen darin zu unterstützen, sich aus der Bittstellerrolle zu befreien.

In der Diskussion wird zudem die Widersprüchlichkeit zwischen dem Begriff „Tafel" und den damit verbundenen vielfältigen Konnotationen[23] und der gerade nicht vorhandenen Gastfreundschaft auf Augenhöhe deutlich. Hierbei stellt sich auch in dieser Diskussion die Frage, ob hierdurch nicht eine vorhandene Praxis begrifflich verschönert oder gar umetikettiert wird. Einige TeilnehmerInnen sehen die Tafeln als vorläufigen Endpunkt einer kontinuierlichen Entwicklung der Armenspeisung, als eine Form kultureller Praxis, die sich im Wesen nicht verändert hat, sondern nur zeitgeistkonform betitelt wurde.

Am deutlichsten wirkt sich der Vortrag dort aus, wo die TeilnehmerInnen über *Rechte* diskutieren. Gastfreundschaft bedeutete ja auch, dass der Gastgeber die Rechte seines Gastes wahrzunehmen und für die Rechte seines Gastes einzutreten hatte. Der Gast war fremd, also verhalf ihm der Gastgeber zu seinen Rechten, die im jeweiligen kulturellen Umfeld Geltung hatten. Gastfreundschaft war ein konstruierendes, letztlich ein politisches Instrument der gegebenen Gesellschaften. Überträgt man dies auf die gegenwärtige Tafelbewegung, so liegt der Gedanke nahe, dass die bei Tafeln geleistete Hilfe, Menschen, die ihrer eigenen Gesellschaft ebenfalls „fremd" geworden sind, wieder zu ihren Rechten verhilft. Die Tafelbewegung kann auf diesem Weg *in die Politik hineinführen* anstatt Politik zu verhindern. Sie kann Menschen wieder zu ihren Rechten verhelfen, anstatt nur mildtätig zu handeln. Überträgt man das Konzept der Gastfreundschaft auf die Welt der Tafeln, so entsteht das Konzept des „geschützten Raumes", in dem Menschenrechte zur Geltung kommen und für Bürgerrechte eingetreten wird. Hierin liegt eine erfolgversprechende Aufgabe für die Tafeln.

Gegen einige Einwände, dass das Konzept der Gastfreundschaft und des (modern gesprochen: anwaltschaftlichen) Eintretens zu idealistisch sei, antwortet die Referentin: „Zur Gastfreundschaft gehört immer ein Ideal." Die weitere Diskussion kreist um (gleichermaßen notwendige) begriffliche und methodische Abgrenzungen des Konzepts Gastfreundschaft von christlicher Nächstenliebe, Mildtätigkeit und Solidarität. Am Ende bleibt die Frage offen, ob und wie sich in der Praxis der Tafeln Symmetrie oder Ebenbürtigkeit herstellen lässt, wie sich garantieren lässt, dass sich dort Menschen trotz unterschiedlicher Rollen „auf Augenhöhe" begegnen. Es bleibt der Appell, dass Tafeln neben Orten der reinen Lebensmittelausgabe –idealistisch gedacht – auch Orte sein könnten, die für die sozialen Rechte ihrer NutzerInnen eintreten, ohne deswegen gleich ihr gesamtes Selbstverständnis und ihre Arbeitsformen in Frage stellen zu müssen.

---

[23] Vgl. dazu auch den Beitrag von Rainer Witt in diesem Tagungsband.

Tafeln und Verwundbarkeit

Timo Sedelmeier

Zusammenfassung

Der vorliegende Aufsatz zeigt, wie der in der geographischen Entwicklungsforschung beheimatete Verwundbarkeitsansatz modifiziert werden kann, um ihn auf Individuen, Gruppen und Organisationen in Industriestaaten übertragen zu können. Es wird zum einen erläutert, welche Strukturen die hohe Grundanfälligkeit der Tafeln bedingen und zum anderen aufgezeigt, welche Ereignisse zu einer Auflösung dieser Einrichtungen führen könnten. Zudem werden Faktoren benannt und erläutert, die Einflüsse auf die Wirksamkeit der Tafelnutzung als Bewältigungsstrategie in Armutslagen haben.

1 Einleitung

Nach Angaben des Bundesverbandes „Deutsche Tafel e. V." versorgen die Tafeln in Deutschland regelmäßig etwa eine Million Menschen mit Lebensmitteln – Tendenz steigend. Gleichzeitig nehmen die Lebensmittelspenden nicht in gleichem Maße zu, so dass die Menge pro TafelnutzerIn seit einigen Jahren rückläufig ist. Während der Einkauf die KlientInnen in einigen Ausgabestellen lediglich eine symbolische Münze kostet, müssen andere in Tafelläden einen anteiligen Preis des ursprünglichen Warenwertes bezahlen. Und während hier NutzerInnen einer Tafel bei einer Tasse Kaffee und einem Stück Kuchen darauf warten, an die Reihe zu kommen, stehen andernorts NutzerInnen in einer Warteschlange vor einer Tafel im Regen. Diese Beispiele illustrieren, dass „Tafel nicht gleich Tafel" ist und dass es bei der Bewertung der Wirksamkeit von Tafeln als Bewältigungsstrategie in Armutslagen eine Vielzahl von Faktoren auf unterschiedlichen Maßstabsebenen zu berücksichtigen gilt. Im Folgenden wird ein Analyserahmen vorgestellt, der hierfür als Grundlage dienen kann.

2 Der Verwundbarkeitsansatz

Mitte der 1980er Jahre reifte in der geographischen Entwicklungsforschung die Erkenntnis, dass herkömmliche Konzepte zur Armut, die diese lediglich als einen Mangel an Ressourcen definieren, nicht ausreichend sind, um die Dynamik menschlicher Existenzgefährdungen in vollem Umfang zu erfassen. Vor diesem Hintergrund wurde der Verwundbarkeitsansatz entwickelt, der Armut nicht als einen bloßen Zustand begreift, sondern die Analyse von Armut als einen *Prozess* ermöglicht. In den Folgejahren wurde das Konzept weiterentwickelt und hauptsächlich in Studien angewendet, die sich mit Fragen der Ernährungssicherung und insbesondere mit Ernährungsengpässen und Hungerkrisen auseinandersetzen. Zur Erklärung letzterer wurden nun nicht mehr ausschließlich Naturkatastrophen herangezogen, sondern auch gesellschaftliche Faktoren berücksichtigt. Im Zentrum der Analyse stehen sowohl die Anfälligkeit gegenüber Hungerkrisen als auch deren Bewältigung. Es wird davon ausgegangen, dass Verwundbarkeit zwei Dimensionen beinhaltet, eine *äußere* und eine *innere*.

Von externer Seite sind Menschen oder soziale Gruppen existentiellen Risiken ausgesetzt. Die interne Seite besteht darin, dass die Betroffenen über keine Mittel verfügen, diese Krisensituation aus eigener Kraft oder mit der Hilfe anderer zu bewältigen. Die Risiken, mit denen sich die Betroffenen konfrontiert sehen, können natürliche Ursachen darstellen wie beispielsweise Dürren, Erdbeben und Überschwemmungen, können aber auch gesellschaftlicher Art und die Folge sozialer Fehlentwicklungen und ökonomischer Krisen sein. Risiken lassen sich lokalisieren. Es gibt Regionen, in denen krisenhafte Ereignisse mit einer höheren Wahrscheinlichkeit auftreten als an anderen Orten. Bezogen auf die Region wird von *regionaler* Verwundbarkeit gesprochen, bezogen auf die Menschen von *gesellschaftlicher* Verwundbarkeit. Diese manifestiert sich auf verschiedenen Maßstabsebenen. Auf globaler Ebene können beispielsweise ganze Nationalstaaten als verwundbar gelten, wenn sie im Weltwirtschaftssystem nur eine marginale Position einnehmen. Im nationalen Kontext sind häufig Personen verwundbar, die einer Minorität angehören. Auf lokaler Ebene sind schließlich Haushalte in hohem Maße verwundbar, denen der Zugang zu bestimmten Ressourcen verwehrt ist (vgl. Krüger 1997).

Da Verwundbarkeit ein Prozess ist, lassen sich Stadien identifizieren, die dadurch gekennzeichnet sind, dass die Verwundbarkeit bestimmter Bevölkerungsgruppen gegenüber existentiellen Gefährdungen zunimmt und die Chancen einer erfolgreichen Krisenbewältigung sinken.

Abbildung 1   Stadien der Verwundbarkeit

Innerhalb des Verwundbarkeitsprozesses lassen sich fünf Stadien identifizieren (vgl. Abb. 1): Das Stadium der Grundanfälligkeit (baseline vulnerability) ist dadurch gekennzeichnet, dass die Betroffenen aufgrund verschiedenster demographischer, politischer und sozio-ökonomischer Strukturen nur begrenzten Zugang zu Ressourcen und Verfügungsrechten besitzen. In diesem Stadium sind die Lebensbedingungen zwar labil, aber ausreichend zur Existenzsicherung. Treten nun kurzfristig Ereignisse ein, wie der Verlust von weiteren Verfügungsrechten (z. B. infolge von Preisschwankungen) oder wirtschaftliche Rezessionsphasen, erfolgt der Übertritt in die akute Anfälligkeit (current vulnerability). In diesem Stadium sehen sich die Betroffenen zunehmend schwierigeren Lebensverhältnissen ausgesetzt und müssen sämtliche verfügbare Ressourcen und Handlungsstrategien mobilisieren, um die drohende Krise noch abwenden zu können. Misslingt dies und setzt sich die Destabilisierungsdynamik beispielsweise infolge von Kriegen weiter fort, so erfolgt der Eintritt in die Existenzkrise (bezogen auf die Ernährungsproblematik: Hungerkrise; famine crisis). Der Kollaps des Lebenssystems steht nun unmittelbar bevor. Gelingt es den Betroffenen jetzt nicht, eigene Überlebensstrategien zu entwickeln und fehlen auch externe Hilfsmaßnahmen, kommt es zu einer Katastrophe (disaster), die einen völligen Zusammenbruch des Nahrungssystems beinhaltet. Während dieses Prozesses oder an seinem Ende kann eine Stabilisierung (recovery) eintreten. Diese ist durch das Wegfallen krisenauslösender Faktoren oder durch den Einsatz effizienter Bewältigungsstrategien bedingt. Die Strategien können von den Betroffenen selbst

entwickelt oder von außen an diese herangetragen worden sein. In Folge der
Stabilisierung verbessern sich die Lebensbedingungen wieder. Dieser Zu-
stand kann dauerhaft oder auch nur vorübergehend sein (vgl. Dittrich 2004,
Krüger 1997, Scholz 2004).

Der Grad der Verwundbarkeit von Einzelpersonen und sozialen Gruppen
ist von verschiedenen ökologischen, ökonomischen, politischen und kulturellen Faktoren abhängig. Menschen, die in Räumen mit hohem Naturkatastro-
phenpotenzial leben und diesen durch unangepasste Landnutzungsformen
degradieren, gelten aus humanökologischer Perspektive als besonders verwundbar. In verfügungsrechtlichen Ansätzen wird Verwundbarkeit als Folge
eines Verlustes von Zugängen zu materiellen Ressourcen diskutiert. Macht-
asymmetrien in einer Gesellschaft bzw. zwischen Gesellschaften werden in
den Empowerment-Ansätzen als Ursache von Verwundbarkeit thematisiert. In
polit-ökonomischen Ansätzen wird Verwundbarkeit auf die Exploration von
Entwicklungsgesellschaften zurückgeführt.

3   Verwundbarkeit in Industriestaaten –Versuch der Übertragung des Konzeptes

Innerhalb der Geographie wurde Verwundbarkeit bisher ausschließlich in
Bezug auf Entwicklungsgesellschaften thematisiert. Damit wird aber übersehen, dass es auch in Industriestaaten in zunehmendem Maße Bevölkerungsgruppen gibt, deren Lebenssituation labil ist und von einer Vielzahl
von Risiken bedroht wird.[1] Als Ursache für das Abgleiten in eine Armutssituation wird vor allem Arbeitslosigkeit gesehen. Dies erscheint jedoch nicht
ausreichend, vielmehr muss auch die Zunahme prekärer Beschäftigungsverhältnisse in Betracht gezogen werden, die Beck (2007) als „Brasilianisierung
des Westens" bezeichnet. Gehörte in den 1960er Jahren nur jeder zehnte Be-
schäftigte in Deutschland zu dieser Gruppe der prekär Beschäftigten, war es
in den 1990er Jahren bereits jeder Dritte. Wer aber keinen Vollzeitarbeitsplatz
hat, sondern sich von Zeitvertrag zu Zeitvertrag „hangelt" und immer wieder
Phasen von Arbeitslosigkeit und Unterbeschäftigung durchlebt, dessen Leben
und Handeln wird durch eine tiefe Unsicherheit und Existenzängste bestimmt.
Damit wird ersichtlich, dass es auch in modernen Industriestaaten Individuen
und Gruppen gibt, die Risiken ausgesetzt und damit verwundbar sind.

---

[1] Vgl. dazu den Beitrag von Stephan Lorenz in diesem Tagungsband.

Das Ziel eines Konzeptes, das die Verwundbarkeit in hochentwickelten Staaten thematisieren will muss sein, gesellschaftliche Fehlentwicklungen zu identifizieren, zu beschreiben und deren Auswirkungen auf einzelne Personen, Gruppen oder auch Institutionen zu analysieren. Im Gegensatz zur agrarischen Verwundbarkeitsforschung stehen dabei nicht Fragen der Ernährungssicherung im Zentrum, da diese in quantitativer Hinsicht als gesichert gelten kann, sondern insbesondere die Stellung des Menschen in der Gesellschaft. Es wird davon ausgegangen, dass diese im Wesentlichen von drei Faktoren abhängt: der Quantität und Qualität der sozialen Kontakte, dem Einkommen und der Akzeptanz des Lebensstils.

Verwundbarkeit besitzt auch in Industriestaaten eine externe und eine interne Seite. Von außen sind es hauptsächlich politische Entscheidungen, ökonomische Krisen und sonstige gesellschaftliche Unwägbarkeiten, mit denen sich die Betroffenen konfrontiert sehen. Naturkatastrophen spielen dagegen eine untergeordnete Rolle, da Industriestaaten in den meisten Fällen gut auf extreme Naturereignisse vorbereitet sind. Die innere Dimension ist durch *fehlende Handlungsstrategien* bedingt.

Im Stadium der Grundanfälligkeit ist der Grad der Verwundbarkeit von einigen persönlichen Merkmalen wie einer fehlenden/schlechten Ausbildung, eingeschränkten sozialen Kontakten etc. abhängig. Die Betroffenen verfügen in diesem Stadium über ein niedriges, aber eigenständig erwirtschaftetes Einkommen, soziale Kontakte (allerdings auf Personen mit vergleichbarem Lebensstil beschränkt) und eine breite Akzeptanz in ihrem Lebensumfeld. Zwar ist die Situation der Personen in diesem Stadium labil, aber zur gesellschaftlichen Teilhabe ausreichend. Kurzfristig eintretende Ereignisse wie Preissteigerungen oder allgemein steigende Lebensunterhaltskosten schränken den finanziellen Spielraum weiter ein und führen ins Stadium der akuten Anfälligkeit. Treten weitere destabilisierende Ereignisse wie beispielsweise Einschnitte im Privatleben durch Scheidungen, Sterbefälle etc. oder der Verlust des Arbeitsplatzes ein, so erfolgt der Eintritt in die Krise. Fehlen sowohl eigene Strategien als auch externe Hilfsmaßnahmen, droht die wirtschaftliche und soziale Isolation. Die Betroffenen sind nun vereinsamt und leben in völliger wirtschaftlicher Abhängigkeit von Dritten, zumeist staatlichen Institutionen. Eine Stabilisierung bzw. Aufwertung der Lebenssituation tritt beispielsweise ein, wenn sich eine finanzielle Verbesserung infolge eines neuen Arbeitsplatzes ergibt.

Neben Individuen und Gruppen weisen auch Institutionen eine Verwundbarkeit gegenüber bestimmten Ereignissen auf. Dies gilt *sowohl* für gemeinnützige Organisationen als auch für profitorientierte Unternehmen. Im Stadium

der Grundanfälligkeit ist die Verwundbarkeit durch strukturelle Probleme
wie etwa schlecht qualifizierte MitarbeiterInnen oder eine unsichere Finan-
zierung bedingt. Verschärft sich die finanzielle Situation beispielsweise durch
Umsatzeinbrüche oder das Wegfallen von Spendern und Sponsoren wird die
Anfälligkeit akut. Erhöht sich die Destabilisierungsdynamik durch weitere
Ereignisse wie neue gesetzliche Regelungen, die die Arbeit erschweren oder
durch einen Imageschaden infolge eines (vermeintlichen) Skandals, so steuert
die Institution auf eine Krise zu. Spätestens zu diesem Zeitpunkt müssen Bewältigungsstrategien erfolgen, da sonst für gemeinnützige Organisationen die
Auflösung und für profitorientierte Unternehmen der Gang in die Insolvenz
bevorsteht.

4   Tafeln und Verwundbarkeit

Tafeln weisen typischerweise eine hohe Grundanfälligkeit auf, die durch ihre
Organisationsstrukturen bedingt ist. Im Wesentlichen können drei Abhän-
gigkeitsverhältnisse identifiziert werden, die zu dieser Anfälligkeit führen:
Tafeln sind auf Spender, Sponsoren und ihr Personal angewiesen. Sie können
ihrer Arbeit nur nachgehen, wenn sie in einem ausreichenden Maß Lebensmittelspenden erhalten, die sie an ihre KlientInnen ausgeben können. Die Tafeln
können sich zwar durch Engagement und Verlässlichkeit ein gutes Image bei
ihren Spendern aufbauen, sind aber letztlich auf deren Bereitschaft zu spenden angewiesen. Sinkt diese oder fällt ganz weg, können sie unter Umständen
ihre Dienstleistungen nicht mehr oder nur noch in einem reduzierten Umfang
anbieten. Die Abhängigkeit von Sponsoren divergiert je nach Tafel-Typ. Tafeln,
die lediglich eine symbolische Münze von ihren NutzerInnen nehmen, weisen eine höhere Anfälligkeit auf als solche, die einen großen Teil ihrer Aus-
gaben (Miete, Betriebskosten etc.) über Verkaufserlöse refinanzieren. Unter
diesem Aspekt müssen auch Tafeln, die als eingetragene Vereine agieren als
wesentlich anfälliger gelten als jene, die in Trägerschaft eines häufig relativ
finanzstarken Verbandes sind. Dafür besitzen letztere den Nachteil, dass sie
abhängig vom Willen des Trägers sind, das Projekt „Tafel" fortzuführen. Das
Personal der Tafeln unterscheidet sich regional und abhängig von der Größe
der Einrichtung sehr stark. Im Wesentlichen sind es vier Personengruppen,
die mitarbeiten:

- Ehrenamtliche,
- Festangestellte,

- Personen, die im Rahmen einer Arbeitsmaßnahme beschäftigt sind und
- Personen, die Sozialstunden ableisten („Arbeit statt Strafe").

Der Großteil der HelferInnen ist ehrenamtlich engagiert, weiblich und über 50 Jahre alt. Entlohntes Personal findet sich überwiegend in Tafeln in Trägerschaft. In vielen Fällen sind diese jedoch nicht von den Tafeln selbst finanziert, sondern über Arbeitsmaßnahmen. Da diese zeitlich befristet sind, gehören häufige Personalwechsel zum Alltag und die Personalpolitik der betreffenden Tafeln ist in hohem Maße von den politischen Entscheidungsträgern und dem Willen der zuständigen Arbeitsagenturen und Jobcentern, Förderungsmaßnahmen zu verlängern, abhängig (von Normann 2003: 92–94). Ehrenamtliche engagieren sich häufig über längere Zeiträume und opfern einen großen Teil ihrer Freizeit. Sie arbeiten unentgeltlich und sind im Allgemeinen sehr zuverlässig. Im Gegensatz zu Angestellten, die weisungsgebunden sind, können diese jedoch ihr Engagement kurzfristig beenden.

Nachdem im letzten Abschnitt gezeigt wurde, welche Faktoren die Grundanfälligkeit bedingen, soll nun dargelegt werden, durch welche möglichen Risiken die Tafeln auf individueller sowie institutioneller Ebene in ihrer Existenz gefährdet sind.

Nehmen wir an, bei unserer Beispiel-Tafel handelt es sich um einen eingetragenen Verein, der überwiegend von Ehrenamtlichen getragen wird. Die Tafel hat einen festen Stamm an Lebensmittelspendern und wird in ihrer Arbeit von einigen lokalen Unternehmen finanziell unterstützt. Es gibt nun mehrere Szenarien, die den Verein akut gefährden können. Eines davon ist, dass sich ein Teil der Lebensmittelspender zurückzieht. Dies kann verschiedene Ursachen haben. Die wahrscheinlichsten sind, dass die betreffenden Supermärkte eigene Verkaufsecken einrichten, in denen sie ihren KundInnen Waren, die kurz vor dem Mindesthaltbarkeitsdatum stehen, zu reduzierten Preisen anbieten, oder dass sie Lebensmittel an eine andere soziale Einrichtung spenden bzw. einem sonstigen Abnehmer geben, der vielleicht sogar noch einen Preis dafür bezahlt.

Hat unsere Beispiel-Tafel aus einem oder einer Kombination der oben angeführten Gründe Einbußen in der Lebensmittelmenge oder bei einer bestimmten Sparte wie etwa den Molkereiprodukten, verliert ihr Angebot an Attraktivität und ein Teil der NutzerInnen wird der Einrichtung den Rücken zukehren. Die Tafel ist dadurch zwar noch nicht in ihrer Existenz gefährdet, aber in ihrer Arbeit beeinträchtigt. Existenzbedrohend wird die Situation jedoch dann, wenn weitere negative Ereignisse eintreten, wie etwa ein massiver Einbruch bei den Spendengeldern. Dieser kann beispielsweise die Folge eines Imageschadens sein, der durch eigenes Fehlverhalten oder durch ein Fremdverschulden verursacht wurde. Letzteres kann auftreten, wenn eine andere gemeinnützige Organisation in einen vermeintlichen Skandal verwickelt ist, der in der öffentlichen Wahrnehmung aber auch auf die anderen sozialen Dienstleister abstrahlt. Ein Einbruch der Spendengelder kann aber auch eintreten, wenn sich infolge einer humanitären Katastrophe in einem Teil der Welt die Spendenaktivitäten der Bevölkerung auf diesen konzentrieren und die Tafel – zumindest vorübergehend – aus dem Blickfeld der Spender gerät. Stellt sich ein dauerhafter Rückgang der Spender ein, wird die Tafel in zunehmendem Maße Schwierigkeiten haben, ihre Arbeit zu finanzieren. Sie befindet sich in einer Krise und ihre Auflösung steht bevor, wenn keine Gegenmaßnahmen ergriffen werden. Im Laufe der Zeit haben viele Tafeln Strategien entwickelt, wie sie ihre Existenz gegen diese Risiken absichern können. Dabei stehen im Wesentlichen zwei Ziele im Vordergrund: Zum einen gilt es bei steigenden Nutzer-Zahlen die Menge der Lebensmittelspenden zu steigern, zum anderen müssen neue Instrumente zur Akquise von Spenden entwickelt werden. Eine unter den Tafeln zunehmend beliebte Methode, um an Lebensmittel zu gelangen, die sonst eher selten gespendet werden, oder um Versorgungsengpässe zu überbrücken, ist die Durchführung von Sammel-Aktionen in örtlichen Supermärkten. In deren Rahmen werden die KundInnen gebeten, bei ihrem Einkauf ein Produkt mehr zu kaufen und dieses an die Tafel zu spenden. Auch beim Einwerben von finanziellen Spenden gehen einige der Einrichtungen neue kreative Wege. So bieten manche die Möglichkeit, ihnen per SMS Geld zu spenden. Die Tafeln wissen dabei auch durchaus die Medien geschickt für ihre Zwecke einzusetzen. Zeitungsartikel, die davon berichten, dass in einer Tafel die Spenden massiv zurückgegangen seien und dadurch deren Fortbestehen gefährdet sei, bewirken häufig, dass große Spendensummen auf das Konto der Einrichtung eingehen. Daran wird ersichtlich, dass in jeder Krise auch eine Chance liegt.

5   Tafelnutzung als Bewältigungsstrategie

Mit Blick auf die Verwundbarkeitsstadien wird man konstatieren müssen, dass sich ein Großteil der TafelnutzerInnen im vorletzten Stadium der Krise befindet. Sie haben keinen Arbeitsplatz, sind finanziell abhängig von den staatlichen Transferleistungen und infolge der Geldknappheit in ihrer Teilhabe am gesellschaftlichen Leben stark eingeschränkt. Ein kleinerer Teil der KlientInnen befindet sich (noch) in den beiden Stadien darüber. Sie stehen in einem prekären Beschäftigungsverhältnis, können ihren Lebensunterhalt aber nur durch diverse Sparmaßnahmen finanzieren. Was alle TafelnutzerInnen eint ist, dass sie sich in einer krisenhaften Situation befinden, an deren Ende die wirtschaftliche wie soziale Isolation droht. Noch sind sie in diesem Prozess nicht ganz unten angelangt, sind nicht aus allen sozialen Bezügen herausgefallen, haben noch Raum für Gestaltungsmöglichkeiten, weshalb Selke (2008: 16) für sie die Basiskategorie „Fast ganz unten" eingeführt hat. Vor diesem Hintergrund kann der Gang zur Tafel als eine Bewältigungsstrategie (Coping-Strategie) gewertet werden. Die NutzerInnen versprechen sich Einsparpotentiale, die ihnen für andere Bereiche zugutekommen und so im besten Fall soziale Teilhabe ermöglichen. Dass die Tafeln in den letzten Jahren einen wahren „Boom" zu verzeichnen haben, sich flächenmäßig ausgebreitet haben und die Zahl ihrer KlientInnen kontinuierlich wächst, ist kein Zufall. Wer zur Tafel geht, nimmt Einschränkungen bei der Wahl seiner Lebensmittel in Kauf, doch dieser Konsumverzicht wird häufig als weniger schmerzhaft empfunden als in anderen Lebensbereichen. Dies mag darin begründet sein, dass ein Verzicht bei anderen Konsumgütern wie Kleidung, Mobiltelefonen etc. deutlich sichtbarer zutage tritt als beim Essen (Kaiser 2001: 107). Der Erfolg, den die Tafelnutzung als Bewältigungsstrategie hat, hängt von mehreren Faktoren ab, von denen im Folgenden vier genannt und erläutert werden.

Regionale Disparitäten in der Tafellandschaft

Von elementarer Bedeutung ist die *räumliche Lage* der Tafeln. Dabei gilt es zwei Maßstabsebenen zu unterscheiden: Zum einen muss auf nationaler Ebene untersucht werden, wie hoch die Tafel-Dichte in den verschiedenen Regionen Deutschlands ist und ob die Tafeln dort entstehen, wo sie gebraucht werden; zum anderen muss auf lokaler Ebene betrachtet werden, wo sich diese Einrichtungen im Stadtgebiet befinden und wie gut diese erreichbar sind. Im Folgenden wird die nationale Maßstabsebene genauer in den Blickwinkel genommen. Generell lässt sich feststellen, dass der Prozentsatz der Bevölkerung, die in einer Gemeinde leben, die Tafel-Standort ist, infolge des rasanten Tafel-Wachstums der letzten Jahre stark angewachsen ist. Nach Angaben des Bundesverbandes „Deutsche Tafel e. V." lebt über die Hälfte aller Einwohner Deutschlands in Gemeinden mit eigener Tafel. Betrachtet man nur die Gemeinden mit mehr als 10.000 Einwohnern liegt der Wert sogar bei über 70 Prozent. Obwohl das „Tafel-Netz" in vielen Regionen bereits relativ dicht ist, existieren doch noch einige „weiße Flecken" auf der Karte. Ein Vergleich

der Bundesländer zeigt, dass es die meisten Tafeln in Bayern, Nordrhein-Westfalen und Baden-Württemberg gibt und die wenigsten in Thüringen, Mecklenburg-Vorpommern und Sachsen-Anhalt. Dies ist nicht weiter erstaunlich, da
die erstgenannten Länder auch zu den flächengrößten gehören. Die Aussage-
kraft steigt jedoch enorm, wenn man die Anzahl der Tafeln in ein Verhältnis
zur Fläche setzt (Tafel-Dichte). Karte 1 (Abb. 2) gibt einen Überblick über die
Tafel-Dichte in den einzelnen Bundesländern.[2] Es zeigt sich, dass die westdeut-
schen Bundesländer, insbesondere Nordrhein-Westfalen und Baden-Württemberg, eine sehr viel höhere Tafel-Dichte aufweisen als die ostdeutschen. Die
niedrigsten Werte weisen Mecklenburg-Vorpommern, Sachsen-Anhalt und
Brandenburg/Berlin auf. Die Tafel-Dichte allein sagt aber noch nichts über
den Versorgungsgrad aus. Ein Bundesland kann eine geringe Tafel-Dichte
aufweisen und dennoch einen hohen Tafel-Versorgungsgrad besitzen, wenn
die Zahl der potentiellen NutzerInnen gering ist. Als potentielle NutzerInnen werden Personen bezeichnet, die Leistungen nach dem SGB II beziehen.
Dadurch finden zwar Geringverdiener, die oftmals zu den TafelnutzerInnen
zählen, keine Berücksichtigung, aber man erhält dennoch einen aussagekräf-
tigen Näherungswert. Der Tafel-Versorgungsgrad ist umso besser, je weniger
potentielle KundInnen auf eine Tafel fallen. Karte 2 (Abb. 3) zeigt, dass Bayern
und Baden-Württemberg den *besten* und die ostdeutschen Bundesländer die
schlechtesten Versorgungsgrade aufweisen. Auf der nationalen Maßstabsebene
wird somit ersichtlich, dass Tafeln *nicht* dort entstehen, wo sie potentiell am
dringendsten benötigt würden. Die Gründung einer Tafel ist in erster Linie
eben *keine* Frage der Nachfrage, sondern eine des Angebotes an potentiellen
Lebensmittelspendern und Sponsoren. Diese befinden sich jedoch häufig in
eher wirtschaftlich starken Regionen. Auf nationaler Ebene muss daher konstatiert werden, dass die Tafeln *keinesfalls* als Bewältigungsstrategie in prekären Lebenslagen dienen können. Auf lokaler Ebene kann dies im Einzelfall
anders aussehen, wenn die Tafel in räumlicher Nähe zu ihren potentiellen
NutzerInnen liegt und somit eine gute Erreichbarkeit gegeben ist.

---

[2] Aus Gründen der Praktikabilität wurden die Stadtstaaten jeweils mit dem umgebenden
Bundesland und Rheinland-Pfalz mit dem Saarland zusammengefasst.

Tafel-Dichte im Jahr 2010
In Tafeln pro 10.000 km²

- <16
- 16-21
- 22-27
- 28-33
- 34-39
- 40-45
- >45

Schleswig-
Holstein/
Hamburg

Mecklenburg-
Vorpommern

Niedersachsen/
Bremen

Brandenburg/
Berlin

Sachsen-
Anhalt

Nordrhein-
Westfalen

Sachsen

Thüringen

Hessen

Rheinland-
Pfalz/
Saarland

Baden-
Württemberg

Bayern

Entwurf: Timo Sedelmeier
Quelle: Bundesverband Deutsche Tafel e.V.

0   100 km

Karte 1   Tafel-Dichte nach Bundesländern

Tafel-Versorgungsgrad im Jahr 2010
In potentiellen Kunden pro Tafel

☐ <5000
☐ 5000-7999
☐ 8000-10999
☐ 11000-13999
☐ 14000-16999
☐ 17000-19999
■ ≥20000

Schleswig-Holstein/Hamburg

Mecklenburg-Vorpommern

Niedersachsen/Bremen

Brandenburg/Berlin

Sachsen-Anhalt

Nordrhein-Westfalen

Sachsen

Thüringen

Hessen

Rheinland-Pfalz/Saarland

Baden-Württemberg

Bayern

Entwurf: Timo Sedelmeier
Quelle: Bundesverband Deutsche Tafel e.V., Statistisches Bundesamt

0   100 km

Karte 2   Tafel-Versorgungsgrad nach Bundesländern

Neben der Erreichbarkeit ist die Quantität und Qualität des Angebotes ein wichtiger Faktor. Bezogen auf die Quantität ist nicht nur die reine Menge entscheidend, die die KlientInnen pro Tafel-Besuch erhalten, sondern auch der Preis, den sie hierfür bezahlen müssen. Es gilt: Je mehr der einzelne NutzerInnen für einen bestimmten Betrag erhält, desto größer ist sein Einsparungspotential und somit der Nutzen der Tafel als Bewältigungsstrategie. Wer für seine Ware lediglich eine symbolische Münze entrichten muss, hat einen höheren Mehrwert als derjenige, der für jedes Produkt etwa 10–30 Prozent des ursprünglichen Ladenpreises und somit für die gleiche Menge einen insgesamt höheren Preis bezahlen muss.

Bei steigenden Klientenzahlen und einer Lebensmittelspendenmenge, die nicht in gleichem Maße wächst, sinkt die Pro-Kopf-Menge kontinuierlich. Zwischen den Jahren 2005 und 2007 sank die wöchentliche Menge der Lebensmittel je KlientIn von 4 kg auf 3,4 kg (von Normann 2009: 97). Je mehr Bedürftige die Tafeln als Bewältigungsstrategie nutzen, desto geringer fällt der Erfolg für jeden Einzelnen aus. Die Qualität der Tafel-Lebensmittel wird im Wesentlichen von zwei Faktoren bestimmt: der regionalen Lage und dem Ausgabe-Modell. Tafeln, die in einer Region mit einem hohen Spendenaufkommen liegen, sind durch die vergleichsweise größere Menge an Lebensmittelspenden in der komfortablen Situation, ihre Waren nach strengeren Kriterien auswählen zu können als Tafeln in wirtschaftlich schwachen Regionen. Tafelläden, die nach dem Selbstbedienungsprinzip arbeiten, bieten ihren KundInnen in der Regel qualitativ bessere Lebensmittel als Ausgabe-Tafeln an, da die NutzerInnen Waren, die ihren Qualitätsansprüchen nicht genügen, im Regal liegen lassen. Folglich besitzen Tafeln in wirtschaftlich starken Regionen, die nach dem Selbstbedienungsprinzip arbeiten, einen höheren Nutzen für ihre KundInnen als Ausgabe-Tafeln in ökonomisch schwachen Regionen.

Nicht zu unterschätzen ist auch die Organisation des Kundenandrangs. Wer stundenlang für seine Lebensmittel anstehen muss, hat einen geringeren Nutzen[3] als jemand, der Kunde einer Tafel ist, die durch ein geschicktes System die Wartezeit auf ein Minimum reduzieren konnte. Damit einher geht ein weiterer Faktor: Die meisten NutzerInnen empfinden bei ihren ersten Tafelbesuchen ein ausgeprägtes Schamgefühl. Bei einigen hält dieses sogar dauerhaft an. KlientInnen, die stundenlang unter den Blicken der vorbeigehenden PassantInnen warten müssen, ziehen sicherlich einen geringeren Nutzen aus ihren Tafelbesuchen als diejenigen, die nicht lange anstehen müssen oder dies

---

[3] Vgl. hierzu den Beitrag von Holger Hoffmann und Anneliese Hendel-Kramer in diesem Band.

wenigstens geschützt vor den Augen der Öffentlichkeit tun können. Zudem hängt der Erfolg der Tafelnutzung als Bewältigungsstrategie auch von der Akzeptanz ab, die diese Einrichtung im sozialen Umfeld des Betroffenen genießt. Wessen Freunde und Bekannte zur Tafel gehen, der wird mit einer höheren Wahrscheinlichkeit im Bedarfsfall auch dort hingehen als jemand, der sich in einem Umfeld befindet, in dem die Nutzung der Tafeln stigmatisiert ist.

Abschließend kann bilanziert werden, dass der Erfolg, den Tafeln als Bewältigungsstrategie besitzen, von einer Reihe räumlicher, organisatorischer und individueller Faktoren abhängt. Ein Pauschalurteil kann nicht gefällt werden, stattdessen muss die Frage für jede Einrichtung und für jeden Nutzer-Typ neu beantwortet werden.

Literatur

Beck, Ulrich (2007): Schöne neue Arbeitswelt. Frankfurt a. M.

Dittrich, Christoph (2004): Bangalore – Globalisierung und Überlebenssicherung in Indiens Hightech-Kapitale. Saarbrücken.

Kaiser, Claudia (2001): Ernährungsweisen von Familien mit Kindern in Armut. Eine qualitative Studie zur Bedeutung und Erweiterung des Konzepts der Ernährungsarmut. Stuttgart.

Krüger, Fred (1997): Urbanisierung und Verwundbarkeit in Botswana: Existenzsicherung und Anfälligkeit städtischer Bevölkerungsgruppen in Gabarone. Pfaffenweiler.

Scholz, Fred (2004): Geographische Entwicklungsforschung. Methoden und Theorien. Berlin/ Stuttgart.

Selke, Stefan (2008): Fast ganz unten. Wie man in Deutschland durch die Hilfe von Lebensmitteltafeln satt wird. Münster.

von Normann, Konstantin (2003): Evolution der Deutschen Tafeln. Eine Studie über die Entwicklung caritativer Nonprofit-Organisationen zur Verminderung von Ernährungsarmut in Deutschland. Bad Neuenahr.

von Normann, Konstantin (2009): Ernährungsarmut und „Tafelarbeit" in Deutschland. Distributionspolitische Hintergründe und nonprofit-basierte Lösungsstrategien. In: Selke, Stefan (Hg.): Tafeln in Deutschland. Aspekte einer sozialen Bewegung zwischen Nahrungsmittelumverteilung und Armutsintervention. Wiesbaden, 85–106.

DISKUSSION zum Vortrag von Timo Sedelmeier

Tafeln entstehen nicht dort, wo sie gebraucht werden

Gleich zu Beginn der Diskussion erläutert Udo Engelhardt (Singener Tafel), warum es aus seiner Sicht in manchen Regionen eine geringere Tafeldichte gibt, als in anderen. Anders als Sedelmeier geht er dabei nicht auf die Lebensmittelspender, sondern auf ein Rekrutierungproblem ein: Er leitet dies aus dem unterschiedlichen Potenzial ab, ehrenamtliche MitarbeiterInnen zu gewinnen und vergleicht exemplarisch die Universitätsstadt Konstanz mit der Industriestadt Singen: Während es in Konstanz leicht ist, Menschen für die Tafelidee zu gewinnen, gibt es in Singen mehr Schwierigkeiten. Engelhardt verallgemeinert diesen Befund: „In reichen Regionen bilden sich typische Tafeln, die z. B. von Leuten aus Serviceclubs gegründet werden. In armen Regionen ist dieses Potenzial von Ehrenamtlichen, die über Ressourcen verfügen, einfach nicht vorhanden. Es gibt weniger Menschen, die Zeit, Geld und Fähigkeiten haben. Also bestimmt nicht die Bedürftigkeit, wo und von wem Tafeln gegründet werden. Die Gründung geht immer aus lokalen Initiativen hervor". Tafeln entstehen also (nicht nur) dort, wo sie gebraucht werden. *Sie entstehen losgelöst von jeglichen sozialplanerischen Maßnahmen.* Gerade aus diesem Grund kann das System der Tafeln kein verlässliches System der Armutsbekämpfung, ja noch nicht einmal der Armutslinderung sein.

Grenzen der Freiwilligengesellschaft

Die weitere Diskussion kreist um die Frage, wo die Grenzen einer Freiwilligengesellschaft liegen. Dabei steht die Frage im Mittelpunkt, wer sich ehrenamtliches Engagement überhaupt leisten kann. Luise Molling weist darauf hin, dass die Bürgergesellschaftsdebatte zwar einerseits suggeriert, dass die Freiwilligen helfen können Armut zu bewältigen oder zumindest zu lindern, andererseits sich immer weniger Menschen genau dieses Engagement leisten können. Die Debatte klammert also aus, dass auch dauerhaft und nachhaltig die Voraussetzungen für das freiwillige Engagement gegeben sein müssen. Andere TeilnehmerInnen verweisen hingegen auf den demographischen Wandel. In Zukunft werden die Menschen immer älter und verfügen als RentnerInnen zwar nicht über große finanzielle Ressourcen, dafür aber über umso mehr Zeitressourcen – die sie dann gerne in Projekte wie Tafeln, die ihnen zudem eine Struktur bieten, einbringen werden.

Timo Sedelmeier ergänzt, dass neben der Soziodemographie und Erwerbsituation der Bevölkerung noch andere Faktoren für eine Tafelgründung ausschlaggebend sein können. So ist etwa die Neigung für ehrenamtliches Engagement im Westen stärker als im Osten, wo die Erwartungen eher bei institutionalisierten Hilfsstrukturen liegen. Also greifen andere Motive. Er erwähnt z. B. die Magdeburger Tafel, die eine direkte Tochter der Stadt Magdeburg ist. Hier zeigt sich, dass es in der Tafelwelt nicht nur ehrenamtliche Strukturen sondern schon längst *semi-verstaatlichte Hilfsstrukturen auf einem hohen Institutionalisierungsniveau* gibt. Willy Wagenblast (Bundesverband Deutsche Tafel e. V.) macht zudem klar, dass es keine direkte Steuerungsmöglichkeit gibt, um die festgestellten regionalen Disparitäten auszugleichen. Die Gründung einer Tafel ist ein „bottom-up"-Prozess. Der Bundesverband, so Wagenblast, kann und will nicht einfach bestimmen, wo sich Tafeln gründen.

Warenströme und Nutzungsformen

Die einzige Steuerungsmöglichkeit besteht durch einen Ausgleich durch Lebensmittellieferungen. Hier bemüht sich der Bundesverband „Deutsche Tafel e. V." auch „schwachen" Tafeln die notwendigen Lieferungen zukommen zu lassen. Dies führt zu einem weiteren Thema: Timo Sedelmeier erläutert, dass die Ungleichversorgung mit Lebensmitteln aus dem Mangel an Lebensmittel(groß)spendern in einigen Regionen resultiert. Diesem Umstand, so der Referent weiter, versucht man dadurch zu begegnen, dass man sich von den Lebensmittelspendern unabhängig macht. Konkret bedeutet dies: Tafeln kaufen Lebensmittel aus Spendengeldern, um ein Mindestsortiment im eigenen Angebot zu haben und damit den Erwartungen ihrer NutzerInnen gerecht zu werden. Weiterhin fragt Sedelmeier (basierend auf seinen Beobachtungen bei süddeutschen Tafeln), ob man noch von *Zusatz*versorgung sprechen kann, wenn Tafelläden täglich oder mehrmals pro Woche frequentiert werden. Reinhold Pevestorf (Bundesverband „Deutsche Tafel e. V.") räumt ein, dass es einen „gewissen Gründungswahn" gab und nennt als Beispiel die Region um München herum. Er macht jedoch auch deutlich, dass der Bundesverband eine „ziemlich klare Vorstellung davon hat, wo eine Tafel hin soll". Und er verdeutlicht, dass sich mit der Gründung einer Tafel eine enorme Verantwortung für diejenigen Menschen verbindet, die sich auf das Angebot verlassen und für die eine Tafel eine „wesentliche Steigerung ihrer Lebensqualität" darstellt. Deutlich wird auch, dass eine Analyse der Warenströme zu den Tafeln und zwischen den Tafeln ein bislang offenes Forschungsfeld ist.

Indikatoren für den Erfolg von Tafeln

Abschließend stellt sich für die Anwesenden die Frage, was denn eigentlich das Ziel einer Tafel ist und wann man vom Erfolg einer Tafel sprechen kann. Verschiedene TeilnehmerInnen machten deutlich, dass Tafeln sehr heterogen sind. Aufgrund der lokalen und regionalen Kontexteingebundenheit lassen sich keine einheitlichen Indikatoren für den Erfolg einer Tafel aufstellen oder gar „top-down" verordnen. Gleichwohl entsteht im Rahmen der Diskussion die Idee, einen Indikatorenkatalog zusammen zu stellen. Dieser Indikatorenkatalog sollte mögliche Kennzeichen des ökonomischen, sozialen und politischen Erfolges von Tafeln auflisten. Jede Tafel könnte sich dann anhand dieses Indikatorenkataloges orientieren und die einzelnen Vorschläge nach eigenen Prioritäten sortieren und in der eigenen Praxis als Maßstab anwenden. Auch die Indizierung des Erfolgs der Tafel unter der Bedingung der Verschiedenheit von Tafeln bei gleichzeitiger Vergleichbarkeit zwischen den Tafeln ist eine noch offene, große Forschungslücke.

Die Dienstleistung der Tafeln als Premiummarke[1]

Rainer Witt

Ich bin weder Wissenschaftler noch als Praktiker in die Tafelwelt integriert. Vielleicht ergibt sich aber gerade daraus der eine oder andere Impuls für das Symposion. Aus meiner Welt kommend – das ist die Welt der Werbung und der Markenführung – habe ich mir die Kommunikation der Tafeln am Beispiel des Bundesverbands „Deutsche Tafeln e. V." näher angeschaut. Die Ergebnisse meiner Analyse möchte ich Ihnen hier kurz vorstellen.

Das Branding der Tafeln

Lassen Sie mich zuvor die Prämissen definieren, die für meine Arbeit und Sichtweise den Rahmen bilden: Wir leben in einer Mediengesellschaft, in der vor allem zwei Hauptgesetze gelten: die *Ökonomie der Aufmerksamkeit* (also Auffallen und Anderssein) sowie *Markenbildung* (System des Unterscheidens). Das erklärte Ziel jedes Akteurs in der Mediengesellschaft ist es, sich als *Marke* darzustellen: aufmerksamkeitsstark und sichtbar anders. Darauf arbeiten die moderne Kommunikation und die Werbung hin. Und das gilt sowohl für Unternehmen, Verbände und Organisationen, aber auch für Regionen, Städte und Einzelpersonen. Die Grundlage der Markenführung nennen wir in der Sprache der Werbung „Branding". Ein Begriff, der wörtlich bedeutet: „ein Brandzeichen, eine Markierung setzen".

Ich habe mir nun denjenigen Akteur näher angesehen, der die Arbeit der Tafeln bündelt und bundesweit präsentiert: den Bundesverband „Deutsche Tafel e. V." (im Folgenden kurz: Bundesverband). Das Branding besteht zuallererst aus einem Logo und einem zugehörigen Namen sowie einem Slogan (manche sagen auch Claim dazu). Jedenfalls eine textliche Botschaft, die

---

[1] Der Text ist eine Transkription des Vortrages, den Rainer Witt am 22. Oktober an der Hochschule Furtwangen University gehalten hat. Er wurde soweit sinnvoll an die Schriftsprache angepasst.

immer mit dem Logo gemeinsam auftaucht. Sie kennen das sicher aus ihrem Zeitschriften-Durchblättern-Alltag. Bei BMW lautet der Slogan „Freude am Fahren", bei der Sportmarke Nike „Just do it!". Wie sieht nun das Branding des Bundesverbands „Deutsche Tafeln e. V." aus: Das Logo ist ein stilisierter Teller mit Messer und Gabel, der Markenname lautet „Die Tafeln" und der Marken-Slogan heißt: „Essen, wo es hingehört."

Eingebettet ist das Ganze in die markante Markenfarbe (Corporate Color) Orange. Und das sind schon die wesentlichen und tragenden Elemente des Brandings der Tafeln: Wir haben einen Markennamen, wir haben einen Marken-Slogan, ein Logo und eine „corporate color" – das schöne Orange, eine Farbe, wie sie seit den 1990er Jahren gerne genutzt wird.

Abbildung 1   Logo Tafeln

Unser erstes Resultat heißt daher schon einmal: das Branding des Bundesverbandes ist professionell. Das hat mich ehrlich gesagt sehr überrascht, vor allem wenn man diesen Auftritt mit dem anderer sozialer Akteure auf dem Markt vergleicht. Schauen wir weiter.

Vom Image zur Marke

In der Werbung galt lange Zeit: Image ist alles! Viele dachten und denken, dass es ausreichen würde, ein Produkt einfach schön zu verpacken, um damit Leute anzulocken, die in den nächsten Laden laufen und es kaufen. Bitte verabschieden Sie sich komplett von dieser Vorstellung: Das funktioniert heute, im 21. Jahrhundert, nicht mehr. Image allein ist heute nichts mehr. Das ist – auch für unser Thema „die Tafeln" – ganz wichtig. Heute ist die Marke alles. Was aber ist eine Marke?

Eine Marke ist ein *System der Wahrnehmung*. Visuelle Wahrnehmung, sprachliche Wahrnehmung und vergesellschaftete Wahrnehmung laufen hier an einem Punkt zusammen. Heute sind alle Lebensbereiche der Gesellschaft von Markenbildung und Markenführung durchdrungen: Wir sprechen von Personen als Marke. Künstler, Sportler, Menschen inszenieren sich als Marke.

Und werden umgekehrt als Marke wahrgenommen. Sie stehen als Person für ein Programm, für eine Werthaltung. Aber auch Regionen, Organisationen – z. B. auch Hochschulen – inszenieren sich als eigene Marke. Die Botschaft lautet: „Ich bin eine Marke" oder „Wir sind eine Marke". Auch Politik ist inzwischen im Sinne der Markenwahrnehmung organisiert. In der Mediengesellschaft können Sie heute eigentlich nichts mehr bewirken, wenn Sie die Grundlagen der Markenführung nicht beherrschen. Im Freiburger Wahlkampf um den Posten des Oberbürgermeisters im Frühjahr 2010 habe ich das hautnah aus Machersicht miterlebt. Wir waren mit unserem Markenkonzept erfolgreich, der Kandidat hat gleich den ersten Wahlgang mit absoluter Mehrheit gewonnen. Kein Wahlkampf ohne Branding und ohne Kenntnisse über Markenführung. Kurz: Die Notwendigkeit der Markenführung durchdringt unsere Gesellschaft. Und man kann sich jetzt natürlich fragen: Warum ist das so, warum tun sich alle Leute diesen Stress an? Ganz einfach: Wir leben in einer Überflussgesellschaft, in der es elementar wichtig ist, sich zu differenzieren. Und damit sind wir explizit beim Thema der Tafeln.

Denn die Dialektik von Überfluss und Mangel habe ich in der Diskussion hier beim Tafel-Symposion heute aufmerksam verfolgt. Für mich war es ganz interessant zu sehen, wie sie diskutieren: die Tafeln konkurrieren mittlerweile untereinander, das wird schnell deutlich. Die Tafeln sind mittendrin in diesem System der Überflussgesellschaft, das zur gegenseitigen Abgrenzung zwingt. *Als soziale Dienstleister konkurrieren sie miteinander.* Das zwingt geradezu zur Markenbildung, man muss sein Terrain und Territorium abstecken und abgrenzen gegenüber dem Angebot von ähnlichen Dienstleistungen und Anbietern.

Marken bilden Monopole

Eine Marke ist immer mehr als das reine Produkt. Es geht bei ihrem Produkt – den Tafeln – nicht nur allein darum, Menschen mit Essen und Nahrung zu versorgen. Es geht auch um soziale Aspekte. So sind zum Beispiel Kommunikation und Anerkennung, Rituale des Respekts, der Teilhabe und der Zwischenmenschlichkeit offensichtlich sehr wichtig. Wohin führt das?

Markenbildung dient in letzter Konsequenz der Monopolisierung! Wer die Oberbürgermeisterwahl gewinnt, der hat den nur einmal zu vergebenden Sessel des Chefs, in gewisser Hinsicht ein Machtmonopol. Aber noch mehr: Er hat auch ein Monopol in der Psyche der Verbraucher. Wie heißt der zweite Bürgermeister? Wie heißt der Baubürgermeister? In der Regel kennt und merkt

man sich nur den Namen und das Gesicht der Nr. 1. Ich komme aus einer
Branche, die es im Wesentlichen mit einem Organ des Menschen zu tun hat:
dem Kopf, genauer der Psyche des Verbrauchers. Eine Monopolstellung in der
Psyche des Verbrauchers ist das Ziel der Kommunikationsarbeit einer Marke.
So lautet auch die grundlegende Definition von Marke von Hans Domizlaff,
dem Begründer der Markenlehre. Das heißt konkret: Wenn jemand ein Kon-
sumbedürfnis hat, dann soll der Name der entsprechenden beworbenen Marke
im Kopf des Verbrauches aufblitzen. Ein Name, ein Logo blitzt auf. Wenn ich
ein Auto möchte, dann blitzt z. B. der Markenname Citroen oder BMW auf –
und ich informiere mich über das aktuelle Angebot der aufgeblitzten Marken.
Andere Marken treten dann in den Hintergrund. So funktioniert – ganz holzschnittartig gesprochen – der Markt. Ich glaube, dass mittlerweile alle Akteure
in unserer Gesellschaft so denken und arbeiten.

Sehen wir uns jetzt nochmals Ihren Fall, die Tafeln an: Wir haben ein kla-
res Branding, wir haben einen Markennamen, wir haben ein Logo mit einer
Grafik, das ist dieser symbolische Teller mit Messer und Gabel und wir haben
einen Slogan: „Essen wo es hingehört". Das ist erst einmal klar und in sich
rund. Und das setzt sich auf der Ebene der digitalen Medien fort: Die Tafeln
haben einen sehr professionellen Internetauftritt. Er besticht vor allem durch
die bereits erwähnte Corporate Colour: die Signalfarbe Orange.

Abbildung 2   Website Bundesverband

Sie zieht sich durch den gesamten Auftritt hindurch. Daran kann man auch die schon aufgebaute Monopolisierung der Marke „Tafeln" erkennen, denn es existieren bereits „Satelliten der Hauptmarke". Dies bedeutet, dass andere Tafeln das Branding übernehmen, sie ordnen sich in ihrem eigenen Branding dem des Bundesverbandes unter, sie übernehmen die Struktur der Marke.

Abbildung 3   Website Aichemer Tafel

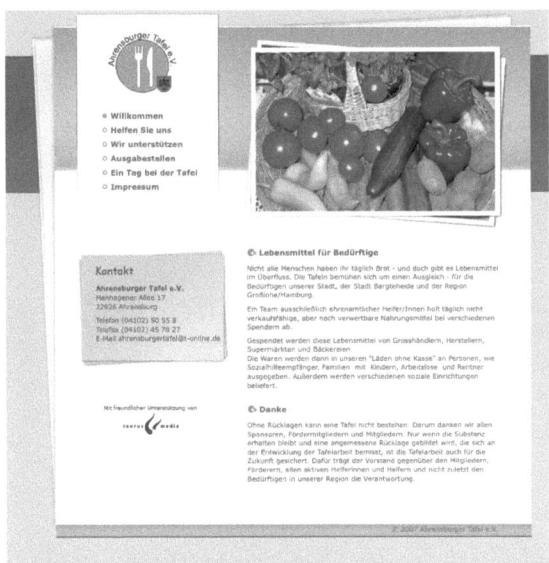

Abbildung 4   Website Ahrenburger Tafel

Es wäre ja auch denkbar, dass jede Tafel ihr eigenes, individuelles „Gesicht" entwickelt. Das ist aber nicht der Fall, zumindest nicht mehrheitlich. Hier sehen wir ein Beispiel, das zeigt, dass es natürlich möglich ist, von der Markentypik des Bundesverbandes abzuweichen: die Ahrensburger Tafel. Doch durch die verwendeten Symbole Teller, Messer und Gabel wird wiederum auf die Hauptmarke des Bundesverbandes verweisen.

Der Jahresbericht des Bundesverbandes der Tafeln

Was mich sehr überrascht hat, war der Jahresbericht des Bundesverbandes. Er wirkt eigentlich wie die Bilanz eines (Groß)Konzerns. Der Jahresbericht wurde sogar mit einem „creative award" prämiert. Ich zitiere die Internet-Seite des Bundesverbands:

> „Der Jahresbericht des Bundesverbandes Deutsche Tafel ist mit einer internationalen Auszeichnung gewürdigt worden: Bei den „ARC Awards 2010" erhielt der Bericht eine Ehrung in der Kategorie ‚Social Service Organization'. Der in Zusammenarbeit mit der Berliner Agentur M. Schulz, Büro für Kommunikationsdesign AG gestaltete Jahresbericht trägt den Titel „Geben und Nehmen".
> (Quelle: Webseite www.tafel.de, 16.11.2010)

Abbildung 5   Jahresbericht – Titel

Wir sehen, wie professionell der Bundesverband das Thema „Jahresbericht" angeht und das mit Erfolg sogar innerhalb der Werbebranche. Der Jahresbericht greift auf dem Titel das Logo des Tafelverbandes auf, die runde Form des Tellers und er arbeitet mit der markanten corporate color Orange. Das Wording des Titels „Geben und Nehmen" zitiert eine fundamentale Forderung christlicher Ethik aus dem Neuen Testament. So weit, so stimmig.

Was aber besonders bemerkenswert ist, das ist die visuelle Darstellung im Jahresbericht. Hier werden „prekäre" Lebenssituationen dargestellt wie „Wohlfühlsituationen" in der Konsumgesellschaft.

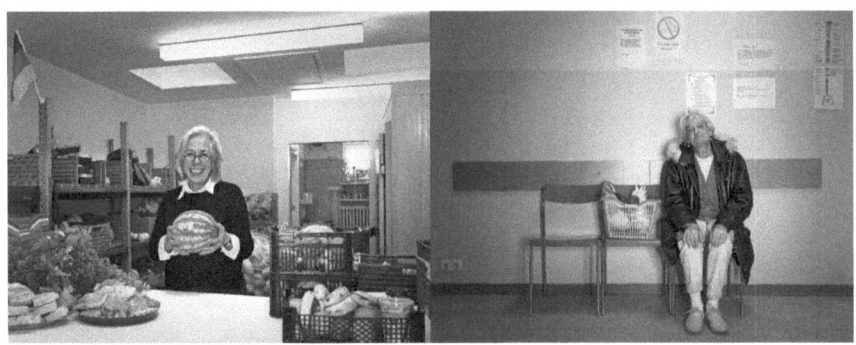

»ICH MÖCHTE ETWAS ZURÜCKGEBEN
VON DEM GLÜCK, DAS ICH IM LEBEN ERHALTEN HABE.«

»ICH WÜNSCHE MIR,
DASS ALLE MENSCHEN ZUFRIEDEN SIND.«

Abbildung 6 Jahresbericht – Innen

Bildsprache und Bildanmutung unterscheiden sich wirklich in nichts von jenen Bildern, wie wir sie alle von den üblichen Werbebildern und Katalogtiteln kennen. Und die Tatsache, dass diese im Inneren einer Tafel aufgenommen worden sind, macht hier nicht den erkennbaren, wirklich wahrnehmbaren Unterschied. Von der Markentechnik her, d. h. der Fototechnik und Bildsprache, unterscheiden sie sich in keiner Weise von anderen Werbebildern.

Lassen Sie mich noch ein weiteres Beispiel zeigen, das belegt, wie sich Marken neue Geschäftsfelder „erobern". Das Beispiel der Tafel von Schallstadt-Mengen. Der Auftrag der Tafel scheint über das Essen und Trinken hinaus zu gehen. Integration auf kulinarischer und sprachlicher Ebene. Die Story die dahinter steht: Menschen, die zur Tafel kommen, lesen Kochbücher oder lernen deutsch, wenn sie einen Migrationshintergrund haben. „Essen und kommunizieren", das ist bereits ein kleiner Hinweis auf die Thematik der Markenerweiterung.

Integration auf kulinarischer und sprachlicher Ebene

In Kooperation mit der Staufener Tafel bietet der Sozialdienst katholischer Frauen einen Kochkurs für Migrantinnen an

BAD KROZINGEN (cr). Was macht man mit Kohlrabi, Mohrrüben oder Lauch? Für Migrantinnen, die aus ihrer Heimat andere Gemüsesorten kennen, ist diese Frage offenbar ein Problem. Jedenfalls beobachten Mitarbeiterinnen und Mitarbeiter der Staufener Tafel, dass einheimische Gemüse oft nicht im Einkaufskorb der Frauen landen, und auch die Mitarbeiterinnen des Sozialdienstes Katholischer Frauen (SkF) machen bei ihrem internationalen Frauentreff „Iftah" diese Erfahrung. Daher wollen sie nun in Kooperation mit der Tafel Abhilfe schaffen. „Deutsch lernen beim Kochen mit einheimischen Rezepten und Tafelgemüse – Integration auf kulinarischer und sprachlicher Ebene" lautet der Titel des Projekts, das im neuen Jahr beginnen soll. „Tafelgemüse in seiner doppelten Bedeutung finde ich sehr schön", freut sich Dirk Monath, Vorsitzender des Tafel-Vereins, über den Titel. Denn dieser verweist auf die feinen Sachen, die da entstehen sollen, ebenso wie auf die Herkunft des Gemüses. „Wir haben eine kompetente

Köchin, die kreativ mit dem Vorhandenen etwas macht", erläutert Christa Senger-Vollstedt, Leiterin der „Arche" des SkF, wo die Kurse stattfinden sollen. Aber nicht nur das Kochen steht im Vordergrund. Die Frauen sollen sich beim gemeinsamen Tun kennenlernen, Vertrauen entwickeln und damit auch den Mut, in der für sie fremden Sprache miteinander zu sprechen.

Bei der Tafel anzufragen, lag für die SkF nahe, erzählt dessen Vorsitzende, Annegret Gehring, da die Kinder der Lern- und Spielgruppe in Staufen schon seit anderthalb Jahren gelegentlich überschüssiges Obst aus dem Tafelladen als „Vitaminspritze" erhalten.

Bis zu acht Frauen können nun in zunächst fünf Kurstagen die einheimischen, saisonalen Gemüse kennenlernen. Freuen würden sich die Organisatorinnen auch über deutsche Frauen, die ehrenamtlich bei dem Kurs mithelfen wollen. Geleitet wird er von einer Köchin und einer Sozialarbeiterin. Weitere Kurse sind, wenn es die Finanzen zulassen, geplant.

2010 startet ein integrativer Kochkurs für Migrantinnen, der Tafelladen stellt Gemüse zur Verfügung. Erika König und Dirk Monath vom Tafelladen zeigen Annegret Gehring und Christa Senger-Vollstedt (von links) schon einmal, was da so drin sein könnte. FOTO: CLAUDIA RENK

Abbildung 7   Tafel Mengen

Expansion: Von der Marke zur Premiummarke

In der Regel (über)leben Marken von der Erweiterung ihres Aufgabenfeldes. Wir können das in vielen Branchen beobachten, dass Marken die Tendenz haben, sich zu erweitern (Fachjargon: Stretching): Die Erweiterung des Angebots erschließt der Marke neue Geschäfts- und damit Umsatzfelder. Nach wie vor gelten in unserem Wirtschaftssystem die Gesetze des Wachstums. Ein Beispiel: So bieten Autohersteller nicht nur Autos an, sondern zugleich auch Versicherungsleistungen und Finanzierungen (vgl. VW-Bank oder Citroen-Versicherung; man kann das für jeden Hersteller aufzeigen). Und denkbar ist auch, dass wir Energiedienstleistungen oder Freizeitangebote von diesen Marken bekommen. Camel ist als Zigarettenmarke bekannt geworden, heute verkauft man unter diesem Label auch Schuhe, Kleidung und Abenteuerreisen. Eine Marke neigt gerne dazu, das Monopol in ihrer eigenen Kategorie aufzubauen und sich dann expansiv zu erweitern. Nur hierdurch ist in der Regel Wachstum erreichbar. Bei den Tafeln kann man sagen: die Kategorie „Essen" und „Nahrung sichern" wird um eine ganzheitlich ethische Kategorie erweitert, wie etwa sprachliche Integration im o. g. Beispiel.

Schauen wir uns jetzt das Ranking der Tafeln in *Google* an. In der Kommunikationsbranche ist ein hohes Ranking bei Google sozusagen der Ritterschlag. Es stellt die eigentliche Kommunikationsleistung einer Marke dar, sich bei

Google weit oben zu platzieren. Salopp formuliert: Wer bei Google oben steht, ist König! Denn umgekehrt gilt: „Wenn du nicht bei Google bist, existierst du nicht". In der Mediengesellschaft funktionieren die Wahrnehmung und damit die Existenz ganz wesentlich über das Internet. Gibt man beispielsweise den Slogan der Tafeln ein – „Essen wo es hingehört" – dann erhält man ganzseitige identische Listen. Dies ist die Versinnbildlichung der Monopolstruktur einer Marke. Alle Tafeln sind in einer Liste gerankt, unter einem Slogan: „Essen wo es hingehört". Dieser Slogan hierarchisiert die einzelnen Akteure am Markt. Man kann aus Werbersicht sagen: Das ist vorbildlich – eine starke Marke. Ja sogar eine Premiummarke! Also ein besonders edles und begehrtes Leistungsangebot.

Warum sagen wir Premiummarke? Im „Spiegel" fand ich einen interessanten Bericht, darin geht es um die interne Auseinandersetzung zwischen Tafeln und tafelähnlichen Einrichtungen (Kleinhubert 2009). „Der Kampf wird härter" – so ist der Bericht überschrieben. Die Tafel, so der „Spiegel" weiter, habe begonnen, ihren Markennamen, den Begriff „Tafel" zu schützen. Wer jetzt eine neue Tafel gründet, muss bestimmte Bedingungen des Bundesverbandes erfüllen. Der Artikel stellt übrigens soziale Realität im Bild folgendermaßen dar: Menschen stehen vor dem Eingang zu einer Tafel Schlange und warten auf Einlass. Die Bilder aus dem Jahresbericht des Bundesverbandes haben da eine ganz andere Ästhetik – *dort wird soziale Realität weich gezeichnet.*

Abbildung 8   Spiegel

Bekannte Monopolisierungsstrategien

Wenn sich eine Marke monopolisiert und erweitert, muss sie sich vor der Konkurrenz schützen. Betrachten wir einige Beispiele um diesen Gedanken zu
veranschaulichen. Die Fastfoodkette McDonalds unterbindet systematisch
jeden Versuch, die Vorsilbe „Mc" für andere Leistungsangebote zu nutzen. Wer
einen Friseurladen öffnet und diesen McHair nennt, der kann davon ausgehen,
demnächst Post von den Rechtsanwälten von McDonalds zu bekommen. Der
Anwalt wird argumentieren, dass McDonalds die Silbe „Mc" geschützt habe.
2009 gab es diesbezüglich einen interessanten Streit mit der Duden-Redaktion.
Dabei ging es um das Wort „McJobs". Ein Wort der modernen Alltagssprache.
Jeder weiß, man bezeichnet damit schlechte, unterbezahlte Jobs. McDonalds
versuchte nun mit aller Gewalt zu verhindern, dass der Begriff „McJobs" im
Duden auftaucht. Zum Glück hat es die Dudenredaktion geschafft, sich dagegen zu wehren – wenn sie den Duden aufschlagen, dann findet sich darin
der Begriff „McJobs". Allerdings ohne den Hinweis auf McDonalds.

Ein anderes, weithin bekanntes Beispiel zeigt nicht die Monopolisierung
von Wörtern oder Sprachpartikeln, sondern die einer Farbe. Die Marke „Milka"
von Suchard hat sich die Farbe Lila als Branding im Lebensmittelbereich schützen lassen. Wenn Sie jetzt eine andere, tolle Schokolade auf den Markt bringen wollen und diese auch lila einfärben, dann müssen Sie sehr genau darauf
achten, dass Ihre Farbgebung in keiner Weise mit der Farbgebung von Milka
konkurriert – sonst erhalten Sie sofort eine Abmahnung. Vergleichbar mit der
Strategie der Deutschen Telekom, die sich die Farbe Magenta schützen ließ.

Zurück zu den Tafeln. Die Tafeln sind eine Marke, die sich als Premiummarke positionieren. Für mich als Werber ist das eigentlich etwas ganz Normales: eine Marke schützt sich. Sie muss sich sogar schützen. Für den Laien ist
genau das hingegen irritierend. Vor allem, wenn es sich – wie hier am Beispiel
der Tafeln – um eine *Marke im sozialen Bereich* handelt. Offensichtlich greifen
nun auch sozialen Bereich die Regeln der Markentechnik, auch hier wendet
man nun herrschende Kommunikationsmethoden an.

Die selbstbezügliche Realität der Marke

Welcher tiefere Sinn steckt noch hinter der Markenbildung? Eine Marke hat
vor allem eine Aufgabe: Sie bildet eine eigene Realität ab! Es wäre total un-
sexy, wenn z. B. ein Autohersteller seine Autos zeigt, die schon ein bisschen
verkratzt sind oder wenn sie durch den Schlamm gefahren sind. So etwas

möchten wir gar nicht sehen. *Eine Marke kreiert eine eigene Realität,* ihre soge-
nannte Markenwelt. Hier gelten eigene Gesetze und Lebensgefühle, die den
Verbraucher anziehen und ihn Teil der Markenwelt werden lassen.

Fragen wir uns einmal, welche Realität, welche Markenwelt die Marke „Die
Tafeln" erschafft. Starten wir mit dem Markennamen: Immer wieder taucht die
Frage auf, warum gerade der Begriff „Tafel" gewählt wurde. Warum heißt es
eigentlich „Tafel"? Es könnte ja auch „Brotkorb" oder ähnlich heißen. „Tafel"
ist meines Erachtens ein sehr guter Name. Weil der Name „Tafel" eine positiv besetzte Markenwelt im Kopf erzeugt. Auf jeden Fall weckt der Begriff
ganz andere Assoziationen als wenn sie „Brotkorb" schreiben – diese Bezeich-
nungen existieren ja tatsächlich parallel zum Begriff „Tafel". Aber „Brotkorb"
ist sehr profan. Da würde der Werber sofort abraten. Hier treten Bilder von
Armut und prekären Situationen auf. Aber „Tafel" – das ist super! Weil das
Wort interessante Konnotationen beinhaltet.

„Tafeln" zeigen den Reichtum, den man hat

Lassen Sie uns kurz in die Geschichte blicken: Aus historischer Sicht stehen
„Tafeln" für ein eher opulentes Essensarrangement auf Fürstenhöfen und der-
gleichen. Dort erhält Essen eine zusätzliche kommunikative und repräsenta-
tive Funktion: Da geht es nicht darum, dass Menschen satt werden, sondern
man zeigt den Reichtum, den man hat. Der Soziologe Norbert Elias hat in
seinem Hauptwerk „Über den Prozess der Zivilisation" (Original von 1939)
sehr anschaulich beschrieben, welche soziale Funktion Essen und Tafeln für
die Gesellschaft und für die Vergesellschaftung hatte. Seine Hauptthese in
einem Satz: Wenn man zusammen isst, dann kann man sich nicht gleichzeitig
bekriegen. Wer zusammen isst, der bringt sich nicht um. Gemeinsames Essen
ist also eine wesentliche zivilisatorische Strategie des Interessensausgleichs
und der Befriedung.

Wenn ich als Werber den Auftrag erhalten würde, Kommunikation zum
Thema „Tafeln" zu entwickeln, dann würde ich erst einmal die inneren Bilder
abrufen, die dieser Begriff erzeugt, und die wohl viele Menschen in ihrem
(Hinter)Kopf gespeichert haben. Denn es geht in der Kommunikation zuerst
einmal um die vorhandenen und abrufbaren Bilder im Kopf der Rezipienten.
Welche inneren Bilder erscheinen also beim Begriff „Tafel"?

Abbildung 9   Abendmahl

Immer wieder taucht da die christliche Bildkonnotation des Abendmahls auf.
Ich zeige Ihnen hier eine Abendmahlsituation, gewandelt auf eine Werbung
für Jeans. Dargestellt ist eine lange Tafel. Die Bildschaffenden greifen hier auf
eine tief abgelegte Bildgeschichte unserer christlich-abendländischen Gesellschaft zurück, um positive Effekte zu schaffen.

Abbildung 10   Tafel in der Werbung: Otto Kern

Ein weiteres Bild zeigt ein Plattencover der „Rolling Stones". Ein wildes Gelage
der Musiker um eine Tafel. Diese und andere Bilder sind Vorstellungen, die
einfach im Begriff „Tafel" liegen und schnell reaktiviert werden. Und genau
mit diesem Effekt arbeitet die Werbung. Die Werbung sucht Begriffe, die posi-

tiv besetzt sind, die eine lange Geistesgeschichte haben und vielfältige Konnotationen zulassen. Mit diesen Begriffen lässt sich die Welt einfach ein bisschen
schöner machen – und eine positive Markenwelt kreieren.

Abbildung 11   Tafel in der Kunst: Rolling Stones

Der mutige Anspruch der „Tafeln"

Das gerade Gesagte gilt für die „übliche" Welt der „Glitzer"-Werbung. Die
Frage ist nun, wie ist dies im Fall der „Tafeln", wie sieht hier der „richtige" Weg
aus? Schauen wir gemeinsam ins Wörterbuch der Gebrüder Grimm. Auch
dort bezieht man sich beim Begriff der „Tafel" eher auf die Fürstenhöfe und
den üppigen Reichtum. Zitat: „Der Schüssel Fülle fand nicht auf der Tafel
Raum". Immer schwingt da die Welt der Fülle, die Welt des Überflusses mit.
Nie ist im Zusammenhang mit dem Wort „Tafel" von Mangel die Rede. Tafel und
Überfluss – das geht ineinander über. Mangel oder Not – Fehlanzeige! Fassen
wir kurz in einer These zusammen: *der Markenname „Tafeln" weckt positive Assoziationen von Fülle und Reichtum – das Gegenteil der sozialen Realität innerhalb
der Tafelwelt.*

Erinnern wir uns kurz an den Slogan der Marke „Tafel": Essen wo es hingehört. Das ist natürlich ein großer Anspruch. Es steht da die Behauptung
im Raum, klar zu wissen, wo etwas – in diesem Fall Essen – hingehört. Die
„Tafeln" sind in dieser Sichtweise die „Bestimmer", die wissen, wie und wohin
der Überfluss verteilt werden soll. Während es „die Gesellschaft" scheinbar
nicht weiß oder falsch damit umgeht, verfügen die „Tafeln" über dieses Wissen und gehen damit – in ihrer Selbstsicht – richtig um.

In genau diesem Sinne ist der Slogan „Essen wo es hingehört" ein pro-
vokanter Slogan. Es ist ein Slogan, der der Marke „Tafel" sehr viel *Macht*
zuschreibt: „Wir wissen, was gut ist. Wir wissen, wo es hingehört". Die ge-
meinten „überflüssigen" Lebensmittel zirkulieren in Kreisläufen, die mit den
klassischen Kreisläufen der „normalen" Warenwirtschaft gar nichts zu tun
haben. Die „Tafeln" existieren und arbeiten in und aus dieser Schattensitua-
tion heraus. Und aus dieser Position wissen sie scheinbar, was gut ist und wo
etwas hingehört. Sehr anspruchsvoll, sehr mutig!

Tafeln und soziale Realität(en)

Betrachten wir nun weiter das Wording der Marke „Tafel", also die Sprache
der Tafeln. Auf der Webseite des Bundesverbandes lesen wir: „In Deutschland gibt es Überfluss und doch haben nicht alle Menschen ihr täglich Brot."
Sie merken, bei der Formulierung „ihr täglich Brot" taucht sofort wieder dieses klassische Tafelbild, das christlich konnotierte Bild des Abendmahls im
Kopf auf. Es sind christlich konnotierte Bilder und christliche Werte, die das
Wording der Marke „Tafel" prägen. Mit diesen Assoziationen wird der Eindruck verstärkt, dass sich die „Tafeln" um einen Ausgleich bemühen. Schließlich verfügen sie ja über das Wissen darüber, wo etwas hingehört. Die „Tafeln"
steuern die Kanäle, den Fluss der Ressourcen in der Gesellschaft. Man sieht:
Sprache schafft – übrigens nicht nur in der Werbung – eine soziale Qualität.
Als Rezipient kann man in der Welt der üppigen Tafeln schwelgen, so wie die
Rolling Stones im Coverbild des „Beggars Banquet". Aber eigentlich beschreibt
das, was hier durch die professionelle Sprache und deren Konnotationen er-
schaffen wird, eine ganz andere Realität als die soziale Realität. Es ist eine
geschaffene, bewusst erzeugte Realität.

Dies lässt sich sehr gut auch an dem Begriff des „Kunden" verdeutlichen.
Der Kundenbegriff wurde in vielen Redebeiträgen hier im Verlauf des Symposions schon benutzt. Ich finde das sehr interessant, weil es für mich so *widersprüchlich* ist. Im Tafelzusammenhang meint „Kunde" in meinen Augen etwas

ganz anderes wie in meiner Welt. In der Welt der Werbung, ist ein „Kunde" jemand, der „das Geld bringt", denn Werbung kostet. Mein Kunde muss ein Budget haben, dann bekommt er auch eine professionelle Leistung. Und dabei bin ich mit meinem „Kunden" die gesamte Zeit über auf Augenhöhe: Wir verhandeln auf gleicher Ebene. Der Kunde bringt seine Wünsche zum Ausdruck, wir von der Werbeagentur bringen unsere Ideen und Positionen – und Honorarvorstellungen – ein. Der Kundenbegriff bei den Tafeln ist doch eher asymmetrisch, nicht auf Augenhöhe, sondern eine klare Abhängigkeitsbeziehung.

Diesen Zusammenhang beschreibt ein Buchtitel sehr treffend: „Als Kunde bezeichnet, als Bettler behandelt" (Gern/Segbers 2009). Hier wird der Widerspruch deutlich. Einerseits der Rekurs auf den Kundenbegriff, andererseits die soziale Realität. Hier wird eine grundlegende Asymmetrie deutlich.[2] Mit der Sprache, die verwendet wird – hier: der Kundenbegriff – eine ganz bestimmte Realität bezeichnet und medial geschaffen. Die Tafeln stehen damit aber nicht allein: auch im Umfeld der „Agentur für Arbeit" (früher: Arbeitsamt) werden die Arbeitssuchenden als „Kunden" bezeichnet. (vgl. auch: Doris Pumphrey, Wie ich modernisiert wurde, Ossietzky 18, 2003)

Abbildung 12   Buchtitel

---

[2] Vgl. dazu auch den Beitrag von Mareike Layer in diesem Tagungsband.

Der Resonanzraum der „Tafeln"

Bei der Untersuchung von Marken ist es sehr wichtig, nach innen *und* nach außen zu schauen. Wie eine Marke aufgestellt ist, was sie anbietet und wie sie kommuniziert ist die *eine* Seite. Die *andere* Seite ist, wen sie mit ihrem Angebot anspricht und als Zielgruppe definiert. Anders gesagt: eine Marke lebt nicht für sich, sondern für und von anderen. Ich spreche dabei gern vom *Resonanzraum* für Marken. Denn der alte Begriff „Zielgruppe" ist nicht nur martialisch, er trifft einfach die heutige Realität nicht mehr: Marken- und Kaufentscheidungen sind komplex und nicht klischeehaft im Sinne von soziologischen Stereotypen zu erklären. Ich gebe Ihnen kurz ein Bild dazu: Der Porschefahrer, der im ALDI kauft um hinterher eine Last-minute-Reise im Internet zu buchen lässt sich mit Mustertypen nicht mehr greifen. Ebenso wenig wird es den typischen Tafelkunden geben.

Wie sieht nun der Resonanzraum der „Tafeln" aus? *Die Menschen, die zur Tafel kommen sind für mich ehrlich gesagt schwer als Resonanzraum, als „Kunde" zu begreifen.* Ich verstehe natürlich den Ansatz dahinter, nämlich menschenwürdiger und respektvoller Umgang miteinander. Aber ich meine, dass die gesamte Kommunikation der Tafeln doch eher auf andere Kunden abgestimmt ist: nämlich die Sponsoren, Spender und die ehrenamtlichen Aktivisten. So schließt sich m. E. der Kommunikations- und Wirtschaftskreislauf in der Tafel-Landschaft.

Worin besteht das dahinter liegende Interesse von Sponsoren und Spendern? Seit einigen Jahren gibt es im Bereich der Markenbildung einen wichtigen Trend, er nennt sich „Corporate Social Responsibility" (CSR) und umschreibt das Phänomen, dass sich Marken wirtschaftlich und gesellschaftlich verankern. Erklären wir es einmal so: Früher war das Leben viel einfacher: Man stellt ein Produkt her, draußen war der Kunde und hat gesagt „Her damit, das brauche ich gerade!". Ich möchte, ich will – der Laden war voll. Heute im Turbo-Spätkapitalismus ist der Markt voll mit Anbietern, es gibt jede Menge Konkurrenz. Und das extrem Stressige ist, der Kunde ist sehr aufgeklärt. Der ist gar nicht so „dumm" und riecht den Braten der Werbung und der Verführung. Das heißt, ich muss das, was ich vermarkte, sehr gut verpacken und mit gesellschaftlicher Bedeutung aufladen. Erst dann sagt der Kunde: Ja, das kaufe ich, weil ich es gut finde. Das heißt, man muss mehr anbieten als nur ein Produkt. Dass Mercedes oder BMW tolle Autos bauen, das reicht dem Kunden nicht mehr aus zur Entscheidungsfindung. Der Kunde will zudem, dass der Hersteller nachhaltig wirtschaftet, etwas für die Umwelt und die Bildung tut und noch die eine oder andere Stiftung unterhält. Sprich, es geht

um einen kompletten Kosmos der Marke, nicht nur um Produkte. Genau dafür
hat die Wirtschaft und haben die Markenfachleute das Konzept der „Corporate Social Responsibilty" entwickelt. Eine gute Marke erkennt man daran,
dass sie immer bemüht ist, über das eigentliche Produkt hinaus Leistungen
zu bieten. In diesem Fall z. B. Nachhaltigkeitsnachweise. Dies geschah früher in Form recht zaghaften Sponsorings: Wir tun etwas für den Regenwald.
Heute ist das viel ausgeklügelter und feingliedriger. So messen Spezialisten
(z. B. Goodbrand) positive Markeneffekte aufgrund sozialen Engagements –
sozial-ethische ganzheitliche Markenführung zahlt sich in barer Münze aus.
Denn heutzutage erwartet der Verbraucher verantwortungsbewusstes Verhalten. Und er macht seine Kaufentscheidungen zunehmend von ethischen Faktoren abhängig.[3] Am Beispiel der Tafeln zeigt sich das so: Zwei Akteure – die
Tafeln und die Wirtschaft – treffen aufeinander und ergänzen sich. Einerseits
die „Tafeln". Sie sagen: Die Menschen brauchen zu Essen. Andererseits die
Lebensmittelkonzerne. Sie sagen: Wir haben überflüssige oder überschüssige
Ware. Die geben wir her. Aber im Gegenzug wollen wir auch etwas von euch.
Genau das nennt man heute eine „Win-Win-Situation".

   Wenn Sie auf die Webseite des REWE-Konzerns gehen, dann finden Sie
dort Hinweise auf „Tafelwochen", die von REWE organisiert werden. Solche
Aktionen macht ein Konzern nicht uneigennützig. Vielmehr möchte der Konzern damit demonstrieren, dass er sich als Unternehmen sozial engagiert und
deshalb auch beansprucht, zu den Guten zu gehören. Denn die anderen – die
sich nicht gleichermaßen engagieren – das sind die weniger Guten. Im Mar-
kenwettbewerb um Aufmerksamkeit und Imagegewinne bringt Corporate
Social Responsibility also klare Wettbewerbsvorteile.

Jeder gibt, was er kann: Die Tafeln als Bewegung „von oben"

Kommen wir zu meinem vorläufigen Fazit: Die Tafeln haben einen sehr professionellen Markenauftritt – denn ihr eigentlicher Resonanzraum und Adres-
sat sind nicht die Betroffenen selbst, sondern die Wirtschaft und die Spender,
die die „Tafeln" unterstützen. Um hier auf Augenhöhe zu agieren, passen sich
die „Tafeln" dem kommunikativen Mainstream an: sie agieren gesellschaftlich konform, indem sie exakt und professionell die herrschenden Regeln der
Markenführung und der Monopolbildung befolgen. Deshalb sind sie auch ge-

---

[3] Vgl. Website von Goodbrand http://socialequityindex.com/de/ (letzter Abruf am 18.1. 2011)

zwungen, ihr Terrain rechtlich abzusichern und als eingetragene Marke gegen etwaige Konkurrenten im Bereich Tafeln vorzugehen.

Die „Tafeln" sind für mich eine *soziale Bewegung „von oben"*. Eine Bewegung von Personen, die an „überschüssige" Güter herankommen, über Zeit verfügen und mithilfe von ehrenamtlichem Engagement eine komplette Warenlogistik aufbauen und diese am Laufen halten. Diese Bewegung „von oben" tritt kommunikativ nicht in der Rolle des Bettlers oder der sozialen Gerechtigkeit auf. Ganz im Gegenteil: Diese Bewegung tritt als professionell aufgestellte Dienstleistungsmarke auf. Das verspricht wohl die nötige positive Resonanz bei den Adressaten der Kommunikation: und das sind – lassen sie es mich plakativ formulieren – die *großen Konzerne, nicht die kleinen Leute*. Denn so schließt sich der Kreis: *Es sind die Konzerne und Unternehmen, die eine soziale Komponente in ihrem eigenen Markenauftritt benötigen,* im Sinne des Konzepts der Corporate Social Responsibility. Hier treffen sich zwei Akteure – Tafeln und Unternehmen – am Markt und ergänzen sich ideal.

Bleibt am Ende nur die Frage, ob mit dieser Strategie, so gut sie als Markenführungsstrategie auch sein mag, die soziale Realität adäquat abgebildet wird und die Menschen, um die es eigentlich geht, nicht aus dem Blickfeld geraten? Ob hier – in diesem speziellen sozialen Markt – nicht der Fehler gemacht wird, das Phänomen Armut zu weich zu zeichnen und damit möglicherweise den „Punch"[4] zu verlieren.

Literatur

Domizlaff, Hans (2005): Die Gewinnung des öffentlichen Vertrauens. Ein Lehrbuch der Markentechnik. Hamburg.
Elias, Norbert (2004): Über den Prozess der Zivilisation. Soziogenetische und psychogenetische Untersuchungen. Frankfurt a. M.
Gern, Wolfgang/Segbers, Franz (2009): Als Kunde bezeichnet, als Bettler behandelt. Erfahrungen aus der Hartz-IV-Welt. Hamburg.
Kleinhubert, Guido (2009): Wertvolle Premiummarke. In: DER SPIEGEL, 40/2009, 54.
Pumphrey, Doris (2003): Wie ich modernisiert wurde. In: Ossietzky 18, Zweiwochenzeitschrift für Politik, Kultur, Wirtschaft.

---

[4] Anmerkung: Als „Punch" bezeichnet man beim Boxen einen besonders harten Schlag.

DISKUSSION zum Vortrag von Rainer Witt

Resonanzraum der Tafeln

Zunächst stellt sich die Frage nach dem Resonanzraum der Marke „Tafel" oder anders: Wer sind eigentlich die Ansprechpartner oder „Kunden" der „Tafeln": die Betroffenen oder die Spender? Der erstaunliche Erkenntnisgewinn des Vortrages lag darin, dass klar herausgearbeitet wurde, dass sich die Tafeln mit ihrem professionellen Markenauftritt an die Großspender adressieren – eine Behauptung, die anschlussfähig ist mit der Kritik an der Systembildung und Selbstbezüglichkeit der Tafeln.

Rainer Witt bestätigt, dass gerade der Fokus auf gutes Branding dazu führen kann, dass sich eine Institution vom Ursprung ihrer Intentionen loslöst und damit der Resonanzraum hinter das Eigentliche zurücktritt.[5] Es ist einerseits irritierend, andererseits notwendig, dass Organisationen wie die Tafeln sich das Image eines modernen Dienstleistungsunternehmens geben. Die durchschlagende Wirkung dieses Brandings erkennt man auch daran, dass es viele tafelähnliche Einrichtungen gibt, die „Mimikry betreiben" (Stefan Selke), d. h. den äußeren Schein einer Tafel übernehmen, obwohl sie sich weder so nennen noch nach den Tafelgrundsätzen operieren. Das Branding der Tafeln wird damit zum dominanten Design. In der Innovationsforschung spricht man vom „Lock-In"-Syndrom, der Tatsache, dass sich ein Design (eine Technik, eine Anwendung etc.) als so dominant erweist, dass es keine Änderungen und Alternativen mehr zulässt. Bei den Tafeln stellt sich die Frage, wie kurz wir vor diesem „Locked-In-Zustand" stehen. Anders gefragt: Gibt es noch eine Chance aus dem herrschenden Branding auszusteigen, aus dem „Branding-Imperativ", dem sich auch die Wohlfahrtsverbände mit ihrer Außendarstellung unterwerfen? „Gibt es eine EXIT-Strategie?" (Stefan Selke).

Rainer Witt empfiehlt den Tafeln einen *eigenen* Weg zu gehen und sich nicht an das Erfolgsmuster anderer Akteure im Markt anzupassen. Dies würde nur zu einer Art „Gleichschaltung" führen. Der Jahresbericht der Tafeln wirkt, so

---

[5] Vgl. dazu die Verbandssicht, geäußert von Gerd Häuser im vorliegenden Tagungsband.

Witt weiter, wie ein Jahresbericht eines Lebensmittelkonzerns, nicht wie der eines *Akteurs der Zivilgesellschaft*, der Menschen am unteren Rand der Gesellschaft versorgt: „Glückliche Leute! Das ist ein Streichelkurs, das tut überhaupt nicht weh, das Ding durchzublättern!". Warum sollte es auch wehtun? *Nur dann, wenn die Tafeln es sich zur Aufgabe machten, die soziale Realität so darzustellen, wie sie ist – und auf dieser Basis Kritik an den gesellschaftlichen Zuständen zu üben.* Dies aber entspricht (bislang) nicht dem Selbstanspruch der Tafeln. Der „Knackpunkt bei der Beschäftigung mit den Tafeln" (Witt) sei, dass diejenigen, die eigentlich die Adressaten der bei Tafeln geleisteten Hilfe sind – Menschen in prekären Lebenslagen – in der Kommunikation und dem Branding der Tafeln gar nicht auftauchen. „Wenn sie auftauchen, dann doch immer in sehr geschönter Art und Weise".

Herkunft des Brandings – Einfluss von McKinsey

Woher kommt die Idee, das Branding der Tafeln so zu gestalten? Gegen den Vorwurf, die Tafeln hätten sich an dieser Stelle des Wissens der Unternehmensberatung McKinsey bedient, wehrt sich Willy Wagenblast (Mitglied im Vorstand des Bundesverbandes). Die Erläuterungen in Wikipedia, nach denen man schon am Internetauftritt der Tafeln den Einfluss von McKinsey erkennen könne, weist er zurück, indem er darstellt, dass er persönlich für den Internetauftritt und zudem für den Jahresbericht zuständig ist. Luise Molling weist dennoch darauf hin, dass sich zu Beginn der Tafelbewegung McKinsey an die Tafeln gewendet hätte und erwähnt, dass Mitarbeiter der Unternehmensberatung für einen längeren Zeitraum abgestellt wurden um kostenlos für die Tafeln zu arbeiten. Dabei sind zwei Handbücher entstanden, ein Handbuch zum „Aufbau einer Tafel" und ein Handbuch zum „Betrieb einer Tafel". Diese Handbücher seien das nachweisbare „Erbe" von McKinsey. Sie können noch heute als Einfluss der Unternehmensberatung angesehen werden.

Spannungsfeld Großspender

An die Frage des Einflusses der Unternehmensberatung schließt sich die Frage nach der Legitimität der Zusammenarbeit mit Großunternehmen und Großspendern an. Willy Wagenblast räumt ein, Teil dieses Spannungsfeldes zu sein. Er zeigt aber auch die positiven Seiten dieser Zusammenarbeit auf und illustriert dies mit Beispielen von Tafeln, die Kühlanlagen und Kühlfahrzeuge erhalten haben – ein wesentlicher Beitrag zur Qualitätssteigerung der bei Tafeln geleisteten Hilfe. Die Möglichkeit, die Zusammenarbeit mit Großspendern abzulehnen, sehen die anwesenden Vertreter des Bundesverbandes nicht. Auch Rainer Witt erkennt die Notwendigkeit für diese „Gratwanderung" an: „Sie brauchen diese Konzerne".

Wie glaubwürdig sind die Tafeln?

Mittlerweile zeigt sich in vielen Märkten, dass der Einfluss der Konsumenten wächst. Kunden ist nicht länger egal, womit und wie Unternehmen ihren Gewinn erwirtschaften – auch wenn sie deren Produkte konsumieren. Glaubwürdigkeit wird damit zu einem gleichermaßen hohen wie knappen Gut für die Unternehmen. Wie glaubwürdig sind in diesem Zusammenhang die Tafeln, fragt Ursula Zeeb (Schorndorfer Tafel). Sie unterstreicht damit die Zweifel an der Glaubwürdigkeit von Tafeln und letztlich des Bundesverbandes, der mit Spendern zusammenarbeitet, die immer wieder in der öffentlichen Diskussion auftauchen. Als Beispiel wird hier LIDL angeführt, ein Unternehmen, das sich einerseits mit dem Vorwurf der Mitarbeiterbespitzelung konfrontiert sah und andererseits mit der Pfandflaschenaktion für die Tafeln ein positives Image gewann.[6]

Rainer Witt sieht im Aspekt der Glaubwürdigkeit ein „Top-Thema". Er weist darauf hin, dass es lange dauert, bis Glaubwürdigkeit erarbeitet ist, diese aber auch schnell wieder verspielt werden kann: „Das ist das Gebot jeder Marke: Sei glaubwürdig!". Eine Marke, der man nachweist, dass deren Attribute der Glaubwürdigkeit falsch sind, erzeugt Widersprüche und macht sich unglaubwürdig. Auf die Tafeln übertragen heißt dies: *Wenn die Tafeln vorgeben, die soziale Realität abzubilden, dies aber letztlich nicht tun, sondern diese nur in geschönter Form zeigen, dann besteht die Gefahr, sich unglaubwürdig zu machen.* Witt weist aber auch darauf hin, dass die Glaubwürdigkeit der Tafeln darin bestünde, *Regeln aufzustellen* und die unterstützenden Konzerne dahingehend zu *evaluieren*, ob diese die Regeln einhalten. Er zitiert zwei Beispiele: Ein Parketthändler, der behauptet, keine Regenwaldhölzer zu nutzen, seinen Kunden aber auch die Möglichkeit gibt, diese Behauptung zu überprüfen. Und seine eigene Agentur, die nicht mir Pharma-Unternehmen zusammenarbeitet, auch wenn dadurch Aufträge verloren gehen. Letztlich führt dies aber dazu, dass die Glaubwürdigkeit der Institution erhalten bleibt. Daher zwei Appelle an die Tafeln: „Man

---

[6] Vgl. dazu auch die Gewinnauflistung aus der Pfandflaschenaktion im o. g. Jahresbericht.

kann als Marke versuchen, Regeln aufzustellen" und „Manchmal muss man auch nein sagen, auch wenn es schwierig ist". Hier stellt sich die Anschlussfrage, wie das Image der Spender geprüft werden kann bzw. wie das Image eines Spenders mit dem eigenen Image abgeglichen werden kann.

Positionierung der Marke „Tafeln" bei Google

Die Positionierung einer Marke oder auch nur eines Namens lässt sich bei Google, das nach dem Page-Rank-Algorithmus arbeitet, immens beeinflussen. Stefan Selke erläutert, dass dies eine instrumentelle Technik ist, die Optimierung von Suchmaschineneinträgen (SEO – Search Engine Optimization). Den Tafeln kommt inzwischen eine ausreichende Grundaufmerksamkeitsschwelle zu, die sicherstellt, dass sie auch in Google auffindbar sind. Diese Aufmerksamkeitsschwelle lässt sich jedoch nochmals anheben, indem SEO betrieben wird, oder indem man direkt an Google herantritt, wie Rainer Witt erläutert: „Wenn Sie jetzt drei Kisten Geld zu Google bringen, dann sind sie oben. Nach drei Monaten ruft Google an und fragt, ob sie wieder ein paar Kisten haben, weil da auch noch andere – ihre Konkurrenten – vor der Tür stehen".

Außensicht auf die (Rhetorik der) Tafeln

Wenn eine Organisation sich aber derart professionell positioniert – in Markenführung und Internetauftritt – dann stellt sich die stellvertretend von Folkard Bremer hervorgebrachte Frage, welche Erwartungen damit geweckt werden. Einerseits wird weiterhin auf der rhetorischen Ebene die Rede von der eigenen Überflüssigmachung bemüht, andererseits werden aber feste Strukturen geschaffen, die immer mehr Nachfrage erzeugen.

Stein des Anstoßes ist zudem der üblicherweise genutzte Begriff „Kunden" für die NutzerInnen der Tafeln (wie diese Personengruppe neutral in der Tafelforschung genannt wird). Udo Engelhardt (Singener Tafel) weist darauf hin, dass der Kundenbegriff auch in den Jobcentern benutzt wird. Er argumentiert, dass der Ort der Demütigung nicht die Tafel ist, sondern die vorher aufgesuchten Jobcenter. Rainer Witt erwidert, dass es an den Tafeln selbst liege, den Kundenbegriff unkritisch zu übernehmen. Damit würde auch eine ganz bestimmte Denkweise, die der Ära Schröder, mit übernommen. Aus „Arbeitsamt" wurde „Agentur" und aus „Arbeitslosen" wurden „Kunden". *Zwar mögen die Ämter zu diesem Sprachgebrauch verpflichtet sein, die Tafeln aber keineswegs.* Der Appell des Werbefachmanns Witt: „Legen Sie sich ein eige-nes Wording zu. Sagen Sie weder ‚Kunde' noch ‚Betroffener'! Das ist nur eine Kaschierung sozialer Diskrepanz". Andreas Geiger (Erwerbsloseninitiative) bevorzugt die Bezeichnung „Betroffener" und findet z. B. Begriffe wie „Klient", die in der Sozialarbeit benutzt werden, weniger treffend. Er sieht in der Nut-zung des Kundenbegriffs eine „Entfremdung" und fragt, wer eigentlich die Ansprechpartner der Tafeln sind. Sind es die Betroffenen oder ist es die Wirt-schaft, d. h. die Spender? Damit wird der im Vortrag behandelte Aspekt des Resonanzraumes der Tafeln erneut aufgeworfen.

Zusammenfassung der Diskussion und weiterführende Hinweise (Stefan Selke)

Für die *Praxis* der Tafeln und deren weitere *Beforschung* sind folgende Inhalte der Diskussion relevant: a) Die Richtung der Ansprache von „Kunden" durch das Branding der Marke und damit verbunden b) der überraschend anders-artige Resonanzraum der Tafeln, der dann c) auch zur Notwendigkeit führt, die Verwendung des Kundenbegriffs kritisch zu diskutieren. Übergreifend zeigt diese Diskussion auch, dass d) der Wahrnehmung der Tafeln konflikthaf-te Zuschreibungsprozesse zugrunde liegen, die dringend (forschend) rekon-struiert werden müssen.

    a) Diskrepanz zwischen Branding und sozialer Realität: Das bisherige Branding der Tafeln ist professionell. Gerade die Kernelemente dieser Profes-sionalität sind jedoch ambivalent. Damit wird der Diskussion um die Am-bivalenz der Tafeln ein weiteres Themenfeld hinzugefügt. Schon lange vor der möglichen Diskussion um den gesellschaftlichen oder sozialpolitischen Stellenwert der Tafeln stellt sich die Frage, welche Realität durch den Werbe-auftritt der Tafeln – vorgegeben durch das „Template" des Bundesverbandes – eigentlich abgebildet wird. Gerade die Sauberkeit der gezeigten Welten haben aus Sicht der NutzerInnen und Betroffenen nicht sehr viel mit deren Welt- und Armutserfahrung sowie deren Nutzungserfahrungen der Tafeln zu tun. Sicher kann man von einer Institution nicht verlangen, ihren Werbeauftritt bewusst „hässlich" zu gestalten, doch darum geht es nicht. Die Diskussion zeigte sehr deutlich, dass es eher darum geht, dadurch Glaubwürdigkeit zu gewinnen und zu erhalten, indem die eigenen rhetorischen *Aussagen* kongruent mit dem eigenen *Handeln* sind. Akzeptieren wir, dass auch die Entscheidung für einen Werbeauftritt oder allgemeiner: für das Branding, eine Form des Handelns darstellt, dann zeigt sich hier tendenziell eher Inkongruenz als Kongruenz – und zwar vor allem aus Sicht der NutzerInnen.

Wenn die Tafeln behaupten, sie würden Armut sichtbar machen und sie wollten einen Finger in der Wunde legen oder gar das schlechte Gewissen der Gesellschaft sein, dann stellt sich die Frage, ob die geschönte Scheinwelt des Markenauftritts diese Absichtsbekundung nicht konterkariert. Rainer Witt zeigte, dass es (gerade im Bereich professioneller Markenauftritte) prinzipiell nötig und möglich ist, das Branding an das eigene Leitbild anzupassen. Auf die Tafeln bezogen bedeutet dies: *Das Branding muss sich der sozialen Realität anpassen, nicht die soziale Realität hinter dem Branding verstecken.* An diesem Punkt sollten die Verantwortlichen der Tafelbewegung, die sich selbst als „jung und lernfähig" sieht[7], selbstkritisch weiterdiskutieren.

b) Tatsächlicher und eigentlicher Resonanzraum der Tafeln: Damit zusammenhängend haben Vortrag und Diskussion zusammen auch eine Irritation virulent gemacht, die sicher vorher manchem Betrachter – auch den professionellen Beobachtern bei den Medien – weitgehend verborgen geblieben ist. Diese Irritation bezieht sich auf die Tatsache, dass die Tafelbewegung zwar Kunden hat, diese aber aufgrund des oben beschriebenen Brandings der Marke „Tafeln" nicht dort liegen, wo man sie vermuten würde. Es sind gerade nicht die immer wieder zitierten eine Million Menschen, die eine Tafel in ihrer Nähe in Anspruch nehmen. Sie werden zwar „Kunden" genannt, aber die eigentlichen Kunden der Tafelbewegung sind die Großunternehmen, d. h. die Spender. Sie erkennen sich in dem zeitgenössischen Branding der Tafeln wieder, einer Bild- und Marketingsprache, die sie selbst benutzen. *Das Branding als Inklusionsformel zwischen Spendern und Tafelinstitution* – diese Sichtweise ist neu und explosiv. Hier ist sicher noch weiterer Diskussionsbedarf vorhanden, vor allem darüber, ob die Tafelbewegung überhaupt prinzipiell bereit ist, den eigenen Resonanzraum auszutauschen gegen einen, der dann eine *Inklusionsformel mit den betroffenen Menschen* enthält. Erst dann wären die Tafeln im engeren Sinne eine soziale Bewegung. So aber ist mit der Dechiffrierung des tatsächlichen Resonanzraumes der Tafelbewegung (und damit jeder einzelnen Tafel vor Ort, die dieses Branding übernimmt) ein Handlungsappell verbunden.

c) Verwendung des Kundenbegriffs aus Sicht der NutzerInnen: Ganz deutlich wurde auch, dass es bei der Diskussion um Begriffe, hier: der Kundenbegriff, darauf ankommt, die Sichtweise derer zu integrieren, die damit gemeint sind. Eigentlich sollte dies eine Selbstverständlichkeit sein, gleichwohl steckt die Forschung über die NutzerInnenperspektive noch in den Kin-

---

[7] Vgl. dazu den Vortrag von Gerd Häuser in diesem Tagungsband.

derschuhen. Es kommt hierbei *nicht* darauf an, wie ein Begriff gemeint ist, sondern darauf, wie er verstanden wird. Man kann dies mit Theorien wie dem Konstruktivismus oder den Cultural Studies unterfüttern, oder sich einfach Alltagssituationen oder -konflikte vor Augen führen. In beiden Fällen wird man zu dem Ergebnis gelangen, dass sich die Intentionen derer, die einen Begriff prägen und die Gefühle derer, die damit bezeichnet werden, radikal voneinander unterscheiden können. Und damit sind wir beim vierten Themenkomplex.

d) Wahrnehmung als Produkt von Zuschreibungsprozessen: Die Diskussion zeigt vor allem eines: Die Wirklichkeit ist ein Konstrukt, das Ergebnis intentionaler Wahrnehmung und damit das Produkt von Zuschreibungsprozessen. Man kann dies an einem selbst erlebten Beispiel verdeutlichen: Ich ging mit einer exzentrischen Freundin spazieren, die ein koreanisches Hausschwein an der Leine führte. Zwei vorbeikommende Radfahrer schauten kurz hin und einer sagte zum anderen: „Das ist aber ein hässlicher Hund!". Ob Tafeln der „hässliche Hund" sind oder nicht – das liegt ganz oft im Auge des Betrachters. Und diese Betrachter sind wir alle: Tafelaktive, PolitikerInnen, SpenderInnen, ForscherInnen. Aber eine Betrachtungsweise sollte Priorität vor allen anderen haben: Die der NutzerInnen der Tafeln, also der eigentlichen AdressatInnen. Denn für diese Personengruppe existieren Tafeln – eine andere Legitimation gibt es nicht.

Wenn also die Frage verfolgt wird, wie bei einer Non-Profit-Organisation vom Typ der Tafeln, d. h. einer Organisation, die im Feld existenzunterstützender Maßnahmen operiert, Glaubwürdigkeit hergestellt und erhalten wird, dann sollte man an das o. g. Beispiel denken. Nur durch einen *Perspektivenwechsel* ist es möglich, das Produkt eines Zuschreibungsprozesses zu hinterfragen. Genau das aber ist die Voraussetzung für eine angemessene Transformation der Tafeln.

Die Wirkung von Tafeln aus Sicht des Bundesverbandes[1]

Gerd Häuser

Ich freue mich, dass diese Tagung stattfindet. Es ist wichtig, nicht nur *über* die Tafeln zu reden, sondern auch *mit* ihnen. Angesichts der Kritik an den Tafeln – manche halte ich für berechtigt, andere nicht – ist es wichtig, dass wir darüber sprechen, denn aus dem Disput können neue Erkenntnisse entstehen. Es liegt in der Natur der Sache, dass ich keinen wissenschaftlichen Vortrag halten werde. Ich werde Ihnen Tafeln aus der Sicht eines Praktikers nahebringen. Beginnen möchte ich mit ein paar Erläuterungen, denn ich merke immer wieder, dass Tafeln anders gesehen werden, als sie tatsächlich sind.

Die Tafeln – eine „Graswurzelbewegung"

Der „Bundesverband Deutsche Tafel e. V." ist ein Dachverband von rund 870 Tafeln in Deutschland. Dieser Dachverband berät und unterstützt die Arbeit der Tafeln. Die eigentliche Tafelarbeit findet vor Ort statt, d. h. die Tafeln sind eigenständig und könnten auch ohne den Bundesverband auskommen. Wenn ich als Vorsitzender des Bundesverbandes in ein bestimmtes Horn stoße, kommt die Botschaft an der Basis nicht unbedingt genauso an – ähnlich wie bei anderen Verbänden auch. Die Tafelbewegung ist von unten nach oben organisiert. Das lässt sich zum Beispiel auch an der Satzung des Bundesverbandes nachvollziehen: Sie kann nur mit einer Dreiviertel-Mehrheit der Mitglieder geändert werden. Das ist eine sehr hohe Hürde. Die Mehrheit der Tafeln legt großen Wert auf ihre Unabhängigkeit. Das respektieren wir als Bundesverband auch. Die Tafel-Grundsätze sind die verbindende Klammer.

---

[1] Der Text ist eine überarbeitete Fassung des Vortrags, der beim 1. Fachsymposion „Tafeln & Co." am 22. Oktober 2010 in Furtwangen gehalten wurde. Die HerausgeberInnen danken an dieser Stelle für die Möglichkeit, den Vortrag in dieser Tagungsdokumentation zu veröffentlichen.

Die Mitglieder des Bundesverbandes sind zu 41 Prozent eigenständige
Vereine, die übrigen 59 Prozent befinden sich in Trägerschaft von Diakonie,
Arbeiterwohlfahrt, Caritas und anderen Organisationen oder Institutionen.
Zusammenfassend kann man sagen: Die Tafellandschaft ist eine sehr bunte
und vielfältige Landschaft.

Eckdaten zu Tafeln in Deutschland

Über eine Million Menschen nutzen regelmäßig die Tafeln.[2] Angesichts von
rund sieben Millionen „Hartz-IV"-Empfängern und etwa zwölf Millionen
armen oder von Armut bedrohten Menschen stellt sich die Frage, ob dies eine
hohe oder eine niedrige Zahl ist. Ich würde sagen, dass – im Verhältnis gesehen – eine eher geringe Zahl von Menschen Unterstützung bei den Tafeln sucht.

Etwa 53 Prozent der TafelnutzerInnen sind Erwachsene im erwerbsfähigen Alter, rund 30 Prozent sind Kinder und Jugendliche und etwa 17 Prozent sind im Rentenalter.[3] Mittlerweile engagieren sich rund 50.000 Menschen
ehrenamtlich bei den Tafeln. Über 90 Prozent aller TafelmitarbeiterInnen sind
Ehrenamtliche. Die Geschäftsstelle des Bundesverbandes beschäftigt zurzeit
sechs MitarbeiterInnen. Auch ich als Vorstand arbeite ehrenamtlich. Das begrenzt meine Tätigkeit natürlich zeitlich. Manche ehrenamtliche Menschen
möchten nach dem Ende ihres Erwerbslebens etwas Sinnvolles machen: Dies
ist bei den Tafeln möglich. Deshalb sind die Tafeln eine *Bürgerbewegung* und
kein Wohlfahrtsverband. Wir arbeiten mit den Verbänden zusammen, fast die
Hälfte der Tafeln befindet sich in Trägerschaft der großen Wohlfahrtsverbände. Jedes Konkurrenzdenken wäre da unangebracht.

Der Tafel-Gedanke: Eine Idee, zwei Aspekte

Der Tafel-Gedanke hat zwei Aspekte: Tafeln ausschließlich als *soziale* Hilfeleistung zu bewerten, greift meiner Meinung nach zu kurz. Der zweite, mindestens genauso wichtige Aspekt ist ein *ökologischer*. Laut Schätzungen werden
in Deutschland pro Jahr zehn bis zwanzig Millionen Tonnen Lebensmittel
weggeworfen. Ein großer Teil der Nahrungsmittel, die in unserer Gesellschaft

---

[2] Anmerkung der HerausgeberInnen: Hochrechnung auf der Basis einer nichtrepräsentativen
Umfrage des Bundesverbandes.
[3] Die Daten entstammen einer internen Mitgliederbefragung 2010.

produziert werden, landet auf dem Müll: Und das, obwohl diese Produkte qualitativ einwandfrei und ohne Einschränkung verzehrfähig sind. Dies ist auch ein ethisches Problem, wenn Sie allein den Energieverbrauch betrachten, der für die Produktion aufgewendet wird.

Tafeln machen den Überfluss unserer Gesellschaft denen zugänglich, die ihn gebrauchen können. Das ist noch immer die ganz einfache Grundidee. Die Tafeln sind damit eine der wenigen Bewegungen, die es schaffen, soziale und ökologische Motive zu verbinden.

Die wenigsten Tafelnutzer kommen zu den Tafeln, weil sie hungern müssen.[4] Im Zentrum der Tafelarbeit steht nicht die Hungerhilfe, sondern die Schaffung eines finanziellen Spielraums, der bei den Tafelkunden durch die ergänzende Hilfe der Tafeln entsteht, denn das Geld, das die Menschen bei den Tafeln sparen, eröffnet ihnen die Möglichkeit, mehr am sozialen Leben der Gesellschaft teilzuhaben. Tafeln sind darüber hinaus Orte der Begegnung, darauf bin ich besonders stolz. Armut macht oft einsam. Die Tafeln aber sind Orte, an denen neue Kontakte geknüpft werden können. Bei den Tafeln begegnen sich Menschen, die sich sonst vielleicht nie unterhalten würden. Das ist ein ganz wichtiger Aspekt in unserer sonst oft so gespaltenen Gesellschaft.

In der Tafelbewegung engagieren sich außerdem Menschen mit vollkommen unterschiedlichen Hintergründen: Der ehemalige Manager, der Landgerichtsrat und der Arzt arbeiten zusammen mit dem „Hartz-IV"-Empfänger. Wo gibt es das sonst noch in unserer Gesellschaft? Diese Begegnungen sind eine große Chance der Tafelarbeit.

Entgegnungen zur Kritik an Tafeln

Den Tafeln wird vorgeworfen, sie würden Armut verstetigen. Ich behaupte, dass jeder Akteur, der im sozialpolitischen Bereich tätig ist, letztlich das System anerkennt. Das fängt bei den Gewerkschaften an und reicht bis zur Sozialarbeit. Sie alle treten an, um zu reformieren, nicht aber, um das System radikal zu verändern. Es besteht eine Art Sozialvertrag, ähnlich wie bei Rousseau: Wenn der Mensch als sozialer Akteur ins Rampenlicht tritt, akzeptiert er, dass der Staat schon da ist, dass es gewisse Abläufe gibt. Das gilt für alle Akteure.

Die Tafeln wehren sich dagegen, ein Almosensystem zu sein. Wir versuchen, die Würde der Menschen zu erhalten. Dennoch finde ich es gut, wenn es an dieser Stelle Kritik gibt, denn dies ist ein entscheidender Punkt, den sich

---

[4] Vgl. dazu den Beitrag von Stephan Lorenz in diesem Tagungsband.

jeder Tafelaktive täglich neu ins Bewusstsein rufen sollte: Passt auf, wie Ihr die Leute behandelt, die zu Euch kommen.

Die Tafeln wollen keine Parallelgesellschaft schaffen. Und sie wollen auch nicht dazu beitragen, Protest gegen die gesellschaftlichen Verhältnisse zu verhindern. Wir fördern keine neoliberalen Ideen. Und wir untergraben auch nicht den Rechtsanspruch auf staatliche Hilfe.

Ein weiterer Kritikpunkt lautet: Tafelaktive würden vor allem aus Eigennutz helfen. Dies halte ich für eine gewagte These, die ich nicht mittragen kann. Ich glaube nicht, dass Eigennutz das wichtigste Motiv ist. Die meisten wollen etwas zurückgeben. Sie wollen von sich selbst sagen können: Mensch, ich habe auch etwas gemacht, bei dem ich später in den Spiegel schauen und sagen kann: Das war richtig im Leben. Und selbst wenn dann jemand für seine soziale Arbeit ein Verdienstkreuz bekommt, dann ist das doch toll. Sollte dies wirklich die Triebfeder seines Handelns sein, dann ist es immerhin nicht das Geld – und es ist für eine gute Sache.

Es ist unmöglich, auf alle Vorwürfe einzugehen. Aber es ist gut, dass wir das hier miteinander besprechen und erkennen können, dass es unterschiedliche Sichtweisen gibt und geben muss. Wir Tafeln stehen in einem ständigen Diskussionsprozess, in dem wir uns fragen müssen, wo wir stehen, und ob wir das, was wir tun, richtig machen. Wir müssen unseren eigenen Standpunkt ständig überprüfen. Natürlich dürfen die Kritiker sagen, was in ihren Augen falsch ist an den Tafeln. Aber vergessen wir dabei nicht, dass es immer einfacher ist, zu diskutieren, als zu handeln.

Aufgabe der Forschung ist es, Fragen zu stellen. Aber ich würde manchmal gern auch mehr Lösungsvorschläge sehen. In einer soziologischen Arbeit stehen meist ein Dutzend Thesen, die Handlungsmöglichkeiten umreißen. Aber es geht darum, Entscheidungen zu treffen, an konkreten Alternativen zu arbeiten. Dazu gehört auch, die Kritik an den Tafeln auf eine Gesellschaftskritik auszuweiten, zu fragen, wo der Ursprung des erkannten Missstands eigentlich liegt. Aus meiner Sicht ist dies eine Kritik an der Verteilung von Reichtum und Armut in dieser Gesellschaft. Wenn das so ist, dann muss man die Kritik aber auch auf andere gesellschaftliche Akteure und Institutionen ausweiten.

Tafeln als Platzhalter in gesellschaftlichen Debatten

Oft drängt sich der Eindruck auf, dass die Tafeln lediglich ein Platzhalter sind in vielen der gegenwärtigen gesellschaftlichen Debatten. Im Mittelpunkt steht dabei eigentlich die Frage, wie unsere Gesellschaft mit Armut umgeht. Eine

Gesellschaft, die Menschen ausgrenzt und stigmatisiert, ist für mich keine erstrebenswerte Gesellschaft. Ganz abgesehen davon, dass sie sich damit selbst Probleme schafft: Von einer Gesellschaft, in der der soziale Friede gewährleistet ist, profitieren alle! Tafelkritiker sollten auch fragen, was sich in diesem Staat ändern muss. Kann es wirklich sein, dass wir in Deutschland über Chipkarten und Regelsätze streiten? Welche anderen Modelle der Teilhabe könnte es geben? Ist es nicht viel wichtiger, dafür zu sorgen, dass ein Kind keine private Nachhilfe braucht und die nötige Förderung in den Schulen bereit zu stellen? Wir greifen in den Debatten meist zu kurz. Und wenn diese Tagung ein Anfang ist, dies nicht mehr zu tun, wenn dies der Anfang einer gesellschaftlichen Debatte ist, die der Herausforderung gerecht wird, dann wäre das eine großartige Sache!

Die Möglichkeit, praktisch zu helfen

Ich habe als Gewerkschafter und Politiker 30 Jahre lang versucht, Veränderungen in der Sozialpolitik herbei zu führen. Wie alle meine Mitstreiter, bin ich dabei im Großen und Ganzen gescheitert. Anders bei den Tafeln: Hier kann praktisch geholfen werden.

Im Zusammenspiel zwischen Staat und Zivilgesellschaft muss aber eins klar sein: Für die Grundsicherung und die Daseinsvorsorge ist allein der Staat verantwortlich. Der Dialog mit der Politik ist notwendig. Aber die Tatsache, dass die Bundesfamilienministerin Schirmherrin der Tafeln ist, bedeutet noch lange nicht, dass die Tafeln ein Teil des Sozialstaates geworden sind. Es bedeutet vielmehr, dass wir versuchen, Verbündete zu gewinnen.

Immer wieder wird gefordert, die Tafeln sollten streiken. Es heißt, dass man so Massen auf die Straßen bekäme, die dann etwas ändern könnten. Ich weiß nicht, ob das eine gute Idee ist: Aus meiner Sicht würde ein solcher Streik vor allem diejenigen treffen, die auf die Hilfe der Tafeln angewiesen sind.

Oft ist auch zu hören, die Tafeln sollten umfassendere Hilfsangebote machen und etwa Beratungsleistungen anbieten. Hierzu sage ich: Die Aufgabe der Tafeln ist es nicht, zu beraten. Auf ehrenamtlicher Basis lässt sich keine professionelle Sucht- oder Schuldnerberatung leisten. Wir können und wollen uns da nicht einmischen. Beratung sollen diejenigen anbieten, die darauf ohnehin spezialisiert sind. Deshalb wollen wir unsere Zusammenarbeit mit den Wohlfahrtsverbänden intensivieren. Das Ziel muss sein, mit den Trägern ein Netz zu bilden.

Ein Bundesbeauftragter zur Bekämpfung von Armut

Die Tafeln sind parteipolitisch unabhängig. Das bedeutet aber nicht, dass wir
uns nicht politisch äußern würden. So haben wir uns zum Beispiel wiederholt in der Diskussion um die „Hartz-IV"-Regelsätze zu Wort gemeldet. Der
Bundesverband arbeitet hier eng mit den Wohlfahrtsverbänden zusammen –
insbesondere mit dem Paritätischen Gesamtverband, in dem wir Mitglied
sind. Darüber hinaus fordern wir einen „Beauftragten für die Bekämpfung
der Armut" – so lautet unser Arbeitstitel. Für viele Dinge gibt es in Deutschland Beauftragte, die dem Parlament berichten müssen: Das wichtige Thema
„Bekämpfung der Armut" gehört aus unerfindlichen Gründen nicht dazu.
Armut ist leider ein unübersehbarer Bestandteil unserer Gesellschaft geworden – das muss auch in einem politischen Amt abgebildet werden. Ein Amt,
das regelmäßig dem Deutschen Bundestag berichtet, das die Zuständigkeiten
der Ministerien klärt, die langwierigen Gänge durch die Institutionen hinterfragt und eine ressortübergreifende, effektive Hilfe zum Ziel hat. Das ist keine
Aufgabe, die die Nationale Armutskonferenz erfüllen kann. Da müssen alle
sozialen Akteure mitmachen. Wir als Tafeln werden dabei weiter versuchen,
unseren Finger in die Wunde zu legen und das schlechte Gewissen der Gesellschaft zu sein.

Ich halte es für wichtig, dass Menschen sich engagieren. Wir bei den Tafeln
sind eine heterogene Truppe. Uns verbindet, was wir tun. Dabei muss aber regelmäßig hinterfragt werden, welchen Stellenwert zivilgesellschaftliches Engagement hat. Der freiwillige Beitrag der BürgerInnen darf *nicht* vom Staat ins
Kalkül genommen werden, er darf *nicht* Teil des staatlichen Handelns sein. Ich
finde es wünschenswert, dass Menschen sich engagieren und der Staat nicht
alles macht. Aber es muss klar sein, dass der Staat eine ausreichende Grundsicherung bietet und die Hilfe der Zivilgesellschaft eine zusätzliche Hilfe ist.

Die Tafeln – eine junge und lernfähige Bewegung

Die Tafelbewegung ist eine junge Bewegung. Wir sind lernfähig, Herr Selke!
Deshalb sollten wir uns regelmäßig treffen und uns austauschen. Und vielleicht im nächsten Jahr überprüfen, zu welchen Ergebnissen wir gekommen
sind. Die Tafeln sind nicht von „Anti-Intellektualismus gekennzeichnet", wie
Sie kürzlich in einem offenen Brief unterstellt haben. Dieser Vorwurf hat mich
ein wenig getroffen. Die Ehrenamtlichen aus der Tafelbewegung müssen frei
entscheiden dürfen, ob sie sich an dieser Debatte beteiligen möchten oder

nicht! Es gibt Leute, die sich nicht um die Politik kümmern wollen oder können. Manche sagen: Da hätte ich ja auch gleich in eine Partei eintreten können. Und es gibt andere, die sagen: Ich möchte mein Tun theoretisch aufarbeiten. Ich möchte gerne sehen, welche Konflikte entstehen können und ich möchte daraus lernen. Dies alles darf und muss es geben, meine ich als Vorsitzender des Bundesverbandes. Genauso, wie es Tafeln gibt, die ausschließlich Lebensmittel ausgeben, und andere, die darüber hinaus weitere Angebote machen.

Eins möchte ich zum Schluss betonen: Der Bundesverband erhält keinen Cent vom Staat. Und das ist auch gut so! Wir wollen nicht abhängig sein, weder vom Staat noch von einem Unternehmen. Wir haben viele Spender und Sponsoren: Der größte Teil der Spenden wird an die örtlichen Tafeln weitergegeben. Einer der größten Kostenfaktoren für den Bundesverband ist die Geschäftsstelle – und die brauchen wir. Wichtiger als Geld ist oft das Know-how. Wenn heute bei uns im Bundesverband ein Unternehmer ehrenamtlich aktiv ist, der viel von Logistik versteht, dann ist das für uns eine große Unterstützung. Genauso gibt es Menschen, die etwas von Finanzen verstehen und ihre Fähigkeiten kostenlos mit einbringen.

Tafel-Arbeit überflüssig machen?

Ich kämpfe darum – und das können Sie mir abnehmen – dass die Tafelbewegung aus sozialpolitischer Sicht nur so lange existiert, wie es notwendig ist. Wenn der Staat alles übernehmen würde, dann müssten wir uns aber immer noch über einen Aspekt unterhalten: den ökologischen. Wie können wir es schaffen, dass weniger Lebensmittel weggeworfen werden? Bis diese Fragen gelöst sind, haben die Tafeln eine Daseinsberechtigung – ohne dabei zu vergessen, dass etwas faul ist in dieser Gesellschaft. Ich denke, dass man etwas ändern kann. Auch dazu leistet diese Veranstaltung einen Beitrag. Vielen Dank noch mal für die Einladung und für ihr Interesse an der Tafelarbeit.

DISKUSSION zum Vortrag von Gerd Häuser

Monopolstellung durch den Schutz des Begriffes „Tafel"

Zunächst gibt es weiteren Klärungsbedarf zur Monopolstellung der Tafeln durch das Branding und den Markenschutz des Begriffes „Tafel". Gerd Häuser erläutert, dass der Tafelname deshalb geschützt ist, damit die Sponsoren sich auf das, was Tafeln vorgeben zu sein, verlassen können. Er zitiert Sabine Werth, die Gründerin der ersten Tafel in Deutschland, die gesagt haben soll: „Wo Tafel draufsteht, muss auch Tafel drin sein". Die Klammer für den Schutz des Tafelbegriffes, so Häuser weiter, seien die Tafelgrundsätze. Er vergleicht zudem den Schutz des Tafelnamens damit, dass auch andere karitative Organisationen nicht zulassen würden, dass begriffliche „Ableger" entstehen, wie z. B. „Jugend-AWO" oder „Tier-Rotes-Kreuz". Der Name Tafel ist *Programm* und unterliegt einem *Leitbild*: „Wir kämpfen für den Tafelnamen, weil es sehr viele Leute gegeben hat, die mit diesem Namen Geschäfte gemacht haben. Das Monopol verhindert dies" (Gerd Häuser). Die Begründung, dass der Namensschutz der Tafeln vornehmlich der Qualitätssicherung dient, wird von Dieter Greese (Kinderschutzbund NRW) angezweifelt. Sein Argument: Wenn einerseits die Tafeln autonom sind, so wie von Gerd Häuser dargestellt, dann können andererseits keine Qualitätsstandards „Top-Down" verordnet bzw. durchgesetzt werden. Niemand kann sich dann verlassen, dass sich die örtliche Tafel auch an das vom Bundesverband angedachte Leitbild bzw. die darin enthaltenen Qualitätsstandards hält.

Notwendigkeit einer Bedürftigkeitsprüfung

In der Bedürftigkeitsprüfung erkennt Gerd Häuser eine „klare Linie". Er berichtet von Fällen, in denen öffentliche Tafeln von Passanten ausgenutzt wurden, die eindeutig nicht bedürftig waren. Allein aufgrund dieser vorherrschenden Mentalität sei eine Bedürftigkeitsprüfung notwendig. Diesem

Argument widerspricht Michaela Hoffmann (Caritas Köln/Nationale Armutskonferenz) vehement: „Ich glaube nicht, dass irgendein Mensch, der nicht hilfsbedürftig ist, so ein Angebot in Anspruch nimmt. Es macht keinen Spaß, sich irgendwo anzustellen. Es macht keinen Spaß, sich zu veröffentlichen". Sie fordert daher dazu auf, zu diskutieren, wie man die Bedürftigkeitsprüfungen abschaffen kann, weil „dieses Prüfen und Einsortieren von Menschen" auch der Haltung als ChristIn widerspricht.

Gerd Häuser bringt daraufhin weitere Argumente für eine Bedürftigkeitsprüfung hervor: Die Spender müssen die Sicherheit haben, dass die Tafeln nicht in ihrem Marktsegment wirtschaften, „sonst würden sie uns nichts mehr geben". Die Tafeln operieren in einer Lücke zwischen den Dispositionsverlusten und dem Gewinnstreben der Supermärkte bzw. Spender. Häuser weist auch darauf hin, dass es bei Tafeln möglich ist, „Überlebenspakete" ohne Bedürftigkeitsprüfung zu erhalten, wenn z. B. akute Notsituationen anstehen: „Es gibt solche Ausnahmen, niemand soll sagen, wir wären bürokratisch". Das Generalargument in der Bedürftigkeitsprüfungsdebatte liefert Willy Wagenblast (Bundesverband/Singener Tafel): Die Tafeln müssen demnach die Bedürftigkeit der NutzerInnen prüfen, damit ihnen die Gemeinnützigkeit nicht aberkannt wird. Prüfen sie nicht, gelten sie als Lebensmittelhändler: „Wir dürfen nicht verkaufen!" Udo Engehardt (Singener Tafel) weist darauf hin, dass eine Bedürftigkeitsprüfung auch aus Gründen der Minimierung von Sozialneid notwendig sei. Viele NutzerInnen würden sehr genau beobachten, wer wie viel bekomme. Auch die Angleichung der Ausgabemenge an die Haushaltsgröße sei auf der Basis einer Bedürftigkeitsprüfung einfacher durchzuführen.

Rolle der 1-Euro-Jobber

Unklar bleibt trotz zahlreicher Nachfragen die Rolle der 1-Euro-Jobber. Auch auf Nachfrage eines Tagungsteilnehmers wird nicht abschließend deutlich, ob diese Personengruppe (in der vorgestellten Studie des Bundesverbandes) als „Ehrenamtliche" gezählt wird oder nicht. Gerd Häuser erklärt, dass er sie „normalerweise als Ehrenamtliche betrachten würde", gibt aber zu bedenken, dass es aufgrund der hohen Fluktuation innerhalb dieser Gruppe schwierig sei, die Anzahl der 1-Euro-Jobber statistisch genau zu erfassen. Der eigentliche Anteil an der Tafelarbeit, der durch die Ehrenamtlichen geleistet wird, bleibt damit aber im Dunkeln, wie Luise Molling herausarbeitet, indem sie auf die unterschiedlichen Arbeitszeiten von Ehrenamtlichen und 1-Euro-Jobbern verweist:

Ehrenamtliche arbeiten oft nur zwei bis fünf Stunden pro Woche bei einer
Tafel mit, während 1-Euro-Jobber 15–20 Stunden arbeiten. Nimmt man diese
Zahlen zur Grundlage einer Hochrechnung, dann werden bei einem Anteil
von 10 % der 1-Euro-Jobber unter den HelferInnen (Aussage des Bundesverbands) je nach Ansatz 25–45 % der bei Tafeln anfallenden Arbeitsleistung von
1-Euro-Jobbern und eben nicht allein von Ehrenamtlichen geleistet.[5] Zudem
herrscht vollkommene Unklarheit darüber, wie viele der 1-Euro-Jobber, die bei
Tafeln arbeiten, überhaupt in den ersten Arbeitsmarkt vermittelt werden oder
wie viele „abhängig von den Tafeln" (Gerd Häuser) sind. Gerd Häuser weist
noch einmal darauf hin, dass es wichtig sei, keine Beschäftigungsverhältnisse
einzugehen, die man nicht bezahlen kann. Das Ziel sei daher Ehrenamtlich-
keit, weil nur diese die Unabhängigkeit der Tafeln sichere: „Sonst könnte ja die
Gefahr bestehen, dass Tafeln wegen der Tafeln gemacht werden", so Häuser
abschließend zu diesem Punkt.

Exoten unter den Tafeln

Mittlerweile gibt es im Zuge der Ausdifferenzierung der Tafeln eine Reihe
von „Exoten" (Gerd Häuser) unter den Tafeln. Darunter sind Kindertafeln zu
verstehen, aber auch Projekte der Tafeln, sie sich mit mehr als nur der Ausgabe
von Lebensmitteln beschäftigen. Hierbei gilt es, neue Trends wie z. B. Medi-
kamenten-Tafeln oder Sport-Tafeln[6] in den Blick zu nehmen. Dieter Greese
(Kinderschutzbund NRW) erinnert an die Aussage, nach der die Tafeln nicht
überall sein wollen. Gleichzeitig regierten die Tafeln aber reflexhaft auf jede
wahrgenommene Nachfrage. Gerd Häuser hingegen hält es für legitim, wenn
Tafeln z. B. Rabatte für Medikamente oder Brillen aushandeln.

Der schmale Weg der Tafeln

Die Tafeln beziehen in ihrer Selbstwahrnehmung die Legitimation für ihre
Existenz aus der logistisch ausgeklügelten Verteilung von Lebensmitteln und

---

[5] Von den 50.000 HelferInnen sind 10 % 1-Euro-Jobber, also 5.000. Wenn 45.000 Ehrenamtliche im Durchschnitt 5 Stunden pro Woche arbeiten, so ergibt dies ein Arbeitsvolumen von
225.000 Stunden. Die 5000 1-Euro-Jobber leisten hingegen bei durchschnittlich 15 Stunden
pro Woche insgesamt 75.000 Stunden. Dies sind dann gut 30 % des Gesamtarbeitsvolumens.
[6] In Süddeutschland wurde die erste „Sport-Tafel" gegründet (Vgl. „Bewegung für Bedürftige:
Erste „Sporttafel" Deutschlands gegründet. In: Badische Zeitung 21.11.2010).

dem Versuch, ein schlechtes Gewissen gegen die Verbreitung von Armut zu sein, so Gerd Häuser. Sie tun dies selbst in aller Bescheidenheit, indem sie z. B. keine Spenden der Regierung einwerben und nur durch Spender die Möglichkeit haben, sich ein zentrales Büro in der Bundeshauptstadt zu leisten. Das Thema „Nachhaltigkeit" lag Gerd Häuser erkennbar am Herzen: Er versicherte, dass sich die Tafeln z. B. bei Ihren Spendern (er nannte REWE und LIDL) für „anständige Produkte und faire Preise" (Gerd Häuser) einsetzten. Letztlich seien die Tafeln aber nicht in der Pflicht, über die Sozialverträglichkeit ihrer Spenderunternehmen zu wachen.

Zusammenfassung der Diskussion und weiterführende Hinweise

Für die *Praxis* der Tafeln und deren weitere *Beforschung* sind folgende Inhalte der Diskussion relevant: a) 1-Euro-Jobber als „stille Reserve", b) Thema Menschenwürde und c) soziale Nachhaltigkeit.

a) 1-Euro-Jobber als stille Reserve: Die 1-Euro-Jobber (oder ähnliche Arbeitsformen) können – quer zu aller Rhetorik – als „stille Reserve" der Tafeln betrachtet werden. Innerhalb dieser Personengruppen sind die größten Steigerungsraten zu erwarten. Da an dieser Stelle keine exakten Daten über Anteil der 1-Euro-Jobber und deren Arbeitsvolumen, aber auch über deren Einsatzfelder verfügbar sind, dennoch aber spürbarer Informationsbedarf besteht, sollte diese Forschungslücke in Zukunft in den Blick genommen werden.

b) Thema Menschenwürde: Dieses Thema ist gerade auch für die Praxis relevant. In diesem Tagungsband taucht es an mehreren Stellen auf, ein Hinweis auf die damit verbundene Relevanz. Diskutiert wurde, dass es nicht ausreicht, menschenunwürdige Zustände zu kritisieren, sondern in Zukunft vermehrt auch Best-Practise-Beispiele gesucht werden sollten, die dann als Vorbild kommuniziert werden können. Umgekehrt würden z. B. stichprobenartige Kontrollen zur Verhinderung von Missbrauch Sinn machen.

c) Nachhaltigkeit: Den größten Nachholbedarf scheint es beim Thema Nachhaltigkeit zu geben. Hier ist eine weitergehende fachliche Diskussion unumgänglich. Dies fängt schon da an, wo eine eindeutige Definition von Nachhaltigkeit in ihren sozialen, ökologischen und ökonomischen Komponenten fehlt. In einem zweiten Schritt wäre dann zu klären, welche dieser Nachhaltigkeitsaspekte überhaupt von der Tafelarbeit tangiert werden.

Angebot zur Würde? Befragung von NutzerInnen zu den Wirkungen der Tafeln

Holger Hoffmann / Anneliese Hendel-Kramer

Zusammenfassung

Der Bundesverband Deutsche Tafel e. V. führt regelmäßig Umfragen durch, in denen neben anderen Daten auch Informationen zur Lebenslage der TafelnutzerInnen erhoben werden (Bundesverband Deutsche Tafel e. V. 2007). Die Befragten dieser Erhebungen richten sich an die Mitarbeitenden der Tafelläden. Die Diakonischen Werke Baden und Württemberg wollten die NutzerInnen[1] der Tafelangebote direkt zu Wort kommen lassen, indem sie zwischen Dezember 2007 und Mai 2008 eine mündliche Befragung durchführten. Die Ergebnisse der Untersuchung zeichnen ein Bild der Lebenssituation und des Einkaufsverhaltens der Besucher-Innen. In der Diskussion wird die Rolle, die Tafeln als Mittel der Armutsbekämpfung spielen können, verdeutlicht.

1 Einleitung

Die Diakonie mit der biblisch-theologisch grundgelegten „Option für die Armen" und mit ihrem Engagement für Menschen in materiellen und seelischen Notlagen ist in der Verpflichtung, sich vor allem der Tafeln in evangelischer Trägerschaft anzunehmen. Denn die grundlegende und ursprüngliche Aufgabe der Tafelläden, die Verteilung von hochwertigen, aber nicht mehr verkaufbaren Lebensmitteln zu übernehmen, ist als Beitrag zum nachhaltigen Umgang mit der Schöpfung und unseren menschlichen Bemühungen, eben diese Schöpfungen zu gestalten, zu würdigen. Hier bringen viele Menschen ihr bürgerschaftliches Engagement ein und zeigen hohen Einsatz.

---

[1] Personen, die in den Tafeln einkaufen, werden als BesucherInnen oder NutzerInnen bezeichnet. Auf den Begriff des Kunden/der Kundin wurde bewusst verzichtet, da er unseres Erachtens zu euphemistisch ist. Die Einkaufsbedingungen in den Tafeln unterscheiden sich z. B. im Hinblick auf Angebot und Auswahl wesentlich von denen in kommerziellen Geschäften. Tafeln sind gekennzeichnet durch Begrenzungen (z. B. durch Einkaufsausweise und in der Menge und Art der Angebote).

Diakonisch wird dieses Engagement vor allem dann, wenn dieser Einsatz
aus dem Glauben heraus motiviert ist, das Nächstenliebegebot umzusetzen
und wenn die Lebensmittel Menschen in materiellen und seelischen Notlagen
zugutekommen. Deshalb ist die Tafelarbeit auch ein originäres diakonisches
Handlungsfeld.[2] Um zu wissen, welche Wirkungen die Tafeln bezüglich der
Armutsbekämpfung erzielen und welche Menschen sich in den Tafelläden mit
Lebensmitteln versorgen können oder müssen, wurde eine Befragung durchgeführt, an der 647 NutzerInnen von 16 verschiedenen Tafelläden in Baden-
Württemberg und Hessen teilgenommen haben.[3]

Mit den auf die Bundesrepublik übertragbaren Ergebnissen liegt eine aktuelle Analyse der Lebenssituation Bedürftiger vor, denen das Tafelangebot
(in Form der Lebensmittelabgabe durch Tafelläden) hilft, ihren schwierigen
Alltag zu bewältigen. Die folgenden Darstellungen von Ergebnissen der Untersuchung sind diesem Bericht entnommen und wurden anlässlich des Tafel-
symposiums 2010 in Furtwangen vorgetragen.[4]

2   Die NutzerInnen der Tafeln

Der überwiegende Teil der TafelbesucherInnen ist weiblich (75 %). Frauen
sind mit 48,6 Jahren signifikant jünger als die Männer (53,6 Jahre). Zwar ist
in beiden Geschlechtsgruppen die Hälfte der BesucherInnen verheiratet, die
Männer sind jedoch signifikant häufiger ledig als die Frauen (23 % versus 13 %),
wohingegen letztere häufiger geschieden, getrennt lebend oder verwitwet sind
(37 % versus 26 %).[5] Die TafelnutzerInnen verfügen über nur geringe finanzielle Mittel. Bei einer mittleren Haushaltsgröße von zwei Personen beträgt
der Medianwert des monatlich zur Verfügung stehenden Einkommens 490 €.

---

[2] Vergleiche z. B. 5. Mose 24,19: „Wenn ihr bei der Ernte eine Garbe auf dem Feld vergessen
habt, dann geht nicht zurück, um sie zu holen. Sie soll den Fremden, den Waisen und Witwen
gehören. Dafür wird der Herr euch segnen, bei allem, was ihr tut."
[3] Zur Methode und zur Stichprobe der Befragung vergleiche Diakonie Baden-Württemberg
GmbH (2010: 17 ff.).
[4] Der Abschlussbericht ist publiziert in: Diakonie Baden-Württemberg GmbH (2010).
[5] Bei der Zusammensetzung und dem Einkaufsverhalten der Tafelklientel zeigten sich keine
systematischen Unterschiede zwischen den Befragungsregionen Baden, Württemberg und
Hessen. Daher werden die Ergebnisse überwiegend für die gesamte Stichprobe dargestellt.
Beim Vergleich der Ergebnisse mit baden-württembergischen Bevölkerungs- und Flächen-
daten wird jedoch ausschließlich die Substichprobe der badischen und württembergischen
Befragten zugrunde gelegt.

Von Armut in Baden-Württemberg besonders betroffen sind MigrantInnen, kinderreiche Familien und Alleinerziehende.
Die TafelbesucherInnen gehören insgesamt 34 verschiedenen Sprachgruppen an. Mit großen regionalen Schwankungen sind 33 % der Besucher Migranten und Migrantinnen oder SpätaussiedlerInnen. Damit ist der Migrantenanteil um 8 % höher als der Anteil in der baden-württembergischen Bevölkerung 2007 (25 %: Statistisches Landesamt Baden-Württemberg 2008b).

2002 lebten in 35 % aller baden-württembergischen Haushalte minderjährige Kinder (Sozialministerium Baden-Württemberg 2004: 51). Der entsprechende Anteil liegt bei den TafelbesucherInnen mit 44 % beträchtlich höher. Die TafelbesucherInnen haben jedoch nicht nur häufiger Kinder, sie haben auch – wie die folgende Abbildung zeigt – mehr Kinder als die baden-württembergischen Familien. 36 % der TafelnutzerInnen, die in Haushalten mit Kindern leben, sind kinderreich (drei und mehr Kinder), bei den baden-württembergischen Familien insgesamt ist das nur bei 15 % der Haushalte der Fall.

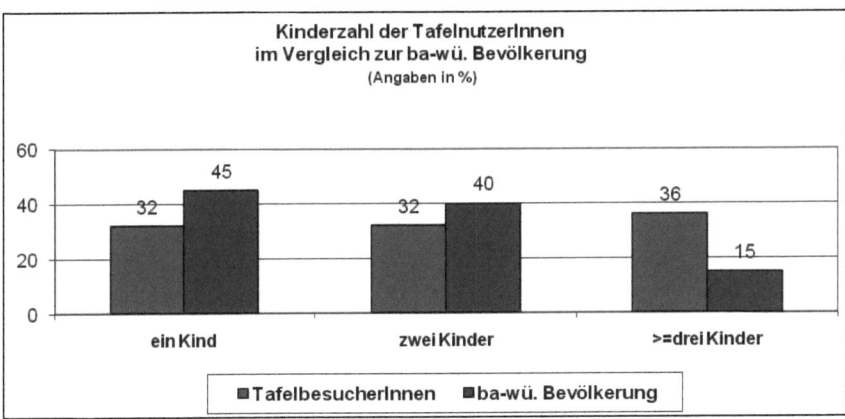

Abbildung 1   Kinderzahl – Vergleich TafelnutzerInnen mit der baden-württembergischen Bevölkerung (Angaben in %)

Datenbasis: TafelbesucherInnen aus Baden-Württemberg: n = 235 Befragte mit Kindern

Datenbasis: Baden-Württemberg: Mikrozensus 2002 (Sozialministerium Baden-Württemberg 2004: 51)

Bei den TafelbesucherInnen ebenfalls deutlich überrepräsentiert sind mit 13 % Alleinerziehende, die nur 4 % der baden-württembergischen Gesamtbevölkerung ausmachen (Sozialministerium Baden-Württemberg 2004: 54).

3 Einkaufsverhalten

Die Zahl der Einkäufe ist abhängig von der Zahl der Öffnungstage der einzelnen Läden. Bei 12,7 % der Befragten ist die Tafel an einem, bei 2,3 % an zwei Wochentagen geöffnet. Für 47,8 % der BesucherInnen stehen die Läden an drei oder vier Tagen pro Woche zur Verfügung und bei 37,2 % gibt es fünf oder sechs Öffnungstage.

13 % (n=81) der Befragten gaben an, an jedem Öffnungstag den Laden aufzusuchen. Differenziert nach der Zahl der Öffnungstage gehen 32 % dieser Gruppe ein- oder zweimal in den Laden, 31 % drei- oder viermal und 37 % besuchen fünf- oder sechsmal wöchentlich die Tafel. Bezogen auf die Gesamtgruppe kommt die Hälfte (51 %) der BesucherInnen mehrmals wöchentlich zur Tafel, 43 % besuchen sie einmal pro Woche und 6 % besuchen sie seltener.

Drei Viertel der TafelbesucherInnen versorgt mit den Einkäufen weitere Familienmitglieder, ein Viertel kauft nur für sich ein. Insgesamt werden mit den Einkäufen 1803 Personen (davon 634 Kinder) mit Lebensmitteln beliefert. Mit dem Einkauf eines jeden Besuchers werden durchschnittlich zwei weitere Personen mitversorgt. Die Tafeln können mit einigen Lebensmitteln eine vollständige Versorgung der Bedürftigen gewährleisten: So decken ca. drei Viertel der BesucherInnen ihren täglichen Bedarf an Backwaren und an Obst/Gemüse ausschließlich in den Tafelläden.

Armut verfestigt sich: 38 % der NutzerInnen können als „Stammklientel" bezeichnet werden, denn sie besuchen seit mehr als einem Jahr (teils seit drei und mehr Jahren) ihre Tafel. Das weist darauf hin, dass Armut immer mehr zur „nachhaltigen Lebenslage" und nicht nur zur Ausnahmesituation wird. Das stützt die These, dass der Bezug von SGB-II-Leistungen nicht aus der Armut herausführt, zumal die Bezugshöhe der materiellen Leistungen deutlich unter der Armutsrisikogrenze liegt. Auch das Ergebnis, dass drei Viertel der TafelbesucherInnen mit den Einkäufen weitere Familienmitglieder versorgen, deutet auf eine sich verfestigende Armut hin.

Hohe Zufriedenheit mit Erreichbarkeit und Angebot der Tafeln: Da die Mehrzahl der Kunden und Kundinnen im näheren Umkreis der Tafeln wohnt, ist es nicht erstaunlich, dass 82 % der Befragten mit der Erreichbarkeit zufrieden sind. Auch das Angebot der Läden wird ausgesprochen positiv bewertet: 80 % sind damit sehr oder eher zufrieden. Explizit unzufrieden sind nur 2 %. Die Zufriedenheit mit dem Angebot ist unabhängig von der Größe der Tafel. Die BesucherInnen kleiner und großer Tafeln unterscheiden sich nicht im Hinblick auf ihre Zufriedenheit. Verständlich ist der Wunsch der NutzerInnen nach einem *breiteren* und *vergrößerten* Angebot insbesondere von

Fleisch/Wurstwaren und Molkereiprodukten (vgl. Diakonie Baden-Württemberg GmbH 2010: 47).

Wir können feststellen: Wenn eine Tafel in der Nähe ist und genutzt wird, dann ist damit eine spürbare Entlastung des Budgets für Lebensmittel verbunden und dadurch entsteht die Tendenz, diesen Effekt möglichst auszudehnen. Diesen Impuls nehmen Tafeln und ihre Zulieferer auf: Bei den Tafeln entsteht die „Versuchung", mit den Spendenmitteln Lebensmittel zuzukaufen, um eventuell sogar ein Vollsortiment zur Verfügung stellen zu können. Bei den Zulieferern entstehen Spendenaktionen, die darauf hinzielen, dass Kunden und Kundinnen reguläre Ware einkaufen, die dann als zusätzliche Spende den Tafeln zugutekommen – siehe REWE-Aktion 2010 (vgl. Badische Zeitung 05.12.2010: 9). Beides läuft der ursprünglichen Zielsetzung und Aufgabenstellung der Tafeln zuwider.

4.   Wirkung der Tafeln

4.1   Regionale Reichweite

Anhand der Entfernung zwischen Wohnung und Tafeln lassen sich die Einzugsbereiche der Läden ermitteln.

Entfernung zur Tafel in Kilometern
(Angaben in %)

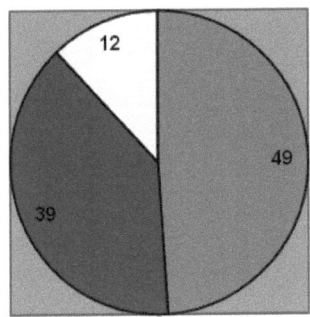
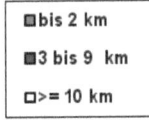

Abbildung 2   Entfernung zur Tafel in Kilometern (Angaben in %)

Datenbasis: n = 545 Befragte

Bei ca. der Hälfte der NutzerInnen ist die Tafel bis zu zwei Kilometer von der Wohnung entfernt, bei 39 % sind es zwischen drei bis neun Kilometer, etwa jeder achte Tafelbesucher wohnt in mehr als neun Kilometer Entfernung.

Begrenzte Wirkung durch kurze Wege: Die Tafelklientel wohnt weitgehend im näheren Umkreis der Tafeln. Der Medianwert der Entfernung beträgt bei allen Befragten drei Kilometer, bei der baden-württembergischen Substichprobe zwei Kilometer. Der Medianwert der Wegzeit liegt bei 15 Minuten. Weiter entfernt wohnende Personen kennen vielleicht das Angebot nicht, scheuen lange Wege oder können sich die Kosten einer Fahrt mit öffentlichen Verkehrsmitteln nicht leisten. Der Regelsatzanteil für Bus- und Bahnfahrten betrug zum Zeitpunkt der Befragung ca. 11,40 € pro Monat für eine erwachsene Person. Damit können größere Distanzen nicht bewältigt und erst recht nicht wiederholt werden. *Die Wahl des Standortes ist somit entscheidend für die Nutzungsstruktur der Tafeln.*

Begrenzte Wirkung durch geringen Einzugsbereich und ungleichmäßige Verteilung: Anhand der Befragungsergebnisse lässt sich abschätzen, welche Siedlungsfläche die Tafelläden in Baden-Württemberg abdecken.

Tabelle 1   Flächen-Abdeckung durch Tafeln in Baden-Württemberg

Baden-Württemberg Bodenfläche insges.*	35 751,00 km²
Davon: Siedlungs- und Verkehrsfläche	5 003,86 km²
Anzahl der Tafeln**	134
Radius des Einzugsbereiches pro Tafel (Befragungsergebnisse)	2,00 km
Durchschnittlich erreichte Fläche je Tafel	12,6 km²
Erreichte Fläche gesamt	1 688 km²
Erreichte Siedlungs- und Verkehrsfläche in %	**34 %**

*Statistisches Landesamt Baden-Württemberg (2009a)
** Stand September 2009

34 % der baden-württembergischen Siedlungsfläche werden von den Tafelläden abgedeckt. Diese rein rechnerische Größe gibt jedoch nur ein ungenaues Bild von der regionalen Verteilung, denn die Tafeldichte ist in großstädtischen,

städtischen und ländlichen Gebieten sehr unterschiedlich. Während es bundesweit betrachtet in nahezu allen Großstädten Tafeln gibt, ist das nur in 22 % der Städte mit 10 000 bis 20 000 Einwohnern der Fall (Bundesverband Deutsche Tafel e. V. 2007). Zudem verteilt sich die Siedlungs- und Verkehrsfläche sehr unterschiedlich auf die einzelnen Regionen. Während sie z. B. in Mannheim 57,9 % der Bodenfläche beträgt, liegt der entsprechende Anteil in Waldshut bei 10 % (Statistisches Landesamt 2008a).

4.2 Erreichter Anteil der Armutsbevölkerung

Die Wirkungen, die Tafeln im Bereich der Armutsbekämpfung erzielen können, sind im Vergleich zum Auftrag des Sozialleistungssystems marginal: Unter der Annahme, dass die durchschnittliche BesucherInnenzahl der befragten Tafeln in etwa die Nutzung der Tafeln in Baden-Württemberg repräsentiert, kann man den Prozentsatz der Menschen in relativer Armut, die in Baden-Württemberg vom Tafelangebot erreicht werden, schätzen.

Tabelle 2   Wie viele relativ arme Menschen werden in Baden-Württemberg von den Tafeln erreicht?

Einwohnerzahl Baden-Württemberg*	10 750 000
Davon: Menschen in relativer Armut nach Landesmedian Ba-Wü. 13 %**	1 400 000
Anzahl der Tafeln derzeit	134
Durchschnittliche Nutzung bzw. BesucherInnen/Woche	289
Durchschnittliche Haushaltsgröße (Befragungsergebnisse)	2,8
Zahl der erreichten Menschen	108 433
Von Tafeln erreichte „relativ arme" Menschen in %	7,7 %

*Statistisches Landesamt Baden-Württemberg (2009b)
**Statistische Ämter des Bundes und der Länder (2009)

Durch das Tafelangebot werden ca. 7,7 % der Menschen in relativer Armut erreicht. Methodisch ist einschränkend zu bemerken, dass in der Stichprobe nur zwei Tafeln aus Städten mit über 80 000 Einwohnern enthalten sind.

Nicht enthalten sind Tafeln in Großstädten wie z. B. Heidelberg, Mannheim, Freiburg, Karlsruhe, Stuttgart. Die Läden in diesen Städten haben vermutlich einen großen Besucherstamm, daher ist der Prozentsatz der von den Tafeln erreichten relativ armen Menschen vermutlich etwas höher, er bleibt jedoch in der Gesamtbetrachtung gering.

4.3   Tafeleinkäufe und Regelsatz

Der Anteil für Lebensmittel im Regelsatz (SGB II und SGB XII) reicht nicht aus: Nach Angaben des Bundesverbandes Deutsche Tafel e. V. beziehen fast alle NutzerInnen der Tafeln staatliche Leistungen nach SGB II (ALG II, Sozialgeld) oder Grundsicherung (SGB XII). Für die NutzerInnen in Reichweite einer Tafel sind die Läden ein wichtiges Angebot, um sich ergänzend und ausreichend mit Lebensmitteln versorgen zu können.

Die Preise der Lebensmittel in den Tafeln betragen „in der Regel 10 % bis 30 % dessen, was vergleichbare Waren beim günstigsten Anbieter vor Ort kosten würden" (Bundesverband Deutsche Tafeln e. V. 2007: 3). Nach den Ergebnissen der Befragung gibt ein Alleinstehender monatlich für Lebensmittel in den Tafeln 20 Euro, für solche in kommerziellen Geschäften 96 Euro aus. Zum Befragungszeitpunkt betrug der Regelleistungssatz für Lebensmittel (für alleinstehende Erwachsene) im Rahmen von SGB II und SGB XII 129,52 Euro. Geht man davon aus, dass die in der Tafel eingekauften Lebensmittel in einem kommerziellen Geschäft erworben worden wären, dann lassen sich folgende Berechnungen anstellen:

Tabelle 3   Die Wirkung des Tafeleinkaufes auf die Regelleistung für Lebensmittel

Kosten der Lebensmittel in der Tafel im Vergleich zum Handel. Jeweils % der Kosten	Lebensmittelkosten unter der Annahme, diese wären im Handel gekauft worden.*	Differenz Regelleistung (129,52,– €) – Lebensmittelbedarf (gerundet)	Die Regelleistung wird durch den Tafeleinkauf erhöht um:
10 %	200 + 96 € = 296 €	166 €	128 %
20 %	100 + 96 € = 196 €	67 €	52 %
30 %	66 + 96 € = 162 €	33 €	25 %

Datenbasis: 136 Alleinstehende der Tafelbefragung

Wenn ein Alleinstehender seine Lebensmittel ausschließlich im kommerziellen Handel kaufen würde, dann müsste – um eine bedarfsgerechte Versorgung zu gewährleisten – das Ernährungsbudget der Regelsätze nach ALG II um mindestens 25 % erhöht werden.[6]

5. Diskussion

5.1 Das „Doppelter-Markt-Paradoxon"

Gerd Häuser, der Vorsitzende des Bundesverbandes der Deutschen Tafeln, sagte auf Anfrage des Evangelischen Pressedienstes: „Der Bedarf an Tafelangeboten wird zunehmen." (epd sozial 08.10.2010: 7). Ausgehend von der Gründungsidee der Tafelbewegung müsste damit gemeint sein, dass immer mehr überflüssige Lebensmittel von den Tafeln verteilt werden können. Aber genau darum geht es nicht. So berichtet die Badische Zeitung am 05.12.2010 darüber, dass „Tafelläden in Sorge" seien, eben weil die „(…) Supermärkte knapper kalkulieren (…)" und so „(…) immer weniger Ware für die Tafeln (…)" übrig bleibe. „Die ersten ziehen schon die Konsequenzen und reduzieren die Öffnungszeiten" (Badische Zeitung 05.12.2010: 9). Diesen bundesweiten Trend greift auch der „Spiegel" auf: „Die Tafel" sei eine wertvolle Premiummarke, die im Kampf um Lebensmittel und Spenden sich auch nicht scheue, juristische Auseinandersetzungen mit kleineren Konkurrenten einzugehen. (DER SPIEGEL 2009: 54).[7] Es gibt also weniger Lebensmittel und sogar Verteilungskämpfe. Gerd Häusers Aussage bezieht sich demnach eher darauf, dass der „Hartz IV"-Bezug Armut verfestigt und der Bedarf nach Hilfen, die die Regelsätze ergänzen, steigt. Hier muss auch erwähnt werden, dass Angebote aus sich selbst heraus Nachfrage schaffen: Tafeln können zu „Standortfaktoren" werden.

So zitiert der Spiegel den Arche-Gründer Bernd Siggelkow mit den Worten, dass Eltern wegen seines Angebots der Lebensmittel- und Essensabgabe an Kinder nach Hellersdorf ziehen, weil sie pro Kind im Monat 40 Euro sparen können. (DER SPIEGEL 2009: 56f.). Das „Doppelter-Markt-Paradoxon" besteht also darin, dass einerseits die Menge bzw. Anzahl der zu verteilenden

---

[6] Ob und inwieweit eine gesunde Ernährung mit dem Regelsatzanteil überhaupt möglich ist, ist fachlich umstritten. Dazu: epd sozial (03.04.2009: 16) und Titelseite: „Ungesund essen mit Hartz IV". Frage des Einkommens oder der Bildung? (ebd.).

[7] Vgl. hierzu auch den Beitrag von Rainer Witt in diesem Tagungsband.

Lebensmittel beschränkt ist und eher abnimmt und andererseits die Anzahl und die Bedürfnisse der Menschen, die auf ergänzende Hilfen angewiesen sind, steigen.[8]

5.2 Autopoiesis: „Angebot schafft Nachfrage"

Die Menschen, die die Tafelarbeit tragen und unterstützen, sind im Spannungsfeld zwischen sich verfestigender Armut und sich verringernden Möglichkeiten der Lebensmittelverteilung unterwegs und sie entwickeln vielfältige Handlungsoptionen, die auch das eigene System rechtfertigen und erhalten. Denn es genügt offensichtlich nicht, sich nur am Rückgang der überflüssigen Lebensmittel zu erfreuen und die Tafeln in ihren Kapazitäten einfach an die jeweils zur Verfügung stehenden Warenströme anzupassen und zu reduzieren –, was sicherlich der Gründungsidee der Tafelbewegung am nächsten käme. Statt der überflüssigen Lebensmittel und deren sinnvoller Verteilung werden immer mehr die Bedarfslagen der von Armut betroffenen Menschen in den Fokus genommen und neue Zielgruppen entdeckt und neue Angebote entwickelt. Beispiele: Als erstes wurden die Kinder mit „entdeckt" und „Kindertafeln" gegründet, dann die Haustiere (epd sozial 20.03.2009: 13), denn im Regelsatz gibt es keinen Anteil für Tiernahrung. Große Lebensmittelkonzerne „sponsern" das Angebot der Tafeln durch ihre Spendenaktionen (Geld oder voll verwertbare Lebensmittel) und stellen so das Angebot entgegen dem oben beschriebenen Trend sicher.[9] Und schließlich wurden die Angebote über die reine Abgabe von Lebensmitteln hinaus erweitert: Hausaufgabenhilfe, Ausflüge, Freizeiten, Kochkurse, Versorgung von Schulen und Jugendhilfeeinrichtungen usw..

Mit diesen Handlungsoptionen verlassen die Tafeln ihre ursprüngliche Aufgabenstellung und begeben sich in die „klassischen" Handlungsfelder der Verbände der Wohlfahrtspflege. Das Positionspapier des Diakonischen Werkes der Evangelischen Kirche Deutschlands „Es sollte überhaupt kein Armer unter euch sein" zeigt die Schnittstellen auf und warnt vor der damit verbundenen „Professionalisierungsfalle"[10]: Diese Ausweitungen können nicht nur durch

---

[8] Dazu: epd sozial (15.05.2009: 12).

[9] Badische Zeitung (05.12.2010): „Zu den Großunternehmen, die sich neben vielen kleinen Läden für die Tafeln engagieren, gehören Lidl und Rewe". LIDL durch die Weitergabe von Spenden von Pfand (Taste an den Leergutautomaten) durch seine Kunden und Kundinnen, REWE durch die Aufforderung an die Kunden und Kundinnen, mehr Lebensmitteln einzukaufen als benötigt, um diese Lebensmittel direkt zu spenden: „Kauf eins mehr"-Aktion (siehe dort).

[10] Siehe: Diakonisches Werk der EKD (2010: 19ff.)

Ehrenamtliche geleistet werden, in den Sozialgesetzen ist an verschiedenen
Stellen das „Fachkräftegebot"[11] verankert – ebenso als Voraussetzung die Anerkennung als Wohlfahrtsverband[12], die für die Tafelbewegung nicht vorliegt.
Hier kann, verstärkt durch die mediale Berichterstattung[13], leicht der Eindruck entstehen, dass die Tafelbewegung dabei ist, alle Lücken, die der Sozialstaat lässt, zu füllen. So wird Gerd Häuser im Spiegel zitiert: „Häuser hält
den Ansturm der Kinder für eine direkte Folge der niedrigen Hartz-IV-Sätze.
Derzeit gibt es 211 Euro für jedes Kind unter 14 Jahren. Im Grunde, meint Häuser, sei die Politik längst auf die Armenküchen angewiesen, um diesen Betrag
überhaupt verantworten zu können (DER SPIEGEL 2009: 56). Solche aus dem
„Angebot schafft Nachfrage"-Prozess entstehenden Bilder müssen vor dem
Hintergrund der beschränkten Wirkung, die die Tafeln tatsächlich erzielen,
reflektiert werden. Die hier vorgestellte Untersuchung hat aufgezeigt, dass die
regionale Reichweite sehr begrenzt ist und lediglich ca. 7,7 % der von Armut
betroffenen Bevölkerung erreicht werden können. Hier klafft offensichtlich
zwischen der öffentlichen Darstellung der Wirkmöglichkeiten der Tafeln und
ihrer tatsächlich erzielbaren Wirkung eine erhebliche Lücke.

5.3   Die „Bedarfsfalle": Widersprüchliche Regelgrößen

In der Pressekonferenz am 06.12.2010 in den Räumen der Tafel in Leinfelden-
Echterdingen[14] teilte der Landesverband der Tafeln in Baden-Württemberg,
vertreten durch den Vorsitzenden Rolf Göttner mit, dass es aktuell in Baden-
Württemberg 134 Tafeln gebe (bundesweit ca. 870) und dass damit, aufgrund
der begrenzt zur Verfügung stehenden Lebensmittel, auch der Zenit der Neugründungen überschritten sei. Ein Strategiewechsel etabliert sich: bestehende
Tafeln differenzieren sich in weitere Ausgabestellen aus. Diese ersetzen zunehmend Neugründungen.
    Die erste Regelungsgröße für die potenzielle Anzahl von Tafeln und Aus-
gabestellen sind die zum Verteilen zur Verfügung stehenden Lebensmittel.
Die zweite Regelungsgröße sind die zur Verfügung stehenden Ressourcen
der ehrenamtlichen HelferInnen. Auch dazu liefert der Landesverband aktu-

---

[11] Vergleiche z. B. § 72a SGB VIII und § 6 SGB XII.
[12] Vergleiche z. B. §§ 4, 5 SGB XII und §§ 3, 75 SGB VIII.
[13] Vergleiche auch: epd sozial (08.10.2010: 7).
[14] Vergleiche: Pressemitteilung und Pressemappe der Diakonie Baden-Württemberg GmbH
(06.12.2010). Anlass der Pressekonferenz war die Präsentation der diesem Artikel zugrunde
liegenden Untersuchung der Diakonie Baden-Württemberg GmbH: Angebot in Würde (ebd.).

elle Zahlen[15]: Bundesweit sind es ca. 50 000, in Baden-Württemberg ca. 8 000
Menschen, die die Lebensmittel organisieren, aufbereiten und abgeben. Tafeln, die eine neue Ausgabestelle eröffnen, können auf ihren eigenen Bestand
an HelferInnen zurückgreifen. Neueröffnungen scheitern auch daran, dass
nicht genügend Ehrenamtliche zusammenkommen, und die Standorte von
Tafeln hängen davon ab, wo sich das ehrenamtliche Engagement gefunden
und gebündelt hat.[16] Ebenso richten sich die Öffnungszeiten und Öffnungstage
nach Warenangebot und Anzahl und Verfügbarkeit der Ehrenamtlichen. Auf
Seiten der Lebensmittelbeschaffung und der Organisation der Verfügbarkeit
der Lebensmittel sind die Regelungsgrößen in erster Linie von strukturellen
Gegebenheiten und der Begrenztheit der Ressourcen bestimmt. Die tatsächlich
zur Verfügung stehenden Kapazitäten richten sich daran aus. Auf der anderen
Seite haben die in der Folge des Urteils des BVG vom 09.02.2010 zum Regelsatz/
Sozialgeld des SGB II geführten Diskussionen und Stellungnahmen – vor allem
auch zu den Berechnungsmodellen, die zur Bedarfsbestimmung herangezogen
werden – gezeigt, welche Spannweite die Bedarfslagen der Betroffenen haben
können.[17] Die Diakonie hat hierzu einen eigenen Beitrag geleistet: 20 Landesverbände haben eine fundierte wissenschaftliche Berechnung der Regelsätze
in Auftrag gegeben. Als Ergebnis fordern die Landesverbände eine Erhöhung
des Regelsatzes für Alleinstehende auf mindestens 433 Euro[18]. Diese Berechnung bestätigt die Ergebnisse unserer Befragung der TafelnutzerInnen nach
dem Geldwert ihrer Einkäufe in den Tafelläden. An der Schnittstelle zwischen
den individuellen Bedarfslagen und den strukturell determinierten, begrenzten Kapazitäten tritt nun der Wunsch der NutzerInnen nach Ausweitung der
Angebote und Kapazitäten der Tafeln zu Tage. Dieser Wunsch geht einher bzw.
kann erst entwickelt werden mit der von uns untersuchten *langen Verweildauer*
der NutzerInnen in der relativen Armut. Dass der mit der Nutzungsmöglich-
keit verbundene Hartz-IV-Status (…) die „Eintrittskarte in eine Gratiswaren-
welt" und damit ein „fragwürdiger Leistungsanreiz" (Der Spiegel 2011: 21)

---

[15] Rolf Göttner, a. a. O.
[16] Vgl. dazu auch den Beitrag von Timo Sedelmeier in diesem Tagungsband (sowie die da-
zugehörende Diskussion).
[17] Stellvertretend für die vielen Diskussionsbeiträge und Stellungnahmen sei hier verwiesen
auf Der Spiegel (2011: 16ff.). Siehe insbesondere die Ausführungen über die Wattenscheider
und Berliner Tafel in diesem Artikel: „Die Chefin der Berliner Tafel, Sabine Werth, beklagte
unlängst, dass es mittlerweile zu viele Stellen gebe, an denen Essen verteilt wird." (ebd.: 20f.).
[18] Veröffentlicht z. B. in: epd sozial (26.11.2010): Titelseite: Diakonie will 433 Euro für Hartz-IV
Empfänger. Landesverbände legen Studie zu Regelsätzen vor. Ziel war es, eine gerichtsfeste,
transparente Berechnungsgrundlage zu bestimmen. (Siehe auch ebd.: 11).

sei, kann angesichts der geringen Möglichkeiten, sich der Notwendigkeit des Hartz-IV-Bezuges zu entziehen, d. h. Arbeitsplätze zu finden und auszufüllen, deren Entgelt über der SGB-II-Bedarfsgrenze liegt, stark bezweifelt werden.[19]

5.4 Fazit

Die Untersuchung der Diakonie Baden-Württemberg zeigt, dass die Erwartung abwegig ist, mit Tafeln eine flächendeckende zuverlässige Armenversorgung sicherstellen zu wollen. Die Begrenztheit ihres Einzugsgebiets und die Anzahl ihrer Stammkunden lassen eine umfängliche Armutsbewältigung trotz ihrer großen Anzahl nicht zu. *Demnach leisten Tafeln einen Beitrag zur individuellen Bewältigung von Armutssituationen, aber keinen Beitrag zur Entlastung des Sozialsystems.*

Die Tafelbewegung, tatsächlich eine der sich aktuell am schnellsten entwickelnden Sozialbewegungen, wird in ihren Wirkungsmöglichkeiten somit stark überschätzt – dies zeigt sich auch deutlich in medialen Veröffentlichungen. Tafeln setzen in all ihrer Begrenztheit *symbolische Zeichen der Solidarität* und genießen bei den NutzerInnen und in der Bevölkerung eine hohe Wertschätzung. Gerade aber die Tatsache einer nicht auskömmlichen Regelleistung verdeutlicht, dass das sozioökonomische Existenzminimum für Bedürftige in Deutschland nicht sichergestellt ist. Die Tafelbewegung steht immer in der Gefahr, gemessen an ihrer Grundidee, nämlich überschüssige Lebensmittel zu sammeln und an Bedürftige weiterzugeben, durch andere Aufgabenzuweisungen der Politik funktionalisiert zu werden. Im besten Falle legen die Tafeln ihren Finger in die Wunde der Unterversorgung durch die aktuell gültigen Regelsätze und mahnen als „Barometer" den Weg zu einer notwendigen gerechteren Verteilungspolitik – sicherzustellen durch die Sozialpolitik und eben nicht durch ehrenamtliches Engagement – an.

Literatur

Badische Zeitung (2010): Der Sonntag: Tafelläden in Sorge. Noch helfen Weihnachtsaktionen, doch das Angebot wird knapper, 5.12.2010.
Bundesverband Deutsche Tafel e. V. (2007): Die deutschen Tafeln nach Zahlen. http://www. tafel.de/fileadmin/pdf/Tafel-Umfrage/Tafel-Umfrage_2007_Auswertung.pdf (Zugriff am 19.10.2009).

---

[19] Vergleiche zu dieser Problematik der falschen Zielsetzung des SGB II auch: Hoffmann/ Schoch (2010).

DER SPIEGEL (2011): Die Hartz-Fabrik. Das Geschäft mit der Armut brummt. Milliarden-beträge verschwinden in sinnlosen Ein-Euro-Jobs und einer monströsen Bürokratie. Die von der Bundesregierung geplante Reform wird die Probleme nicht lösen – im Gegenteil. Nr. 1.

DER SPIEGEL (2009): Wertvolle Premiummarke. Der Kampf um Lebensmittel und Spenden wird härter. Die Deutsche Tafel liefert sich inzwischen juristische Gefechte mit kleinen Konkurrenten. Nr. 40.

Diakonie Baden-Württemberg GmbH (2010) (Hg.): Angebot in Würde. Sozialwissenschaftliche Untersuchung der Situation der Nutzerinnen und Nutzer von Tafelläden in Baden-Württemberg. Karlsruhe/Stuttgart.

Diakonisches Werk der EKD (2010): „Es sollte überhaupt kein Armer unter euch sein" (5. Mose 15,4). Tafeln im Kontext sozialer Gerechtigkeit. Diakonie-Texte. Positionspapier. Stuttgart.

epd sozial (08.10.2010): Am Ende der Nahrungskette. Tafeln versorgen täglich eine Million Menschen mit gespendeten Lebensmitteln. Nr. 40.

epd sozial (15.05.2009): Ohne Tafel würde ich es nicht schaffen. Suppenküchen breiten sich zunehmend in kleineren Städten und auf dem Land aus. Nr. 20.

epd sozial (03.04.2009): Gesund Essen mit Hartz IV? Meinungsstreit zwischen Medizinern und Landwirtschaftsministerin Aigner. Nr. 14/15.

epd sozial (20.03.2009): Wenn Hartz IV nicht für das Hundefutter reicht. Bundesweit 20 Tier-tafeln unterstützen Bedürftige bei der Versorgung ihrer Haustiere. Nr. 12.

Hoffmann, Holger/Schoch, Dietrich: Der erste Arbeitsmarkt als Ziel der Grundsicherung für Arbeitsuchende des SGB II stößt an seine Grenzen – Plädoyer für einen dritten Arbeitsmarkt. In: Theorie und Praxis der Sozialen Arbeit. 61. Jahrgang, Heft 04.08.2010.

Pressemitteilung und Pressemappe der Diakonie Baden-Württemberg GmbH (06.12.2010): Tafeln sind kein Mittel zur Bewältigung von Armut. Karlsruhe. Zu beziehen über: öffentlichkeitsarbeit@diakonie-baden.de.

Sozialministerium Baden-Württemberg (2004): Familienbericht 2004. Teil 1. Familien in Baden-Württemberg. 4/2004.

Statistische Ämter des Bundes und der Länder (2009): Armut und soziale Ausgrenzung, URL: http://www.amtliche-sozialberichterstattung.de/Tabellen/tabellenA11A12.html (Zugriff am 01.10.2009).

Statistisches Landesamt Baden-Württemberg (2008a): Anteil der Siedlungs- und Verkehrsflä-che an der Bodenfläche, URL: http://www.statistik-bw.de/BevoelkGebiet/Indikatoren/GB_SuVflaecheAnteil.asp (Zugriff am 12.10.2009).

Statistisches Landesamt Baden-Württemberg (2008b) Statistik Aktuell: Bevölkerung mit Mi-grationshintergrund in Baden-Württemberg, URL: http://www.statistik.baden-wuert-temberg.de/Veroeffentl/Statistik_AKTUELL/803408004.pdf (Zugriff am 10.10.2009)

Statistisches Landesamt Baden-Württemberg (2009a): Statistische Berichte Baden-Württem-berg. Gebiet-Flächenerhebung nach Art der tatsächlichen Nutzung, URL: http://www.statistik-baden-wuerttemberg.de/Veroeffentl/Statistische_Berichte/3336_08001.pdf#sea rch=%22fl%C3%A4chenerhebung%20statistische%20berichte%2006.07.09%22 (Zugriff am 15.10.2009).

Statistisches Landesamt Baden-Württemberg (2009b): Statistische Berichte Baden-Württem-berg. Bevölkerung und Erwerbstätigkeit. 28.07.2009, URL: http://www.statistik-bw.de/Veroeffentl/Statistische_Berichte/3121_08004.pdf (Zugriff am 12.10.2009).

Ausweitung der Tafelidee. Projekte, Zusatzleistungen und Sozialarbeit bei Tafeln im Wandel

Heike Görtemaker

Zusammenfassung

Im Rahmen einer explorativen Studie wurde untersucht, ob Tafeln den je eigenen Kunden Leistungen, die über die unmittelbare Lebensmittelausgabe hinausgehen, anbieten. In diesem Zusammenhang wurde nachgeprüft, welche Zusatzleistungen innerhalb der Tafellandschaft mittlerweile angeboten werden und wie sich diese kategorisieren lassen. Als Ergebnis dieser Analyse ergeben sich unterschiedliche Strukturen und Organisationsformen. Das Fazit des Beitrages bezieht auch die Zukunftsperspektive, d. h. die Transformation der Tafeln mit ein.

1.   Einleitung

Immer mehr Menschen leiden in Deutschland an den Folgen von Armut und nutzen das Angebot der Tafeln. Doch beschränken sich die Tätigkeiten einer Tafel ausschließlich auf das Verteilen von Lebensmitteln? Dieser Frage wird in diesem Artikel nachgegangen. Sie kann kurz mit „Nein" beantwortet werden. Tafeln entwickeln sich in verschiedene inhaltliche Richtungen weiter und bieten ihren Kunden vielfältige Zusatzleistungen. Doch um welche Leistungen handelt es sich und wie sind diese strukturiert? Sind diese ähnlich oder unterscheiden sie sich? Gibt es unterschiedliche Angebote bei Tafeln in Trägerschaft und Tafeln, die als eingetragene Vereine organisiert sind?

Im Rahmen einer explorativen qualitativen Studie wurden zu diesem Inhalt und weiteren Themen 20 Tafeln deutschlandweit befragt, die nach dem Zufallsprinzip ausgewählt worden waren.[1] Zum Zeitpunkt der Befragung be-

---

[1] Die Inhalte der Befragungen wurden in einem zusammenfassenden Protokoll niedergeschrieben und mit dem Programm MAXQDA ausgewertet. Aufgrund der Anonymisierung wurde allen Tafeln und den dazugehörigen Mitarbeitern/Interviewpartnern ein Code wie

fanden sich elf der untersuchten Tafeln in Trägerschaft und neun wurden als eingetragener Verein geführt.

Der vorliegende Beitrag strukturiert sich wie folgt: In Kapitel 2 wird auf die Zusatzleistungen der Tafeln im Allgemeinen eingegangen. Es findet noch keine Differenzierung zwischen den verschiedenen Angebotsformen statt. Hier wird lediglich geklärt, welche Zusatzleistungen bei Tafeln zu finden sind und wie häufig diese vorkommen. In den Kapitel 3 und 4 wird eine differenzierte Betrachtung dieser Leistungen vorgenommen. Dabei wird die Organisation und Struktur von Projekten und Zusatzangeboten bei Tafeln näher in den Blick genommen. In Kapitel 5 wird gesondert Bezug auf sozialpädagogische Angebote genommen. Kapitel 6 stellt ein Fazit zu vorher beschriebenen Inhalten dar und diskutiert die zukünftige Transformation von Tafeln.

In allen Kapiteln geht es auch um begriffliche Klärungen. In manchen Fällen mussten somit Aspekte anders benannt werden, als es im Rahmen der praktischen Tafeltätigkeit üblich ist. Dieses macht die Inhalte übersichtlicher und schafft Klarheit. Es wird vorwiegend der Begriff „Kunde" verwendet, um darzustellen, wie einfühlsam dieser auf der einen und dennoch abwertend er auf der anderen Seite sein kann. Zudem wird für Tafeln in Trägerschaft unter anderem der Begriff „Trägertafel" gebraucht. Dieser findet sich auch im Tafelalltag wieder (vgl. Interview mit Herrn B.). In Bezug auf die Sozialarbeit/ Sozialpädagogik wird vorwiegend der Begriff Sozialarbeit verwendet. Dieses soll die Sozialpädagogik nicht ausschließen, führt aber zu einer besseren Lesbarkeit.

2   Überblick über Zusatzsatzleistungen bei Tafeln

Mittlerweile verfügen nur noch wenige Tafeln über eine reine Lebensmittelausgabe. Von den 20 befragten Tafeln bieten 18 Tafeln Zusatzleistungen für die eigenen Kunden an. Nur noch zwei Tafeln sind reine Lebensmittelausgaben und verzichten auf Extraangebote. Umgerechnet bieten 90 % der Tafeln Zusatzleistungen an. Hierbei handelt es sich um unterschiedliche Angebote, die entweder direkt von der Tafel oder vom Träger zur Verfügung gestellt werden. Wie sich die einzelnen Zusatzleistungen unterscheiden, wird in Abbildung 1 verdeutlicht.

---

z. B. „xy1" für den Namen der Tafel und „Frau A." für den Interviewpartner zugeschrieben (Zur gesamten Studie vgl. ausführlich Görtemaker 2010).

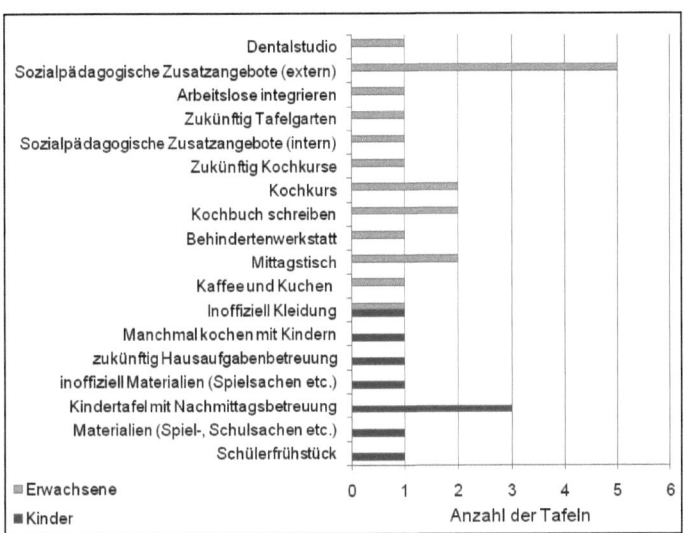

Abbildung 1 Gesamtüberblick der Zusatzleistungen (Görtemaker 2010: 39)

Es finden sich 18 verschiedene Zusatzleistungen, von denen sich neun an Kinder und 19 an Erwachsene richten. Es wird deutlich, dass die Angebote der Tafeln sehr heterogen sind. So gibt es z. B. in der Tafel xy4 ein Dentalstudio und in der Tafel xy5 einen Mittagstisch. Insgesamt bieten die untersuchten 20 Tafeln im Sample 28 Zusatzleistungen an.

Die einzelnen Tafeln stimmen die von ihnen angebotene Hilfeleistung auf ihre eigenen Kunden ab. Es ist ein vielschichtiges System der Hilfeleistung entstanden, das immer weiter ausgebaut wird. Frau A., die Leiterin der Tafel xy1, gab hierzu beispielsweise an, dass es in der Umgebung ihrer Tafel bereits viele Angebote für erwachsene Tafelkunden gebe und sie somit keinen Anlass gesehen hat, in dieser Richtung ein Angebot zu errichten. Großen Bedarf hat sie jedoch bei den Kindern festgestellt, weshalb sie eine Kindertafel errichtete.

Die neuen Aufgabenfelder haben nichts mehr mit der ursprünglichen Idee vom Sammeln und Verteilen von Lebensmitteln im engeren Sinne zu tun. Die Tätigkeiten der Tafeln haben sich inzwischen auf eine Vielzahl neuer Aufgabenbereiche ausgeweitet. Tafeln sammeln und verteilen z. B. Kleidung, Möbel und stellen Beratungsangebote zur Verfügung (vgl. Lorenz 2009: 1 ff.). Es ist eine Umstrukturierung innerhalb der Tafelbewegung zu beobachten, so existieren an vielen Orten mittlerweile z. B. Kindertafeln (vgl. Selke 2009: 23).

Bei dieser Leistungsvielfalt ist es sinnvoll zu überprüfen, wie viele Leistungen von den einzelnen Tafeln erbracht werden. Dies wird in Abbildung 2 verdeutlicht.[2]

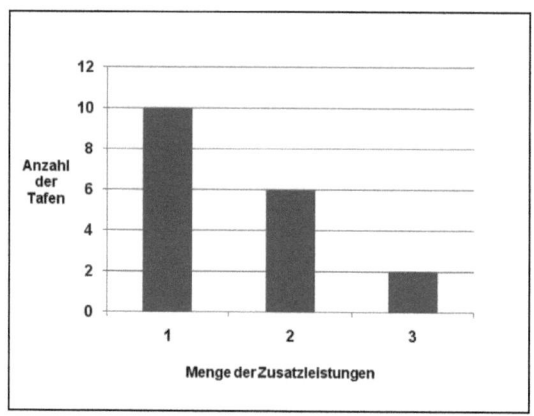

Abbildung 2   Menge der angebotenen Zusatzleistungen in einzelnen Tafeln
                  (eigene Darstellung)

Die Hälfte der untersuchten Tafeln stellt eine Zusatzleistung zur Verfügung. Sechs der untersuchten Tafeln (30 %) bieten ihren Kunden zwei, weitere zwei Tafeln (15 %) drei zusätzliche Leistungen an. Die Extraleistungen müssen nach „Zusatzangeboten" und „Projekten" unterschieden werden, da sie unterschiedlich organisiert und strukturiert sind.[3]

Ein *Zusatzangebot* ist eine Zusatzleistung der Tafel. Es ist Bestandteil der Tafel, wird über die Tafel abgerechnet und geführt. Zusatzangebote sind sehr vielfältig und reichen vom Mittagstisch bis zum Erstellen eines Kochbuches. Sie sind an die Grundsätze der Tafeln gebunden und können nicht eigenständig organisiert werden. *Projekte* hingegen sind eigenständig und können unabhängig von der eigentlichen Tafeltätigkeit entworfen und organisiert werden. Die Unterschiede zwischen diesen beiden Typen werden im Folgenden anhand von Beispielen verdeutlicht:

---

[2] Anmerkung der HerausgeberInnen: Der Versuch der Quantifizierung ist bei der Größe des vorliegenden Samples problematisch, dennoch wird hierbei ein erster Überblick in einem neuen Untersuchungsfeld ermöglicht.
[3] Die Tafeln selbst benutzen das Wort „Zusatzangebot" in diesem Sinne nicht. Eine Verwendung ist dennoch sinnvoll, da somit eine Trennung zwischen beiden Angebotsformen ermöglicht wird.

Frau N. erläuterte, wie im Laufe der Zeit ein Schülerfrühstück entstanden ist, das in die Tafel eingebunden ist und kein eigenständiges Projekt darstellt. Es ist somit ein „Zusatzangebot" der Tafel, das über die Tafel abgerechnet und geführt wird.

Die Tafeln xy14 und xy16 haben ein Kinder- und Jugendprojekt gegründet. Von beiden Interviewpartnern bei diesen Tafeln wurde berichtet, dass ihr Projekt der Tafel angehört, dieses aber unabhängig vom Bundesverband „Deutsche Tafel e. V." funktioniert. Somit hat der Bundesverband bei den „Aktionen" der Tafel kein Mitbestimmungsrecht. Wichtig ist nur, dass die Tafel durch das Projekt die Mildtätigkeit nicht verliert.

Tafeln haben folglich bei der Entwicklung ihrer Projekte freie Wahl. Sie können unabhängig vom Bundesverband „Deutsche Tafel e. V." über die Gestaltung entscheiden. Das Aufgabenfeld des Projektes muss mit der normalen Tafeltätigkeit nichts mehr zu tun haben.

3   Projekte der Tafeln

In Abbildung 3 werden die einzelnen Projekte der Tafeln dargestellt und anschließend erklärt. Bei den 20 befragten Tafeln gibt es Projekte für Kinder, Jugendliche und zukünftig auch für Erwachsene. Zunächst wird auf die Projekte für Kinder und Jugendliche eingegangen, dann auf die für Erwachsene.

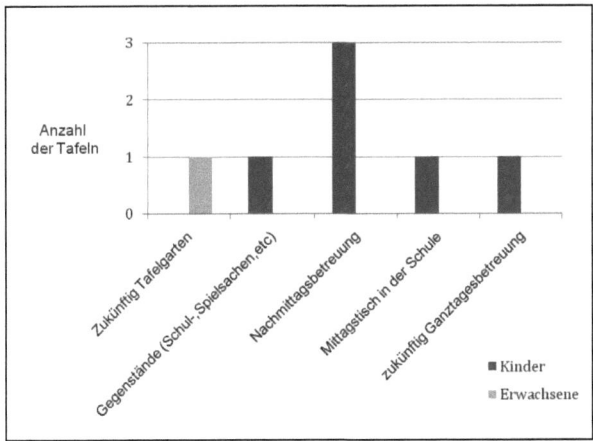

Abbildung 3   Projekte der Tafeln (Görtemaker 2010: 41)

Anhand der Projekte wird deutlich, dass diese *unabhängig* von der Tafel gestaltet werden können und mit der Lebensmittelausgabe nichts mehr zu tun
haben. Es wurden sechs Projekte für Kinder gegründet, ein weiteres mit Bezug
auf Erwachsene befindet sich in der Entstehungsphase. Auch hier einige Beispiele zur Illustration:

> Die Tafel xy14 z. B. hat eine Kindertafel gegründet, die einmal vor Weihnachten
> stattfindet. Im Rahmen einer Veranstaltung bekommen bedürftige Kinder von die-
> ser Tafel kostenlos Spielsachen, Schulsachen oder anderes. Frau N., Mitarbeiterin
> dieser Tafel, gab an, dass dieses Angebot beim ersten Mal gut angenommen wur-
> de. Aus diesem Grund sind die Tafelmitarbeiter gespannt, wie sich dieses Projekt
> etabliert. Geplant sei zukünftig auch eine Hausaufgabenbetreuung in Form einer
> Ganztagesbetreuung. Doch hierfür, so Frau N. weiter, fehlt es ihnen an pädagogi-
> schen Fachkräften und finanziellen Mitteln.

Zwei weitere Tafeln, xy4 und xy16, haben ebenfalls Projekte für Kinder- und Jugendliche ins Leben gerufen. Ihre Gemeinsamkeit besteht darin, dass sie bedürftigen Kindern ein warmes Mittagessen ermöglichen und Räumlichkeiten zum
Aufenthalt und Spielen zur Verfügung stellen. Das Projekt der Tafel xy4 richtet
sich hauptsächlich an bedürftige Kinder und Jugendliche, deren Eltern selbst das
Angebot der Tafel nutzen. Die Kindertafel öffnet täglich für diese Kinder und bietet
ein kostenloses Mittagessen an, da viele Eltern am Essen sparen, andere depressiv
sind und es deshalb nicht schaffen für ihre Kinder zu kochen. Zusätzlich stellen
sie eine Hausaufgabenhilfe zu Verfügung, da den Tafelmitarbeitern aufgefallen
ist, dass hier viele Kinder Defizite haben. Im Anschluss daran können die Kinder bis 18 Uhr eine freie Spielzeit in der Einrichtung nutzen. Den Kindern wird
eine Feriengestaltung geboten, aber auch Aktionen in den Sommerferien, wie z. B.
Ausflüge auf den Bauernhof oder in den Freizeitpark. Mittlerweile betreut die Kindertafel 126 bedürftige Kinder, von denen täglich bis zu 25 Kinder die Einrichtung
besuchen.

Kinder und Jugendprojekte sind beim Bundesverband und den Tafeln hoch
angesehen. Möglicherweise erklärt dies den beträchtlichen Umfang dieser Angebote. Die Interviewpartnerin Frau P. gab an, dass der Bundesverband entdeckt hat, dass man mit Kinderarmut Werbung machen kann. Die Tafel xy14
bestätigte ebenfalls, dass Projekte, die sich auf Kinderarmut beziehen, hoch
angebunden sind und eine Weiterentwicklung in diese Richtung möglich ist.
Neben den beliebten Kindertafeln gibt es jedoch weitere Angebote, die bislang
weniger bekannt sind:

Für ihre erwachsenen Kunden plant die Tafel xy9 einen *Tafelgarten*, um Arbeitslosen
eine Beschäftigung zu geben. Die erwirtschafteten Lebensmittel sollen der Tafel
zur direkten Verfügung gestellt werden. Hierdurch können sie ihren Kunden zusätzliche Lebensmittel bieten, die ihnen sonst nicht zur Verfügung stehen.

Das Produzieren von eigenen Lebensmitteln entspricht aber nicht mehr dem
eigentlichen Tafelgedanken und ermöglicht der Tafel eine Angebotserweite-
rung. Werden Spenden knapp oder erhöhen sich die Kundenzahlen, können
sie auf die Erträge aus dem Tafelgarten zurückgreifen.
   Es stellt sich die Frage, ob Projekte eher von Trägertafeln oder von Tafeln e. V. angeboten werden? Im Rahmen der vorliegenden Studie zeigte sich
innerhalb der Projektentwicklung ein Trend.
   Sechs der befragten Tafeln bieten Projekte an. Zwei davon befinden sich in
Trägerschaft, vier werden als e. V. geführt. Es gibt insgesamt sieben Projekte,
von denen nur zwei in Trägerschaft gegründet wurden. Hiernach werden Projekte vermehrt von Tafeln als e. V. gegründet.

Ein Auszug aus einem Interview kann dies verdeutlichen. Herr E, Leiter der Tafel
xy5, erklärte, dass seine Tafelkunden das Beratungsangebot eines Trägers der freien
Wohlfahrtspflege nutzen können, welches in räumlicher Nähe zur Tafel liegt.

Es ist davon auszugehen, dass gerade Kinder- und Jugendprojekte zunehmen
werden. Aber auch Projekte wie der Tafelgarten können bei weiter wachsen-
den Kundenzahlen vermehrt gegründet werden, da auf diese Weise ein brei-
teres Lebensmittelangebot zur Verfügung gestellt werden kann.

4   Zusatzangebote von Tafeln

Abbildung 4 stellt einen Überblick über die einzelnen Zusatzangebote dar, die
im Folgenden genauer erklärt werden. Ein Zusatzangebot ist, anders als ein
Projekt, an die Tafelgrundsätze gebunden.

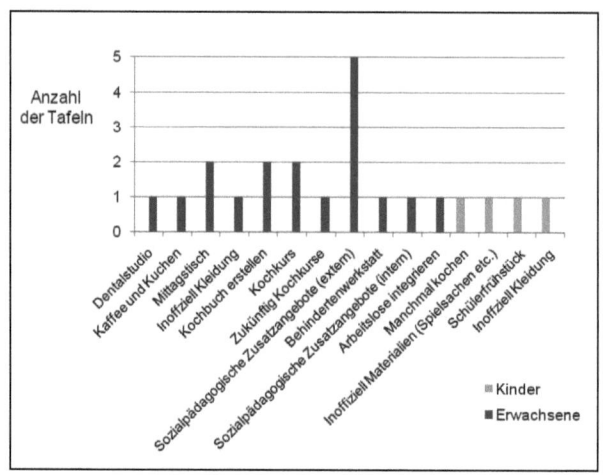

Abbildung 4   Die verschiedenen Zusatzleistungen (Görtemaker 2010: 44)

Zusatzangebote sind im diesem Sample weiter verbreitet als Projekte. So lassen sich im Rahmen der hier vorgestellten Studie 15 verschiedene Zusatzangebote aufzeigen. Im Gegensatz zu den Projekten sind die Zusatzangebote für Kinder und Jugendliche in der Minderzahl (es sind lediglich vier von insgesamt 23 Angeboten). Sechs Tafeln bieten sozialpädagogische Zusatzangebote an, auf die im Kapitel 5 genauer eingegangen wird. Zunächst werden die Zusatzangebote für die erwachsenen Kunden, dann für Kinder und im Anschluss die inoffiziellen Angebote beispielhaft erläutert:

Die Tafeln xy4 bietet Kaffee und Kuchen an. Damit wird das Ziel verfolgt, den eigenen Kunden die Wartezeit auf ihre Lebensmittel angenehmer zu gestalten.

Zwei Tafeln haben einen Mittagstisch für ihre erwachsenen Kunden eingerichtet. So berichtete Herr E., dass die Tafel ein eigenes Restaurant angemietet hat und dort seit mittlerweile zehn Jahren von montags bis freitags 50 Essen täglich für einen Preis von 1,50 Euro verkauft.

Die Tafeln xy11 und xy12 verfassen ein Kochbuch für ihre Kunden. Sie haben festgestellt, dass viele ihrer Kunden nicht wissen, wie sie verschiedene Gerichte zubereiten können.

Kochkurse werden von zwei weiteren Tafeln xy2 und xy9 angeboten. Herr B., Vorsitzender der Tafel xy2, schilderte hierzu ausführlich, dass die Gründerin der Tafel denkt, dass Kinder in Deutschland nicht hungern müssen. Der Grund für die mangelnde Ernährung ist die Unwissenheit der Eltern über das Kochen.

Die Tafel xy4 stellt ihren Kunden seit einem Jahr ein Dentalstudio zur Verfügung. Dort werden Zahnarztgutscheine verteilt. Zuzahlungen, die sich die Kunden sonst nicht leisten können, wie z. B. für Brücken, werden somit von der Tafel übernommen.

Die Tafel xy18 möchte Arbeitslose wieder in den Arbeitsmarkt integrieren. Dies ist aber nur selten in der Tafel möglich, da ihnen keine Beschäftigungsmöglichkeiten zur Verfügung stehen.

Menschen mit Behinderung hat die Tafel xy19 angestellt. Diese übernehmen Arbeitsaufgaben, die für sie möglich sind. Ihre Tafelkunden haben somit die Möglichkeit, Vorurteile gegenüber Menschen mit Behinderung abzubauen.

Inoffizielle Angebote bei den Tafeln

Tafeln machen ihren Kunden aber auch inoffizielle Angebote, die im Weiteren erklärt werden sollen. Im Rahmen der hier vorgestellten Recherchen wurde deutlich, dass diese z. B. aus privatem Besitz stammen und nicht auf der Internetseite der Tafel geführt werden. Diese werden je nach Ermessen und den Möglichkeiten der Tafelmitarbeiter bereitgestellt. *Inoffizielle* Angebote werden von zwei Tafeln des Samples angeboten:

Die Tafel xy8, verteilt auf diese Weise gebrauchte Spielsachen und Kuscheltiere. Für ihre Kunden bietet die Tafel xy7 inoffiziell aussortierte Kleidung an, die in der Tafel ausgehängt wird und kostenlos mitgenommen werden kann.

5   Zusatzangebote von Tafeln mit sozialpädagogischem Hintergrund

Abbildung 5 stellt sozialpädagogische Zusatzangebote der Tafeln dar, die im Anschluss näher erläutert werden. Das Schaubild bietet die Möglichkeit, sich mit den speziellen Formen der Angebote durch Sozialpädagogen auseinanderzusetzen. Offen ist hierbei die Frage, ob die Tafeln sich im Bereich der Sozialarbeit/Sozialpädagogik etablieren. In diesem Beitrag geht es ausschließlich um Zusatzangebote, die in *interne* und *externe* Zusatzangebote unterschieden werden müssen.

Sozialarbeit in der Grauzone?

Interne Angebote werden direkt von der Tafel zur Verfügung gestellt, über diese abgerechnet und geführt. *Externe* Angebote werden nicht direkt über die Tafel angeboten und abgerechnet. Diese werden in der Tafel, im selben Gebäude oder in der Nähe durchgeführt. Bei den jetzt aufgeführten Tafeln handelt es sich ausschließlich, mit einer Ausnahme, um Trägertafeln.

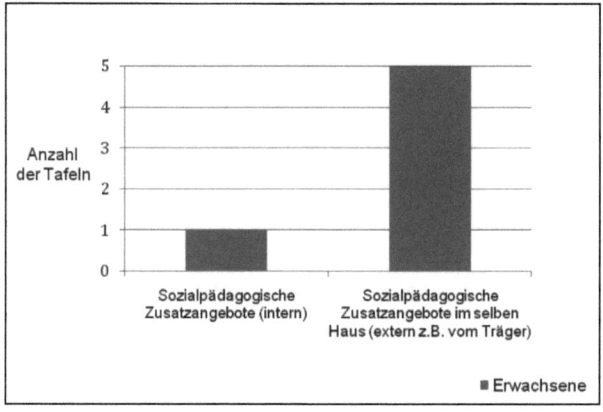

Abbildung 5   Zusatzangebote mit sozialpädagogischen Hintergrund
(Görtemaker 2010: 47)

Sozialpädagogische Zusatzangebote werden nur für erwachsene Kunden angeboten. Kinder und Jugendliche werden von anderem Personal betreut. Fast bezeichnend ist die hohe Anzahl dieser Zusatzangebote, die sich zudem alle mit einer Ausnahme aus einer Trägerschaft ergeben haben. Das Angebot der externen Zusatzangebote überwiegt im vorliegenden Sample deutlich. Auch hier dienen einige Beispiele der Illustration:

In die Tafel xy15 ist ein sozialpädagogisches Konzept integriert. Bereits als diese im Jahr 2002 gegründet wurde, stand die Profession Sozialarbeit hinter der Tafel. Den in der Tafel tätigen Sozialarbeitern war schon zum damaligen Zeitpunkt be-

wusst, dass mehr getan werden muss, als nur Lebensmittel auszugeben. Sie haben
bemerkt, dass Tafelkunden multiple Probleme haben. So sind diese z. B. gerade aus
dem Gefängnis entlassen worden oder erleben häusliche Gewalt. In dieser Tafel ist
ein Sozialarbeiter direkt über die Tafel angestellt. Zusätzlich kommen regelmäßig
weitere Mitarbeiter des Trägers aus der Suchtberatung, der Migrationsberatung
und der Sozialberatung in die Tafel. Dieses ermöglicht ihnen, ihren Kunden ein
vielfältiges Beratungsangebot bereitzustellen.

Nicht in Trägerschaft ist die Tafel xy1. Diese beliefert um die 15 Ausgabestellen,
die von Trägern der freien Wohlfahrtspflege geführt werden. An jeder Ausgabestelle befinden sich Sozialpädagogen, die „ihren" Kunden z. B. Sozialberatung und
Schuldenberatung anbieten.

Tafel xy13 ist in einen Tagesaufenthalt für Menschen mit sozialen Schwierigkeiten
und Obdachlose integriert, innerhalb dessen im Auftrag der ARGE Tagessätze an
Auswanderer ausgezahlt werden. Der Tagesaufenthalt existiert laut Frau M. unabhängig von der Tafel. Die Kunden haben hierdurch die Möglichkeit, ein Mehrange-
bot zu nutzen. So können diese duschen, warme Mahlzeiten einnehmen, fernsehen,
Zeitung lesen und sich treffen. In zwei Büroräumen finden Beratungsgespräche mit
Frau M. und einer Kollegin für die Kunden statt.[4]

Bei der Tafel xy6 wird ein Sozialpädagoge vom Träger in der Tafel eingesetzt. Dieser hat in der Tafel ein Büro und unterstützt die Kunden bei der Bearbeitung von
Formularen, wie z. B. bei Hartz IV Anträgen. Formell, gab Herr F. an, arbeitet dieser
aber in einer anderen Abteilung, wird über diese abgerechnet und habe dennoch
einen Arbeitsauftrag in der Tafel.

Bei allen Tafeln in Trägerschaft befindet sich die Sozialarbeit in einer Grauzone.
Sie findet in den Gebäuden oder in der Nähe der Tafel statt. Dennoch werden
die zuständigen Mitarbeiter über ein anderes Budget des Trägers abgerechnet.
Die Sozialarbeiter werden für diese Tätigkeit freigestellt. Diesen Tafeln stehen

---

[4] Innerhalb dieses Interviews zeichnete sich sehr deutlich ab, dass die sozialpädagogische
Mitarbeiterin (Frau M.) des Tagesaufenthaltes auf einer deutlichen Trennung zwischen dem
Tagesaufenthalt und der Tafel bestand. Diese Trennung verschwamm jedoch, da sich die
beiden dort tätigen Sozialpädagogen auch um die Kunden der Tafel kümmern, die Spenden für die Tafel sammeln und die Bedürftigkeitsprüfung vornehmen. Sie sind über den
Tagesaufenthalt hinaus eingestellt. Laut Frau M. hätte es den Tagesaufenthalt auch ohne
die Tafel gegeben.

mehr oder weniger kostenlos z. B. ein professionelles Beratungsangebot und
eine professionelle Leitung zur Verfügung.

6   Schlussfolgerungen

Tafeln werden in Deutschland weiterhin Bestand haben und sich in ihrer
Struktur weiterentwickeln. Es werden weitere Zusatzangebote und Projekte
entstehen, so dass sich ihre Arbeit nicht mehr nur auf die eigentliche Lebensmittelausgabe beschränkt. Hierdurch werden sie sich immer weiter in den Arbeitsmarkt integrieren, von dem sie schon jetzt nicht mehr wegzudenken sind.
    Projekte bieten Tafeln, die als eingetragener Verein organisiert sind, einen
professionelleren und dauerhaften Auftritt im Non-Profit Bereich. Diese helfen
Tafeln, sich dauerhaft zu etablieren. Zudem sind sie nicht mehr an die Grundsätze des Bundesverbandes „Deutsche Tafel e. V." gebunden und können somit
auch vermehrt, je nach finanzieller Situation, festangestellte Mitarbeiter beschäftigen. Zusatzangebote sowie Projekte sichern den Tafeln und deren Kunden ein bestimmtes Leistungsangebot, vom Tafelcafé über den Kochkurs bis
hin zum Tafelgarten. Insgesamt zeigen sich anhand der explorativen Studie
drei Formen der Tafelarbeit in Deutschland:

1. Reine Lebensmittelausgaben-Tafeln (diese werden in Zukunft nur noch
    selten vor-kommen)
2. Tafeln mit Zusatzangeboten (nicht sozialpädagogische Zusatzangebote)
    oder eigenständigen Projekten (Projekte vorrangig von eingetragenen Ver-
    einen)
3. Trägertafeln (die die Sozialarbeit mit in ihre Arbeit einbeziehen)

Tafelvereine: Projekte als Werbeträger

Voraussichtlich werden Tafelvereine vermehrt Kinder- und Jugendprojekte
gründen, da hiermit einträgliche Werbung gemacht werden kann und sich
die Spendeneinnahmen erhöhen. Vermutlich wird sich auch die Anzahl der
Tafelgärten erhöhen, um für die Tafel und für die Kunden ein bestimmtes
Ernährungsangebot zu sichern.

Tafeln in Trägerschaft der Wohlfahrtsverbände: Schattenarbeitsmarkt möglich

Bei Tafeln, die sich in Trägerschaft der Wohlfahrtsverbände befinden, kann sich ein Schattenarbeitsmarkt entwickeln. Beim Träger angestellte Sozialpädagogen leisten für die Tafel Mehrarbeit. Auf diese Weise werden Arbeitsplätze erhalten oder geschaffen. Sozialpädagogen werden in der Tafel eingesetzt und leisten z. B. Hilfe beim Ausfüllen von Hartz-IV-Anträgen. Diese werden anteilig über die Tafel oder komplett über ein anderes Budget abgerechnet. Somit sind Tafeln in Trägerschaft in Bezug auf ein sozialpädagogisches Zusatzangebot bevorteilt. Entwickeln sich die Tafeln bei den Trägern in diese Richtung weiter, ist eine dauerhafte Etablierung der Sozialarbeit in Tafeln möglich und zu erwarten. Tafeln in Trägerschaft sind weniger auf Projekte angewiesen. Sie können das breite Angebot des Trägers, der sich meistens in der Nähe befindet, mit nutzen.

Die Verstetigung der Tafeln ist längst Praxis

Tafeln haben zwar immer noch das Verteilen von Lebensmitteln als Hauptaufgabe, verlieren ansonsten jedoch ihr gemeinsames Leitbild. Sie machen sich für ihre Kunden immer unabdingbarer, an eine Wegrationalisierung ist in der Folge nicht mehr zu denken (vgl. Selke 2010: 26 f.) Gerade Kindertafeln stellen ein großes Risiko dar. Sie etablieren für die Kinder eine „sozial"pädagogische Betreuung und Förderung zweiter Klasse in Deutschland. Dennoch muss auch eine Kindertafel ein professionelles pädagogisches Angebot beinhalten. Hier darf nicht vorrangig auf Laienarbeit vertraut werden. Ein Verzicht auf bezahlte Fachkräfte ist hier nicht möglich.

Der Trend, immer mehr Zusatzleistungen für die eigenen Kunden anzubieten, regt zum Nachdenken an. Ein Projekt muss mit der eigentlichen Tafelarbeit nichts zu tun haben. Doch wo endet diese Entwicklung und was werden wir noch für Projekte erleben? Wie werden diese strukturiert sein? Kann nicht auch durch schlecht betreute Projekte die Tafelarbeit in Misskredit geraten? Orientieren sich die Tafeln in der Projekt- und Zusatzangebot-Findung aneinander oder entsteht dieses gänzlich unbeeinflusst von einander? Diese Fragen können Anlass für weiterführende Studien bieten.

Literatur

Görtemaker, Heike (2010): Die Tafeln als potenzielles Arbeitsfeld der Sozialpädagogik. Berlin.
Lorenz, Stephan (2009): Neue Aufgaben für die Tafel? Zu Mitteln und Zwecken der Tafelarbeit. In: http://www.tafelforum.de/fileadmin/user_upload/pdf/Position_5_Lorenz.pdf (Abruf am 15.06.2010).
Selke, Stefan (2009): Tafeln in Gesellschaft, soziologische Analyse eines polymorphen Phänomens. In: Selke, Stefan (Hg.): Tafeln in Deutschland. Aspekte einer sozialen Bewegung zwischen Nahrungsmittelumverteilung und Armutsintervention. Wiesbaden, 9–38.
Selke, Stefan (2010): Kritik der Tafeln in Deutschland – Ein systematischer Blick auf ein umstrittenes gesellschaftliches Phänomen. In: ders. (Hg.): Kritik der Tafeln in Deutschland. Standortbestimmungen zu einem ambivalenten sozialen Phänomen. Wiesbaden, 11–53.

Scham und Beschämung im deutschen Sozialstaat

Jens Becker

Zusammenfassung

Erkenntnisleitend ist die Frage, wie mit Armut in Form von Leistungstransfers und Niedrigeinkommen umgangen wird. Anknüpfend an Neckels Überlegungen zu Status und Scham wird der Versuch unternommen, subjektive Verarbeitungsformen von Betroffenen in der neuen „Kultur des Kapitalismus" (Richard Sennett) zu spiegeln und mit den sozialstaatlichen „Reformen" der letzten Jahre zu konfrontieren. Dabei wird auf die Rolle der Tafeln eingegangen, die eine neue Komplementärfunktion im deutschen Sozialstaat übernommen haben, ohne dass diese rechtlich festgelegt worden wäre.

1   Einleitung

Scham, so scheint es, ist vor allem ein individuelles Gefühl, womit jedes Individuum konfrontiert wird. Es ist aber auch gesellschaftlich relevant, worauf Simmel in seiner „Psychologie der Scham" 1901 hinweist. Er hebt hervor, dass Scham erst in Verbindung mit anderen entsteht, so dass erst die Hervorhebung einer Person in der Aufmerksamkeit anderer, ausgelöst durch einen Normverstoß und die damit verbundene Herabsetzung, Schamgefühle gesellschaftlich werden lässt. Scham, so wird deutlich, ist mit dem Sozialen verbunden. Ein Individuum, das sich schämt, ist sich seiner Abwertung bewusst. Es spürt den Achtungsverlust an sich und vor anderen als zentrale Erfahrung (Neckel 1993: 128).

Pointiert formuliert markiert Scham „eine gärende Gefährdung der Selbstsicherheit." Sie ist eine „Art Syndrom, ein komplexes Geflecht, in dem vieles zusammenläuft sowie -schlägt und das eine intersubjektive Situation trägt" (Meyer-Drawe 2010: 37f.). Beschämungen wiederum sind „soziale Techniken, um eigene Vorteile gegenüber fremden Ansprüchen konservieren zu können, um abweichende Lebensformen oder Eigenschaften als minderwertig zu klassifizieren, um die eigene Macht in der Interaktion mit Dritten zu erhöhen"

(Neckel 2010: 114). Soziale Scham und Beschämung stehen in einem Wechselverhältnis zueinander, das auch die institutionelle Seite sozialstaatlicher Arrangements und den Umgang mit anspruchsberechtigten oder bedürftigen „Klienten" tangiert.

Überdies interessiert der Nexus von Status und Scham. Ungleiche Anerkennungs- und Missachtungsformen werden in einer sozialstaatlich abgefederten Marktgesellschaft unweigerlich auf den Status einer Person zurückgeführt (Becker 2010a: 91). Dies wirkt sich wiederum auf die (gärende) Gefährdung der Selbstsicherheit einer Person aus (ebd.: 90). „Wenn Markterfolge zur Grundlage gesellschaftlichen Ansehens werden, können Misserfolge die Voraussetzungen sozialer Anerkennung vernichten" (Neckel 2001: 261). Damit rücken jene Zonen sozialer Verwundbarkeit, jene von sozialer Exklusion bedrohten Personenkreise (die Figur „des Armen"), in den Vordergrund, bei denen sich aufgrund ihres gesellschaftlich niedrig verorteten sozialen Status Schamgefühle erwarten lassen. Es wird in diesem Beitrag angenommen, dass insbesondere Arme oder von Armut bedrohte Personen, wie Leistungsempfänger und auch Niedrigverdiener, von sozialer Scham betroffen sind. Es wird ferner angenommen, dass Scham ein soziales Konstrukt darstellt, das mit den gesellschaftlichen Strukturen und ungleich verteilen Ressourcen, in denen sozialer Status durch Erwerbsarbeit, Bildung, materieller Ressourcen erworben wird, korreliert. In einem ersten Schritt werden sozialstaatliche Transformationen als Treiber sozialer Scham herausgearbeitet. Es folgen Hinweise zur Armutssituation in Deutschland, um die These von der „nützlichen Armut" (Wagner 1984) einzuführen. Diese nützliche Armut in einer materiellen Überflussgesellschaft mit überflüssigen Individuen, denen keine Funktion auf dem Arbeitsmarkt mehr zugeordnet werden kann, hat zur Entstehung der „Tafelgesellschaft" beigetragen, weil der aktivierende Sozialstaat Armut in einem reichen Land nicht mehr wirksam bekämpfen kann oder will. Nach Darlegungen zur Anatomie der Tafelgesellschaft und Tafelnutzer wird der Nexus von Scham und Status analysiert.

2   Der aktivierende Sozialstaat und die Politik der Scham

„Ich fürchte, dass es vielen von ihnen (gemeint sind Politiker/innen) nicht nur an Schamgefühl mangelt, sondern sie auch zunehmend verlernen, Armut in ihrer Umgebung zu sehen (...)" (Schneider 2010: 24). Als der Vorsitzende des Deutschen Paritätischen Wohlfahrtsverbands im September 2010 diesen Schlüsselsatz formulierte, waren die politischen Fronten hinsichtlich der Neuberechnung des Arbeitslosengeldes II bzw. des Sozialgeldes bereits geklärt. Die Opposition (SPD, Die Linke und Grüne), so scheint es, macht sich das Urteil des Bundesverfassungsgerichtes vom Februar 2010 zu eigen, die Regelsätze transparent zu berechnen bzw. deutliche Leistungsverbesserungen zu fordern. Sie übersieht jedoch geflissentlich, dass die Bestimmung des Leistungsniveaus nach Ansicht der Richter dem Gesetzgeber obliegt. Das heißt, das festzulegende soziokulturelle Minimum beruht auf einer politischen Entscheidung.

Die amtierende Bundesregierung Merkel/Westerwelle, in der Defensive wegen der Diskussionen um „Kinderarmut", „Aufstocker" und „Armut trotz Arbeit", verweist auf die Sparvorgaben, die aus der Wirtschafts- und Finanzkrise resultieren. Im Übrigen haftet ihr seit Westerwelles Hinweis auf die „spätrömische Dekadenz" vermeintlich leistungsunwilliger Hartz-IV-Empfänger das Attribut „unsozial" an, das sie durch den Vorstoß von Bundearbeitsministerin von der Leyen, zusätzliche Bildungs-und Entwicklungsleistungen für leistungsberechtige Kinder bereitzustellen (Bildungspaket, Einzelguthaben für Kinder), abzustreifen versucht.

Die Konturen einer Neujustierung von Hartz IV, die sich 2010/2011 abzuzeichnen beginnen (minimale Erhöhung der Regelsätze zwischen 5–15 Euro, Bindung der Regelsatzentwicklung an die Rentenhöhe etc.), laufen jedenfalls nicht auf eine grundlegende Revision der „Großbaustelle Hartz IV" (Gern/ Segbers 2009) hinaus. „Sozialpolitik zwischen Hartz IV und von der Leyen I" bleibt, so Kritiker aus der freien Wohlfahrtspflege, „unverhohlen ungerecht" (Rock 2010: 8). Sie korrespondiert mit der Sparagenda der Bundesregierung, wonach 30 Mrd. Euro des 80 Mrd. Euro schweren Sparpakets 2011 zu Lasten der ALG-II-Empfänger gehen (Müller 2010: 11).

Im Grunde steht die politische Umsetzung des Bundesverfassungsgerichtsurteils in der Kontinuität der sozialstaatlichen „Reformen", welche parteiübergreifend die verschiedenen Bundesregierungen seit 2002 – mit politischer Unterstützung der verschiedenen Bundesländer – realisiert haben. „Mit Hartz IV auf dem Weg in einen anderen Sozialstaat", so der renommierte Sozialethiker Franz Segbers (2010: 12–34), bedeute „Risikoentlastung des Staates" bzw. „Risikobelastung der Bürger", einen Regelsatz, der nicht zum Leben ausreiche, ein autoritäres Disziplinierungskonzept des „Förderns und Forderns" und die Formierung einer neuen „Kunden"-Unterschicht anstelle von Bürgern mit Rechten. Demgegenüber bestreiten Befürworter von Hartz IV die negativen Effekte der Reform. Ihnen zufolge müssten die Transfers noch gesenkt werden, um die Arbeitsanreize für „Transferbezieher" zu erhöhen. In diesem Zusammenhang plädiert, stellvertretend für Teile der politischen Klasse, Thilo Sarrazin (2010) in den weniger beachteten Passagen seines Best-

sellers dafür, den Transferbezug an das „Arbeitsleid", an eine Niedriglohn-
beschäftigung in Kombination mit Hartz IV, zu koppeln. „Der Hang zum
verhängnisvollen Nichtstun, das die Fähigkeiten verkümmern lässt, würde
deutlich vermindert" (ebd.: 183).

Man muss nicht jede Formulierung teilen, aber dass mit Hartz IV die soziale Ungleichheit in Deutschland gestiegen ist, weiß auch die Bundesregierung
aus den von ihr in Auftrag gegebenen Armuts- und Reichtumsberichten. Dazu
passen die von der Mehrheitsgesellschaft wahrgenommenen Defizite in der
sozialen Symmetrie, etwa bei der Einkommens- und Vermögensverteilung,
so dass die lauter gewordenen Rufe nach einer sozialen Gerechtigkeitspolitik
legitim erscheinen (Becker 2009).

Was aber verbirgt sich hinter dem von Segbers angesprochenen „anderen"
Sozialstaat noch? Eine „kapitalistische Landnahme" des Sozialstaates (Dörre/
Lessenich/Rosa 2009), dessen „Kulturleistung" darin bestanden habe, eine aus-
gewogene Balance zwischen Kosten-Nutzen-Kalkülen marktwirtschaftlicher
Akteure und moralischen Überzeugungen herzustellen, die auf Sicherheit und
Solidarität beruhen, um Lebensrisiken zu minimieren und damit die Legitimität des demokratischen Staates zu sichern (Kaufmann 1997: 41 ff.)? Neuere
Forschungen betonen, dass das Leitbild des versorgenden Sozialstaates und
die damit verbundene Absicherungslogik vom Leitbild des aktivierenden
Sozialstaats und einer „investiven Sozialpolitik" abgelöst worden sei (Butterwegge 2009; Molling 2010). Lessenich (2008) konstatiert eine Umwertung der
sozialstaatlichen und sozialpolitischen Werte und Handlungsbezüge: Gesell-
schaftsfähig sei das Individuum nur dann, wenn es Eigenverantwortlichkeit,
Selbstsorge und pro-aktives Verhalten, also letzten Einsatz zeige, um „in Arbeit zu kommen". Es gelte die Beitrags- und Steuerzahlergemeinschaft zu entlasten. In der Semantik der politischen Klasse sei dies der erforderliche Dienst
des Einzelnen für die „nationale Solidargemeinschaft". Der aktivierende Sozialstaat, der fordere und fördere, verstärke diesen Druck, der nach Lessenich
zu folgender Schlussfolgerung einlädt: „Die gesellschaftliche Neuerfindung
des Sozialen im flexiblen Kapitalismus lässt die subjektiven Wertbezüge sozialen Handelns – Aktivität und Mobilität, Produktivität und Autonomie – zu
politischen Steuerungsformeln des individuellen Selbstzwanges in sozialer
Absicht verkommen" (Lessenich 2008: 17).

Im Mittelpunkt der neuen Aktivierungsrhetorik und -vollzugslogik, die
der Autor anhand verschiedener Diskurse untersucht, stehen „die Menschen"
als wichtigste Ressource einer rohstoffarmen Wissensgesellschaft. Investive
Sozialpolitik müsse insbesondere nichterwerbsfähige Frauen und Kinder aus
bildungsfernen Schichten auf die (künftigen) Erfordernisse des Arbeitsmark-

tes vorbereiten (Stichwort: Demografiekrise). Teilhabe am gesellschaftlichen Produktionsprozess als Sozialinvestition statt Einkommenstransfers laute das Gebot der Stunde! Der aktivierende Sozialstaat verfeinere Anleitungs-, Anreiz- und Sanktionsmechanismen, die erwerbsfähige oder potenziell erwerbsfähige Hilfeempfänger zur Selbststeuerung und Selbstsorge befähigen oder, je nach Blickwinkel, nötigen sollen. Die an den französischen Sozialphilosophen Michel Foucault anknüpfenden Gouvernementalitässtudien, auf die sich Lessenich in diesem Zusammenhang vielfach beruft, nennen das: „Führung zur Selbstführung" oder auf das Individuum bezogen: „Regierung durch Selbstführung". Dahinter verberge sich die allgegenwärtige Ökonomisierung der sozialen Beziehungen, die auch staatliches Handeln erfasst habe.

Die Angst, plötzlich ohne „Projekt", das heißt ohne Erwerbsarbeit da zu stehen, worauf die allgemeine gesellschaftliche Anerkennung beruht (Kotthoff 2006), ist mit der Abstiegspanik insbesondere der Mittelschichten, die sich hinter der Hartz IV-Logik verbirgt, und deren Verachtung gegenüber den Unterschichten verbunden (Herrmann 2010). Die neuartige kollektive Neurose einer „Leistungsgesellschaft" unter permanenter Mobilmachung individueller Ressourcen prägt die neue Regierung des Sozialen, in der das Individuum möglichst keine Kosten verursachen darf, sondern unternehmerisch denken sollte. Lessenich nennt das an anderer Stelle „Mobilität und Kontrolle. Zur Dialektik der Aktivgesellschaft" (2009: 126–180).

2.1   Die „nützliche Armut"

Bereits 1984 diagnostizierte der Armutsforscher Wolf Wagner im bundesdeutschen Netz sozialer Sicherung etliche Löcher, die das Klischee von der „Sozialen Hängematte" gründlich widerlegten. Schon damals war das Netz keine „Hängematte, denn es ist umgestülpt. Und wenn jemand auf einer umgestülpten Hängematte liegt, ist es nichts mit dem Ausruhen: Er muss sich abstrampeln, um nicht herauszufallen." So kann die Armut nützlich sein (Wagner 1984: 8), zumal „Sanktionen und Abstufungen der Sozialpolitik so angelegt sind, dass sie nur durch ein angepasstes Alltagshandeln mit einiger Wahrscheinlichkeit vermieden werden können" (ebd.: 10). Die Hartz-Gesetze setzen diesen Trend fort. Gegenwärtig muss jede zumutbare Arbeit, die vom Gesetzgeber als Wiedereingliederung in den Arbeitsmarkt betrachtet wird, von erwerbsfähigen Hartz-IV-Empfänger/innen angenommen werden. Dabei spielen Ausbildung, Wegzeiten oder Entlohnung bis zu 30 % unterhalb der Tarifgrenze keine oder nur eine untergeordnete Rolle. Das Gesetz sieht

ausdrücklich die Steigerung von Mobilität vor, sodass arbeitsbedingte Um-
züge nicht auszuschließen sind. Bei Verweigerung drohen Sanktionen. Die
ebenfalls aus dem BSHG entnommene Prämisse der „Hilfe zur Arbeit" mit
Sanktionsmöglichkeiten im Verweigerungsfalle wurde mit dem SGB-II-Fort-
entwicklungsgesetz vom Juli 2006 verschärft: „Derjenige, der in einem Jahr
dreimal ohne wichtigen Grund ein Eingliederungsangebot ablehnt, bekommt
die ihm zustehenden Leistungen um 100 % gekürzt" (Müntefering 2006: 2).

   „Wie eine Gesellschaft ihre Armen sieht und behandelt, ist der Prüfstein
dafür, ob sie als human, sozial und demokratisch gelten kann" (Butterwegge
2009: 15). An diesem Diktum misst Butterwegge (2009) die deutsche Armuts-
und Reichtumspolitik, die nicht losgelöst voneinander betrachten werden
könne. In der Tat sind Armut und Reichtum politisch-normative und damit
interessengeleitete Begriffe. Sie unterliegen zeitgenössischen Wahrnehmungen und Kräfteverhältnissen. Dieser Sachverhalt wird Butterwegge zufolge – er stützt sich dabei u. a. auf Leopold von Wiese, Georg Simmel und Olaf
Groh-Sahmberg – vielfach beschwiegen oder zugunsten einer kruden Leis-
tungsideologie wegargumentiert. Gängige Unterscheidungen zwischen relativer und absoluter Armut oder der häufig auftretende Vergleich zwischen
den vergleichsweise komfortablen Armutslagen hier und den katastrophalen
Lebenslagen in der „Dritten Welt" erweisen sich als Ablenkungsmanöver, um
die Ursachen von Armut in einem reichen Land zu verschleiern. Seit der End-
phase der Regierung Schmidt/Genscher 1981/1982 sei das Matthäusprinzip
auf dem Vormarsch, das insbesondere durch die rot-grüne Steuersenkungs-
und Umverteilungspolitik noch radikalisiert worden sei: Wer hat, dem wird
gegeben. Der Rückbau des deutschen Sozialstaats erfolge nahezu im All-
parteienkonsens. Die Prinzipien Bedarfs- und Verteilungsgerechtigkeit würden zugunsten einer fragwürdigen Chancen- oder Generationengerechtigkeit
entsorgt (nicht nur hierzu hat Butterwegge die aktuellen Parteiprogramme
und Mediendiskurse analysiert). Während die Armut hierzulande stetig steige
und die Arbeitsuchenden und Armen immer schlechter behandelt würden,
würde der gesellschaftliche Reichtum immer ungleicher verteilt und entspre-
chend legitimiert. Armut und Reichtum würden auf recht unterschiedliche
Weise individualisiert, wobei erstere zunehmend kulturalistischen Deutun-
gen unterliegt, das heißt Armut wird mit individuellem Fehlverhalten erklärt
und müsse durch erzieherische Maßnahmen korrigiert werden. Welche stig-
matisierenden Abwehrreflexe der Eliten durch die Medien hier hochgekocht
werden, verdeutlicht Butterwegge mit Studien über die „neue Unterschicht
und das abgehängte Prekariat".

Seit Jahren steigt in Deutschland die Armut an. Es gibt immer mehr Menschen, die über weniger als 50 Prozent des Durchschnittseinkommens verfügen. Armut betrifft, je nach Lesart, mehr als 20 Prozent der Bevölkerung. In einer der weltweit führenden Wohlstandsgesellschaften ist Ernährungsarmut in Form von Lebensmittelarmut (damit absolute Armut) für rund eine Million Menschen zum alltäglichen Normalfall geworden.[1] Gleichzeitig engagieren sich immer mehr zivilgesellschaftliche Gruppen, hilfsbereite Bürger und Bürgerinnen sowie Firmen („Social Sponsoring"), für die Armen und Bedürftigen dieser Gesellschaft. Kritisch anzumerken ist, dass die Infrastruktur der Tafeln den Unternehmen Aktivitätsräume bietet, „die es ihnen erlaubt, sich gesellschaftlich zu legitimieren", obwohl ein Großteil von ihnen zu Zeiten des Shareholder Value Kapitalismus zur Verarmung von Staat und Gesellschaft beitragen (Hiß 2010: 78). Deutlich scheint: Armut stellt ein soziales Konstrukt (Simmel 1992, Paugam 2008) dar. Vieles hängt davon ab, was Menschen darunter verstehen, welche Einstellungen (Becker 2009, Becker/Faik 2010) dazu vorherrschen, aber auch welche emotionalen Konnotationen (von Schewe 2009) dadurch ausgelöst werden.

2.2   Zur Anatomie des Tafelnutzers

Bedrohlicher als Medienstigmata über „Florida Rolf" und Co, bedrohlicher noch als materielle Einschränkungen werden von Betroffenen der mit Armut verbundene Verlust von Ansehen und Selbstwertgefühl verbunden. Tafelnutzer sind Bedürftige, deren monatliches Einkommen zum Bestreiten des täglichen Lebensunterhaltes (u. a. Kleidung und Lebensmittel) nicht ausreicht. Dieser Zustand ist eine direkte als auch indirekte Konsequenz von Arbeitslosigkeit. Ein reguläres monatliches Einkommen fehlt in diesen Haushalten. Bedürftigkeit gibt demnach einen Hinweis darauf, dass die geregelten Leistungen mangelhaft sind und zum Leben nicht ausreichen (Lorenz 2010b: 103). Um zusätzliche Unterstützung zu gewährleisten, bieten Tafeln meist Lebensmittel gegen einen symbolischen oder geringen finanziellen Beitrag an. Tafeln nehmen eine entlastende Funktion ein, aber lösen das eigentliche Problem nicht (Lorenz 2010b). Laut statistischen Angaben nehmen ca. eine Million Bedürftige Tafelleistungen in Anspruch. Von den ca. 1 Million Tafelnutzern sind 24 % Kinder und Jugendliche, 64 % Erwachsene im erwerbsfähigen Alter (v. a. ALG-II-bzw. Sozialgeld-Empfänger, Spätaussiedler und Migranten) und 12 % Rentner.

---

[1] Vgl. dazu die Lesart im Beitrag von Stephan Lorenz in diesem Tagungsband.

Vor dem Hintergrund, wie Bedürftige ihren Lebensstandard finanzieren (ALG II, Sozialgeld usw.), wird deutlich, dass es sich um gewöhnliche Menschen handelt, die wegen ihrer Inanspruchnahme von Hilfeleistungen zu den Verlierern dieser Gesellschaft geworden sind (Selke 2008). Die unmittelbare Folge davon ist die Inanspruchnahme von Hartz IV, was finanziell knappe Ressourcen mit einschließt und einen Gang zur Tafel mit sich bringen kann, aber nicht muss. „Unsere Kunden sind im Prinzip wie wir. Nur, dass sie mehr Pech gehabt haben. Ich kann mir nicht gut vorstellen, wie sich das anfühlt. Selber bin ich froh, dass es mir noch so gut geht" (zit. n. Selke 2009: 25 f.).

Ein Ausgangpunkt der Tafelarbeit ist eine Bedürftigkeit(sprüfung), die in den Augen der Tafeln dadurch zustande kommt, weil die rechtlich zugesicherten Sozialleistungen und die sich daraus erschließende Sozial- und Arbeitsmarktpolitik unzureichend sind, um Ansprüche an subjektive Bedürfnisse oder aber auch an gesellschaftlicher Teilhabe zu ermöglichen. Aus diesem Grund bieten Tafeln eine kostenlose zusätzliche Unterstützung in Form von Lebensmitteln an (Lorenz 2010: 104, Selke 2009b: 19).

Es scheint, als wären die Tafeln bereits ein notwendiger Teil des deutschen (und europäischen) Sozialsystems. Dieser Aspekt wird auch durch die Schirmherrschaft von Familienministerin Kristina Schröder, deren Vorgängerin von der Leyen das Ganze „eingefädelt" hat, untermauert. Im Sozialgesetzbuch findet man jedoch keinen Paragraphen, der auf die Funktion von Tafeln hinweist (Lorenz 2010: 106). Aus diesem Grund hat der Nutzer auch keinen rechtlichen Anspruch auf das Tafelangebot (Lorenz 2010: 103).

Tafelnutzer werden in der öffentlichen Debatte als „Kunden" tituliert, obwohl sie sich laut Tafelgrundsätzen höchstens durch einen symbolischen Beitrag oder einem geringen Preis an den Lebensmittelkosten beteiligen (Lorenz 2010a: 91). Es sei nicht gerechtfertigt, Tafelnutzer als „Kunden" zu bezeichnen (Lorenz 2009: 77). Tafeln sind keine Unternehmen oder Handelspartner, sondern eine soziale Einrichtung zur Unterstützung Bedürftiger (Lorenz 2010a: 91). Genau dieser Punkt macht das Problem deutlich. Der Terminus „Tafelkunde" korrespondiert mit der Verwendung des Kundenbegriffs in der Gesellschaft. Es liegt die Schlussfolgerung nahe, Kunden nicht nur als *Bedürftige*, sondern auch als *Marktteilnehmer* anzusehen (Lorenz 2010a: 91). Die Verwendung des Kundenbegriffs für Tafelnutzer, die sich teilweise für das, was sie tun (Tafelnutzung aus Kalkulation oder blanker Not) schämen, ist nicht unbedingt ein Euphemismus, wie Lorenz nahelegt, wenn die spezifischen Erfahrungen von Tafelnutzern ernst genommen werden. Die von Lorenz interviewte funktionale Tafelnutzerin, eine Mutter mit drei Kindern, hat keine Probleme mit der Komplementärfunktion der Tafeln. Einen Schamanlass sieht sie darin nicht, bevorzugt aber im Zweifel den Status als Marktteilnehmerin. Hierbei wird eine Art Spannungsverhältnis deutlich, denn wäre der Bedürftige ein „normaler" Kunde, so würde dieser im Supermarkt einkaufen und nicht das Angebot der Tafel nutzen müssen.

Ein anderes Beispiel für eine gelungene, zunächst aber emotional heikle „Tafelintergration" ist die 69-jährige Rentnerin aus Südhessen, die von ihrer Tochter auf das Tafelangebot in ihrem Wohnort angesprochen wurde:

> „Da hat die Iris mich angerufen: Mutti geh doch einmal da hin. Und dann bin ich hier her, und habe gedacht ich habe mich erst einmal geschämt. Nicht? Nach Essen betteln und so. Das ist immer noch wie früher. Wir waren zehn Kinder, wir hatten auch immer Hunger. Der Krieg war gerade zu Ende. Die vielen Kinder waren zwar alle jünger als ich, aber trotzdem, man hat das ja mitgekriegt und mein Vater war Gärtner, der hat auch nicht die Welt verdient und man schämt sich, wirklich, wenn man von irgendjemandem abhängig ist. Und es hilft einem niemand. Gar niemand hilft. Wenn das nicht durch Zufall in irgendeiner Zeitung, oder einer erzählt dir irgendetwas: Ach, geh einmal da oder dahin. Kommt keiner und sagt: Was, du kriegst doch Sozialhilfe. Reicht dein Geld überhaupt? Nein, gar keiner." (zit. n. Gulyas 2010b: 74)

Bei den Interviewten mischen sich Kalkül und Unbefangenheit. Bei der 69-jährigen Frau kommen biografischen Erfahrungen mit ins Spiel. Der Aspekt, etwas „umsonst" zu bekommen, wird von beiden positiv bewertet. Diese manifesten Erfahrungen lassen sich möglicherweise auf andere Tafelnutzer übertragen. Sie sagen aber nur wenig über latente Konflikte (vgl. hierzu Hondrich 1996), über Dinge, die nicht angesprochen werden, aus. So kann schon der budgetbedingte eingeschränkte Marktzugang der befragten Mutter einen Schamanlass darstellen. Im zweiten Fall wird das Thema Scham im Rahmen der Tafelintegration als Nutzerin direkt angesprochen („… ich habe mich erstmal geschämt."). Hinzu kommt das Gefühl, alleine gelassen zu werden („Und keiner hilft").

Verborgenes zu bergen und für die Tafelforschung nutzbar zu machen, ist auch bezogen auf die große Anzahl von „Tafel"-Kindern eine interessante Herausforderung. Der Anteil Minderjähriger, die das Tafelangebot in Anspruch nehmen, liegt bei ca. 24 % (Molling 2010: 59). Aufgrund des hohen Kinder- und Jugendlichenanteils wurde die Grundidee der Tafeln erweitert. Mittlerweile gibt es spezielle Angebote für Kinder. Neben der Zusatzversorgung durch Lebensmittel gibt es auch diverse Angebote, die den Kindern eine Teilhabemöglichkeiten geben soll (Becker 2010b: 81). Die Klassifizierung als Kindertafel wird vermieden. Bei näherer Betrachtung zeigen sich drei Kindertafel-Typen: Freizeitaktivitäten (Kochkurse, Schwimmbadbesuche usw.), Kinderrestaurants und die Belieferung von Jugendeinrichtungen mit Lebensmitteln. Oftmals werden von den Kindertafeln auch Feste organisiert, zu denen die Kinder aus sozial schwachen Familien als auch allen anderen Familien eingeladen werden. Die Angebote sind von Tafel zu Tafel unterschiedlich. Gemeinsam ist allen jedoch, dass die Eltern der Kinder, die diese Angebote nutzen, auch Tafelnutzer sind. Das primäre Ziel der Kindertafeln besteht darin, deren Ernährung zu verbessern (Becker 2010b: 82). Zwei Befragungen von Mädchen im Grundschulalter, welche auf die subjektive Wahrnehmung ihrer Lebenssituation in Zusammenhang mit der Tafelnutzung abzielen, ergeben ein unterschiedliches Bild.

In jener ausgewählten Stadt, in der Armut eher ein Randphänomen darstellt, sind die befragten Mädchen vermehrt von privatem Wohlstand umgegeben. Dadurch verdeutlicht sich ihnen ihre prekäre Lage. Exklusionsbefürchtungen werden artikuliert: Der Kontakt zu gleichaltrigen Mädchen mit anderer sozialer Lage ist gering. Darunter entwickelt sich auch psychisches Leid, da ein „normales Kinderleben" so nicht stattfinden kann. Ferner empfinden sie auch Einschränkungen bei der Teilhabe im Freizeitbereich. Darunter leidet auch die eigene Interessenentwicklung und Selbstverwirklichung. Die Befragten haben häufig Langeweile und werden nicht ausreichend gefördert (Becker 2010: 85). Die Nutzung der Tafelleistungen führt den Befragten die sozial schwache Situation ihrer Familie vor Augen, was ebenso dazu beiträgt, Exklusionsängste zu mobilisieren und zu verstärken. Die Mädchen möchten nicht, dass andere wissen, dass sie Tafelleistungen nutzen aus Angst vor Hänseleien, Ausgrenzung und Scham. „Es muss ja nicht jeder wisse, wo wir hingehe" (zit. n. Becker 2010b: 86).

Die andere Gruppe der Befragten wohnt in einem Umfeld, welches stark durch Armut geprägt ist. Dieser Umstand trägt dazu bei, milieuspezifische Freundschaften zu schließen. Ausgrenzungsängste und Schamgefühle sind weniger stark ausgeprägt. Die dort vorhandenen Freundschaften bewirken, dass die eigene finanzielle Mangelsituation entspannter wahrgenommen wird (gegenseitige emotionale Unterstützung). Durch das vielfältige Kindertafelangebot haben die Mädchen das Gefühl, Teil einer Familie zu sein, zumal sie zuhause weniger Aufmerksamkeit von den Eltern bekommen oder kaum Zeit für die Kinder vorhanden ist. „Meistens ist mein Vater weg und meine Mutter muss viel aufräum' und meinen Bruder weg bring' in Kindergarten oder abholen (zit. n. ebd.: 86)." Bestimmten Kindertafeln kommt somit die Funktion zu, emotionale Unterstützung zu vermitteln. Erkennbar wird an solchen Äußerungen, wie überfordert viele Hartz-IV-Eltern sein müssen, ihr Schicksal zu akzeptieren bzw. eigenverantwortlich wieder aus der Misere herauszufinden. Der abwesende Vater und die aufräumende Mutter sind Chiffren teils latenter, teils manifester Spannungsverhältnisse in den betroffenen Familien, die auch mit sozialer Scham oder Statusscham zusammenhängen dürften.

3   Scham und Beschämungen aus der Sicht von Tafelnutzern

„Ich würde schon sagen Scham, denn Du kommst dir echt vor, wie Abschaum." Diese Aussage eines Hartz IV-Empfängers berührt die affektiven Grundlagen einer sozialen Grundordnung. Sie dient als weiterer Ausgangspunkt, das Gefühl der Scham aus soziologischer Perspektive zu betrachten und mit der sozialen Exklusionsforschung in Verbindung (Bude/Willisch 2006) zu bringen. Scham definiert Neckel (1991) als Gefühl, welches zur Aufrechterhaltung und „zur symbolischen Reproduktion sozialer Ungleichheit" (ebd.: 232) beiträgt. Sie entsteht aus den sozialen Zusammenhängen, in denen Menschen verhaftet sind und beruht auf sozialen Normen, die das Leben der Gesellschaftsmitglieder prägen und daher deren eigenes Verhältnis zu anderen widerspiegeln. Bei Neckel ist insbesondere dann von sozialer Scham die Rede, wenn der bedrohte soziale Status zum Schamanlass wird. Soziale Scham geht mit einer negativen Selbstbewertung der Person einher, die durch das Verfehlen kultureller Standards ausgelöst wird. „Scham ist Wahrnehmung von Ungleichheit, Beschämung eine Machtausübung, die Ungleichheit reproduziert." (Neckel 1991: 21). Mit dem Begriff der Beschämung kommt der Machtaspekt der Scham hinzu. Beschämung kann als Instrument angesehen werden, um die aktuellen Strukturen der ungleichen Statusverteilung zu erhalten. Die damit verbundenen sozialen Vergesellschaftungsformen finden in den alltäglichen Begegnungen zwischen Menschen statt. In einer arbeitszentrierten „Aktivgesellschaft weisen diejenigen, die keine Arbeit haben oder Personen, die für einen niedrigen Lohn arbeiten, also Leistungsempfänger und Niedriglohnempfänger einen niedrigen Status auf. Dies wirkt sich auch auf die Selbstachtung der am Markt erfolglosen Personen aus (Becker 2010a) und löst bei manchen „Überflüssigen" Trotz- oder Resignationsgefühle und damit entweder Wut oder Scham aus. Insbesondere Personen mit einem niedrigen sozialen Status erscheinen daher geeignet, das Phänomen der sozialen Scham zu untersuchen. Es ist anzunehmen, dass auch vermittelt durch öffentliche Institutionen und private Unternehmen, soziale Schamgefühle auftreten, die mit statusbedingten Unterlegenheitsgefühlen oder einer gering ausgeprägten Selbstachtung zusammenhängen. Dabei geht es auch um intendierte und nichtintendierte Beschämungsfolgen. Allein die Bedürftigkeitsprüfung, die zum Erhalt von ALG II oder Sozialgeld ansteht, unterliegt Bewertungsmaßstäben, die zur sozialen Scham Anlass geben. „In ihr ist der Klient gewissermaßen gezwungen, seine materiellen Interessen gegen seinen Anspruch auf persönliche Selbstachtung auszuspielen. In einer Reihe konkurrierender Bittsteller stehend, hat er sich als jemand darzustellen, der in besonderer Weise der Hilfe zum Lebensunterhalt bedarf, wodurch er sich gleichzeitig selbst stigmatisiert" (Neckel 2010: 114).

3.1   Schamgefühle von Leistungsempfänger und Niedriglohnempfängern

Um mehr über Beschämungen herausfinden, werden einige subjektive Wahrnehmungen von Betroffenen herangezogen, die 2009–2010 erhoben wurden (Gulyas 2010a und 2010b). Dabei stehen folgende Fragen im Mittelpunkt: Welche Gefühle verbinden sich mit dem Status der befragten Personen? Was bedeutet „gefühlte Unterschicht" (Neckel 2008) im Einzelnen? Welche emotionalen Folgen hat ein dauerhafter oder zeitweiliger prekärer bzw. unterprivilegierter Status? Es geht auch um die Asymmetrie sozialer Beziehungen, um deren Machtaspekt, welcher der Scham zugrunde liegen kann. Dieser Aspekt spiegelt sich in der Analyse von Armut und Scham wider. Zugrunde gelegt wird hierbei eine relative Definition von Armut. Als arm gilt, „wenn in einem Land der Lebensstandard und die Lebensbedingungen von Menschen zu weit nach unten vom durchschnittlichen Lebensstandard und den durchschnittlichen Lebensbedingungen abweichen" (Hauser 2008: S. 96). Deshalb können Leistungsempfänger als arm bezeichnet werden und Niedriglohnempfänger von Armut bedroht sein.

Bei der Dechiffrierung von Scham als Gefühl, welches dem Eingeständnis der eigenen Unterlegenheit gleicht, sollte die Gesellschaft, in der ein hoher sozialer Status Anerkennung vermittelt, als Vermittlungsinstanz mit bedacht werden. In einer solchen Statusgesellschaft ist Armut noch immer eine Schande (Wagner 1984: 10), Scham ein Geständnis menschlichen Versagens. Es gilt deshalb auch die Facetten der Scham zu dechiffrieren, um zu zeigen, dass Scham vorhanden ist. Diese Facetten beziehen sich vor allem auf Aussagen über den Wert der eigenen Person, über den Selbstwert und das eigene Selbstbewusstsein, denn Scham ist ein Wertgefühl. Sich wie Dreck, Abschaum oder

Sklaven vorkommen, dass sind Selbstbeschreibungen, die von den Befragten verwendet wurden. Sie zeigen den verletzen Selbstwert an[2]:

> F:„Und wie war das damals, als Du gearbeitet hast, hast Du da viel Anerkennung bekommen?
> A: Da bist du ganz anders behandelt worden. (-) Da warst du noch Mensch. Da warst du noch Mensch und heute bist du, na ja gut, ich sag es jetzt mal brutal ausgedrückt, heut bist du Abschaum." (I1)

Andere Befragte sprechen das Thema direkt an. Sie empfinden Scham dafür, dass sie Sozialleistungen beziehen und die Tafelangebote nutzen.

> „Ja, (-) ich würde schon sagen Scham. Denn du kommst dir echt vor, wie Abschaum. Du kommst dir vor wie, wenn du vom Sozialamt abhängig bist. Nicht schön." (I4)

Auffällig ist auch, dass Scham mit Minderwertigkeit assoziiert wird:

> „Ja, aber das ist, ich komme mir halt trotzdem immer minderwertig vor."(I7)

Noch lapidarer formuliert es ein anderer ALG-II-Empfänger: „Man hat auch Scham, ja." Warum genau möchte er nicht erklären. Nicht nur Leistungsempfänger, auch Niedriglohnverdiener artikulieren Scham und stellen ihren Selbstwert infrage.

> „Mmh, geschämt hab ich mich schon am Anfang irgendwie halt auch Putzfrau, Putzfrau, Putzfrau oder so."(I2)

Ein Mitarbeiter einer Zeitarbeiterfirma berichtet:

> „Man fühlt sich wie Dreck, ja du, Sklave.
> F.: Also, unterlegen?
> A.: Ja, selbstverständlich. Du bist halt, die Arbeit, die du machst, wird nicht gewürdigt. Du bist ruhig! Sei froh, dass du Arbeit hast und ein paar Groschen verdienst. Mehr nicht. Aber du musst da sein, Samstag, Sonntag, nachts. Das verlangt man von dir. Du hast zu funktionieren. Du bist ein Objekt. Du bist ein Objekt, das aufgezogen wird und wehe du wirst krank. Oder willst Urlaub haben." (I9)

---

[2] Die folgenden Beispiele beziehen sich auf die Interviews von Gulyas (2010b).

Ein anderer Interviewpartner, der für eine Zeitarbeitsfirma tätig sein muss, schildert ausführlich, wie es ihm ergangen ist:

„Man ist völlig ausgeliefert sag ich mal. Man muss ja von irgendwas leben heutzutage. Und ich denke, dass auch Zeitfirmen und auch die Politik bewusst mit dieser Angst der Menschen das schamlos ausnutzt. Ich erinnere mich, wo ich das erste Mal ein Angebot hatte von einer Zeitarbeitsfirma, wurde ich angerufen und man hatte mich zu einem Vorstellungsgespräch eingeladen, über freundlichen Ton sag ich mal. Es sollte in einer Woche losgehen bei einer Firma in Obertshausen. Und ja, man würde sich telefonisch bei mir melden, man hatte sich meine Unterlagen angeguckt. Und die Zeitarbeitsfirma hatte sich bei mir nicht gemeldet. Und nach drei Wochen, dachte ich mal, na ruf mal an und frag mal selber, was da los ist, weil ich brauchte ja auch einen Job. Und dann hieß es, der Arbeitsplatz, wo ich mich beworben hätte, wäre jetzt nicht mehr da. Man würde mich in eine andere Firma nach Hanau schicken. Und da hatte ich dann nachgefragt, ja wie, warum. Man sagte mir nur, dass der Arbeitsplatz nicht mehr da ist, sie würden zu dieser Firma nach Hanau gehen. Und ich sagte nur, was ist das für eine Arbeitsplatz, ja, da und da, eine Maschine bedienen in vier Schichten. Und daraufhin hab ich gesagt, ne, so geht das nicht. Da hab ich kein Interesse. Daraufhin kam nur, dann kriegen Sie eine Sperre vom Arbeitsamt. (...) Ich muss sagen, man merkt wirklich dann diese Erpressung, womit den Leuten gedroht wird." (I)

Daraufhin meldet der Interviewpartner „diese Erpressung" der Arbeitsagentur und bekommt eine andere Stelle angeboten. Der Betroffene, Anfang 30 mit Abitur, gehört zu der selbstbewussten Kategorie. Er nutzt die Tafelangebote nicht. Vielmehr engagiert er sich als ehrenamtlicher Hilfspolizist und wartet auf seine Chance. So souverän wie er können nicht viele Betroffene mit der beschriebenen Situation umgehen.

Ein Teil der neun Interviewpartner meidet den Schambegriff, selbst wenn sie direkt darauf angesprochen werden. Umschreibungen, wie der Verweis auf den Wechsel der Wohngegend, deuten auf eine Schamlatenz. Eine 29-jährige Hartz-IV-Empfängerin:

„Ja doch, aber das ist jetzt nicht mehr so schlimm, weil ich umgezogen bin. Wenn ich jetzt in meinem alte Umfeld wohnen würde, und die würden alle arbeiten, oder was weiß ich, da würde ich schon, da wurde ich schon mir denken: Ihh, was ist mit der passiert? Aber jetzt, wo ich da so umgezogen bin und die ganzen anderen Leute nicht sehe, dann geht das noch." (I7)

Die Mutter eines Kindes, Abitur mit Studienwunsch, weiß, wovon sie redet. Ihr Gang zur Lebensmittelausgabe der Tafel oder zur Arbeitsagentur wird in ihrem Herkunftsmilieu negativ bewertet. „Selber schuld" lautet das Stigma, das sie umschreiben möchte. Am Ende des Interviews spricht sie von Schuldgefühlen sich und dem Kleinkind gegenüber.

Die Zitate machen deutlich, dass der eigene Wert bzw. Unwert auch aus den Bewertungen gespeist ist, denen die Betroffenen im Alltag ausgesetzt sind. In vielen Fällen spielt der niedrig eingestufte soziale Status oder die Abhängigkeit von der Leiharbeitsfirma eine wichtige Rolle. Ihnen liegen direkte oder indirekte Beschämungsformen, die zu sozialen Schamerfahrungen gerinnen, zugrunde.

3.2   Bürokratische oder willkürliche Beschämung

Ausgehend von der Annahme, dass Beschämungen eine Machtausübung darstellen, die dem Beschämten die eigene Machtlosigkeit deutlich machen soll und im Gegenzug die Macht des Mächtigeren erhöht, werden nun institutionelle Beschämungen einer Prüfung unterzogen. Insbesondere der Gang zur Arbeitsagentur und die Bedürftigkeitsprüfung werden als belastend und beschämend bewertet.

Ungeklärt bleibt, ob es auch Beschämungen ohne Intention des Beschämenden gibt, so dass man auch von nichtintendierten Beschämungen sprechen kann, die dennoch eine Wirkung beim Beschämten haben. Insbesondere handelt es sich um Personen, die durch ihre Scham besonders sensibel auf Beschämungen reagieren, und eine hohe Beschämungssensibilität aufweisen. Drohung als Beschämungsstrategie ist eine empirische Erfahrung von Niedrigverdienern in der Arbeitswelt. Ihnen bleibt nur die Möglichkeit, sich anzupassen oder zu widersetzen. Bei letzterem sind die Kündigung und der neue Gang zum „Sozialamt" zu erwarten.

> „Wenn wir das und das nicht machen, haben sie schon gesagt, dann kriegen wir gekündigt, dann holen sie sich eine anderer Putzfirma rein oder irgend so was, das war schon so gewesen."(I2)

Bürokratische Beschämungsstrategien, die zum Alltag einiger Arbeitsagenturen rund um Hanau in Hessen gehören, werden von den Betroffenen als Schikane empfunden. Damit wird ihnen die eigene Machtlosigkeit demonstriert. Sie fühlen sich, wie folgende Schilderung zeigt, nicht ernst genommen:

„Dann kommst du hoch und der weiß genau, du hast jetzt um 10:30 Uhr einen Termin und dann kommt er erst mal eine Viertelstunde später ganz gemächlich. Dem kannst du beim Laufen fünfmal die Schuhe besohlen."(I1)

Diese Erfahrung wird als „Schikane."(I1) bewertet. Die bürokratische Bedürftigkeitsprüfung, der Rechtfertigungsdruck der Betroffenen, wenn sie zusätzliche Leistungen benötigen – all das Organisation wird von den Betroffenen als beschämend bewertet:

„Du musst die Hose runterlassen." (I1)
„Du musst um alles, was du willst, betteln, und vor allen Dingen, du musst auch beweisen, dass du es brauchst."(I4)

Beschämung ist die Instrumentalisierung der Scham, indem andere beschämt werden, werden sie zur Scham veranlasst. Gelingt dies, gleicht dies einem Geständnis der eigenen Unterlegenheit. Beschämung ist ein Mittel des Statushöheren bzw. von Menschen, die sich dafür halten. Eine interviewte Reinigungsfrau fühlte sich vom Hausmeister eines Objekts „gemobbt". Diese Art der Beschämung scheitert jedoch, wenn ihr der Boden unterzogen werden kann. Die Beschämungsautorität wird angezweifelt: „Dann hab ich gesagt, das (mit der Kündigungsdrohung) darfst du nicht machen, das darf nur mein Chef dann halt machen. (I2). Nur wenige Interviewpartner artikulieren diese Couragefähigkeit. Latente und manifeste Konflikte bzw. Beschämungen bleiben unausgesprochen.

4   Fazit

„Nützliche Armut" und soziale Ausgrenzung sind konstitutive Bestandteile des deutschen Sozialsystems. Transferbezieher und -leistungen werden trotz der öffentlichen Debatten um Hartz IV und die vielfach artikulierte Sorge um die „armen Kinder" marginalisiert und stigmatisiert. Daran ändern sinnvolle Komplementärhilfen von Tafeln wenig. Deutlich wird aus dem Untersuchungsmaterial, dass soziale Ungleichheit und negative Emotionen, wie soziale Scham, zusammenhängen. Scham und Beschämung werden individuell wahrgenommen und institutionell praktiziert (Arbeitsmarkt, Arbeitsagentur, weniger bei Tafeln). Eine Soziologie der Scham müsste noch tiefer ansetzen, um latente und manifeste Scham- und Beschämungsfaktoren zu dekonstruieren und darüber hinaus mit gesamtgesellschaftlichen Veränderungsprozessen in Verbindung zu bringen. Mit diesem Beitrag wurde am Beispiel von Tafel-Nutzern und ALG II-Empfängern sowie Niedriglohnbeschäftigten ein weiterer Schritt in diese Richtung unternommen.

Literatur

Becker, Jens (2010): Anerkennung – Annäherungen an eine sozialwissenschaftliche Schlüsselkategorie. In: Becker, Maya/Krätschmer-Hahn, Rabea (Hg.), Fundamente sozialen Zusammenhalts. Mechanismen und Strukturen gesellschaftlicher Prozesse, Frankfurt a. M., 85–103.

Becker, Jens (2009): Das Unbehagen in der Gesellschaft. Soziale Ungleichheiten und Ungerechtigkeitserfahrungen in Deutschland. In: Selke, Strfsn (Hg.), Tafel in Deutschland. Wiesbaden, 107–136.

Becker, Maike (2010b): Welche Bedeutung haben Tafelangebote für Kinder? In: Lorenz, Stefan (Hg.), TafelGesellschaft. Bielefeld, 81–90.

Bude, Heinz/Willisch, Andreas (Hrsg.) (2006): Das Problem der Exklusion, Hamburg.

Butterwegge, Christoph (2009): Armut in einem reichen Land. Wie das Problem verharmlost und verdrängt wird, Frankfurt a. M.

Dörre, Klaus/Lessenich, Stephan/Rosa, Hartmut (2009): Soziologie. Kapitalismus. Kritik, Frankfurt a. M.

Gulyas, Jennifer (2010a und b): Soziale Scham und sozialer Status. Eine empirische Studie über Niedrigverdiener und Leistungsempfänger, Diplomarbeit, Fachbereich Gesellschaftswissenschaften an der Goethe-Universität, Frankfurt a. M.

Gern, Wolfgang/Segbers, Franz (2009) (Hg.): Als Kunde bezeichnet, als Bettler behandelt, Erfahrungen mit der Hartz IV-Welt. Hamburg.

Hauser, Richard (2008): Das Maß der Armut: Armutsgrenzen im sozialstaatlichen Kontext. Der sozialistische Diskurs. In: Huster, Ernst-Ulrich/Boeckh, Jürgen/Mogge-Grotjahn, Hildegard (Hrsg.): Handbuch Armut und soziale Ausgrenzung. Wiesbaden, 94–117.

Herrmann, Ulrike (2010): Hurra wir dürfen zahlen. Der Selbstbetrug der Mittelschichten, Frankfurt a. M.

Hiß, Stefanie (2010): Übernehmen Unternehmen mit ihrer Unterstützung der Tafeln gesellschaftliche Verantwortung? In: Lorenz, Stefan (Hg.), TafelGesellschaft. Bielefeld, 69–80.

Hondrich, Karl-Otto (1996): Lassen sich soziale Beziehungen modernisieren. Die Zukunft von Herkunftsbindungen. In: Leviathan, 24. Jg., H. 1, 27–44.

Kotthoff, Hermann (2006): Überflüssige Loyalität in großbetrieblichen Sozialbeziehungen. Der Modellwechsel von Anerkennungsmustern. In: Bude, Heinz/Willisch Andreas (Hg.), Das Problem der Exklusion. Ausgegrenzte, Entbehrliche, Überflüssige. Hamburg, 225–242.

Lessenich, Stephan (2008): Die Neuerfindung des Sozialen. Der Sozialstaat im flexiblen Kapitalismus.

Kaufmann, Franz-Xaver (1997): Herausforderungen des Sozialstaates, Frankfurt a. M.

Lorenz, Stephan (Hrsg.) (2010): TafelGesellschaft. Zum neuen Umgang mit Überfluss und Ausgrenzung. Bielefeld.

Lorenz, Stephan: (2010a): Sind Tafelnutzende „Kunden" – und sollten sie deshalb bei der Tafel zahlen? In: ders. (Hg.), TafelGesellschaft. Bielefeld, 91–102.

Lorenz, Stephan: (2010c): Neue Aufgaben für die Tafeln? Zu sozialökologischen Mitteln und Zwecken der Tafelarbeit. In: ders. (Hg.), TafelGesellschaft. Bielefeld, 175–184.

Lorenz, Stephan (2010b): Sind Tafelnutzende „Kunden"? In: ders. (Hg.), TafelGesellschaft. Bielefeld, 103–114.

Molling, Luise (2010): Beförderte die neuere Arbeitsmarktpolitik den Erfolg der Tafeln? In: Lorenz (Hg.), TafelGesellschaft. Bielefeld, 57–68.

Meyer-Drawe, Käte (2009): Am Ursprung des Selbstbewusstseins: Scham. In: Schäfer, Albert/Thompson, Christiane (Hg.), Scham. Paderborn, 37–50.

Müller, Bernhard (2010): Soziale Spaltung als Zukunftskonzept? Die Sparagenda der schwarzgelben Bundesregierung. In: Sozialismus, 37. Jg. Heft Nr. 345, Nr. 9, 10–12.

Neckel, Sighard (2009): Soziologie der Scham. In: Schäfer, Albert/Thompson, Christiane (Hg.), Scham. Paderborn, 103–118.

Neckel, Sighard (2008): Flucht nach vorn. Die Erfolgskultur der Marktwirtschaft. Frankfurt a. M.

Neckel, Sighard (1993): Die Macht der Unterscheidung. Beutezüge durch den modernen Alltag. Frankfurt a. M.

Rock, Joachim (2010): Sozialpolitik zwischen Hartz IV und von der Leyen I. In: Sozialismus, 37. Jg., Heft 345, Nr. 9, 5–9.

Sarrazin, Thilo (2010): Deutschland schafft sich ab. Wie wir unser Land aufs Spiel setzen. München.

Schneider, Ulrich (2010): Interview in der Wochenzeitung „Die Zeit" (9. September).

Segbers, Franz (2009): Mit Hartz IV auf den Weg in einen anderen Sozialstaat, in: Gern/Segbers (Hg.), Als Kunde bezeichnet, als Bettler behandelt. Erfahrungen mit der Hartz IV-Welt. Hamburg, 12–35.

Selke, Stefan (2010): Dürfen Tafel-Engagierte kritisiert werden? In: Lorenz, Stephan (Hg.), TafelGesellschaft. Bielefeld, 185–198.

Selke Stefan (2009) (Hg.): Tafel in Deutschland. Aspekte einer sozialen Bewegung zwischen Nahrungsmittelumverteilung und Armutsintervention. Wiesbaden.

Selke, Stefan (2008): Fast ganz unten. Wie man in Deutschland durch die Hilfe von Lebensmitteltafeln satt wird. Münster.

Wagner, Wolf (1984): Die nützliche Armut. Eine Einführung in die Sozialpolitik. Berlin.

III PODIUMSDISKUSSIONEN ZUR TRANSFORMATION DER TAFELN

PODIUM 1
Gesellschaftlicher Stellenwert der Tafeln

TeilnehmerInnen:
Ute Bernauer (Caritas München), Andreas Geiger (Erwerbsloseninitiative), Harald Gropp (Kompass Darmstadt), Gerd Häuser (Bundesverband Deutsche Tafel e. V.), Kurt Haymann (attac Deutschland „Genug für alle"), Hilde Rektorscheck (Marburger Tafel/ Landesverband Hessen, Kulturloge Marburg)

Moderation und Zusammenfassung:
Luise Molling

Im Zentrum dieses Podiums stand die Frage, wie das Verhältnis von Tafeln und tafelähnlichen Einrichtungen zu den Sphären der Politik und Ökonomie einzuordnen und zu bewerten ist. Daneben kamen Themen wie die mediale Inszenierung der Tafeln sowie mögliche Auswirkungen ihrer Existenz auf den öffentlichen Umgang mit Armut zur Sprache. Die offene Diskussion mit dem Publikum drehte sich schließlich auch um mögliche Transformationen der Tafelpraxis und die langfristigen Perspektiven des Tafelsystems insgesamt.

Politische Wirkung der Tafeln

Sind die Tafeln in Deutschland ein Stachel im Fleisch der Politik oder eher ein Feigenblatt, das der Kaschierung des sozialstaatlichen Rückzugs dient? Bereits diese einleitende Frage bringt deutliche Differenzen ans Licht. Während Gerd Häuser den Bundesverband Deutsche Tafel e. V. in einer Doppelrolle sieht, der sowohl Kritik an der sozialpolitischen Praxis übt, als auch als Bündnispartner der Politik im Hinblick auf eine Reformierung des Sozialsystems agiert, sind die anderen Podiumsteilnehmer kritischer in ihrer Einschätzung. Die Gründung einer Tafel zwinge zwar die kommunale Politik zu einer Auseinandersetzung mit dem Thema Armut, danach erschöpfe sich das Engagement allerdings meist in der reinen Essensausgabe, kritisiert Ute Bernauer. Die Politik ziehe sich aus der sozialpolitischen Verantwortung, lehne sich zurück und „schmücke" sich noch mit der Arbeit der ehrenamtlichen Tafelhelfer. Auch Hilde Rektorschek wünscht sich eine stärkere politische Positionierung der Tafeln – auch aus ihrer praktischen Perspektive heraus erscheint die dauerhafte Beschränkung auf das Verteilen von Nahrung nicht nachhaltig.

Andreas Geiger sieht die reine Fürsorgepraxis der Tafeln als Element der zunehmenden „Amerikanisierung des deutschen Sozialsystems". Die Degradierung der Betroffenen zu Bittstellern und die Linderung der schlimmsten Armutssymptome durch die Almosenvergabe schwächen zudem den politischen Kampf für soziale Rechte. Kurt Haymann diagnostiziert eine unfreiwillige Instrumentalisierung des Engagements der Tafelhelfer durch die Politik und weist darauf hin, dass die Tafeln auch als eigentlich karitative Organisation „eine zwingende politische Funktion" innehätten, da sie Lücken im Bereich der elementaren Daseinsvorsorge füllen, die der sozialpolitische Rückzug erst hinterlassen hat.

Anwaltschaft versus Empowerment

Während die meisten Podiumsteilnehmer eine stärkere Politisierung der Tafeln im Grunde für wünschenswert und nötig erachten, gibt es im Hinblick auf den Ausgangspunkt und die Strategie dieser Politisierung unterschiedliche Vorstellungen.

Aus der Sicht Hilde Rektorscheks ist der Bundesverband diejenige Instanz, die verstärkt politisch agieren und den lokalen Tafelinitiativen auch Informationen bereitstellen sollte, die über praktische Alltagsfragen hinausgehen. Auch Ute Bernauer wünscht sich mehr politisches Engagement vom Bundesverband – die Tafellandschaft lediglich immer weiter auszubauen werde schließlich „keinen sozialpolitischen Fortschritt bewirken". Gerd Häuser hingegen sieht die Wohlfahrtsverbände als zentrale Akteure des politischen Protests. Da nur 10 Prozent der Bedürftigen die Tafeln nutzen, sei deren Bedeutung und deren Mobilisierungspotential schlichtweg zu gering. Kurt Haymann vertritt einen politisch-emanzipativen Ansatz, nachdem ein breites Bündnis geschaffen werden muss, das politische Entscheidungen auf ihre Umverteilungswirkungen überprüft. Die Tafeln könnten kein schlechtes Gewissen der Politik sein, da diese – zumindest oberhalb der kommunalen Ebene – schließlich „anscheinend überhaupt kein Gewissen besitzt". Andreas Geiger und Harald Gropp sehen den Ansatz für politischen Widerstand in erster Linie bei den Betroffenen selbst: Durch die Verknüpfung mit Beratungsangeboten und Selbsthilfeinitiativen könnten die Tafeln dazu beitragen, deren Selbstbewusstsein zu stärken und sie zum Kampf für soziale Rechte zu animieren. Die Tafeln verfügen über die Infrastruktur, die derartigen Initiativen häufig fehlt und könnten als Plattform dienen, um Kontakt zu den oft weitgehend isoliert lebenden Bedürftigen aufzunehmen.

Stigmatisierung und Ausgrenzung

Dass diese Isolation vieler von Arbeitslosigkeit und Armut Betroffener sich in den gesellschaftlichen Ausgrenzungsprozessen begründet, die die Individualisierung von Arbeitslosigkeit mit sich bringt, kann Kurt Haymann bestätigen: Indem die Schuld für ihre Situation den Arbeitslosen selbst auferlegt wird, wird deren Widerstand gegen sozialpolitische Einschnitte geschwächt. Auch Hilde Rektorschek und Andreas Geiger sehen das Problem des zunehmenden Rückzugs der Betroffenen: die öffentliche und vor allem auch mediale Stigmatisierung führe in die Isolation und die alltägliche Sorge um die eigene Existenz „raube die Energie für Protest", so Geiger. Gegen diese Stigmata anzugehen, die medial verbreiteten Klischees zu hinterfragen und so das Denken über Arbeitslosigkeit und Armut zu verändern, kann daher auch ein Element des politischen Widerstands sein, betont Kurt Haymann.

Tafeln und Ökonomie

So wie die Tafeln eine „zwingend politische Funktion" innehaben ohne dies unbedingt zu beabsichtigen, so erfüllen sie auch eine ökonomische Funktion, die nicht frei von Widersprüchen ist. In einer Zeit, in der Unternehmenssteuern und -abgaben immer weiter sinken und das freiwillige Engagement der Konzerne im Gegenzug eine immer größere Rolle spielt, befinden sich auch die Tafeln in einem schwer lösbaren Spannungsverhältnis. Einerseits sind sie auf die Spenden und das Sponsoring der Wirtschaft angewiesen, andererseits laufen sie dabei immer Gefahr, von sozial unverantwortlich agierenden Unternehmen zur Imagepflege missbraucht zu werden und so selbst an Glaubwürdigkeit einzubüßen. So lässt sich beispielsweise die Kooperation mit LIDL im Rahmen der Pfandspendenaktion für viele Außenstehende schwer mit dem sozialen Anspruch der Deutschen Tafeln in Einklang bringen.
  Gerd Häuser betont vor diesem Hintergrund die nötige Trennung von Ordnungspolitik und Corporate Social Responsibility (CSR)-Maßnahmen:

Zwar müssten insbesondere die Schröderschen Reformen rückgängig gemacht und die Unternehmen per Gesetz zur Verantwortungsübernahme gezwungen werden, gleichzeitig seien jedoch freiwillige Spenden eine sinnvolle Ergänzung zu den ohnehin nie ausreichenden Steuermitteln. Er sieht in der Kooperation mit den Unternehmen auch die Möglichkeit, diese zu einem nachhaltigeren Verhalten zu bewegen – so habe LIDL beispielsweise im Laufe der Zusammenarbeit mit den Tafeln seine Arbeitsbedingungen deutlich verbessert.

Sozialethische Maßstäbe für Spender und Sponsoren?

Auch bei dieser Thematik sind die anderen Podiumsteilnehmer kritischer in ihrer Einschätzung. Hilde Rektorschek weist darauf hin, dass die Fortbildung und Einstellung von Arbeitslosen eine wünschenswertere Form des unternehmerischen Engagements darstelle und der Bundesverband die Betriebe darauf hinweisen könne. Doch auch wenn man die Ebene dieser grundsätzlichen Problematik verlässt und CSR als Alternative oder zumindest Ergänzung zu gesetzlichen Regelungen versteht, bleiben Bedenken hinsichtlich der an solche Kooperationen anzulegenden Maßstäbe. Überlagern in der Alltagspraxis der Tafeln Rationalitätsgesichtspunkte ethische Bedenken, wiegt also die Notwendigkeit der ausreichenden Spendenakquise stärker als moralische Zweifel an einer Zusammenarbeit mit unsozial agierenden Unternehmen?

Kurt Haymann sieht kritisch, dass die Tafeln LIDL eine Möglichkeit bieten, das durch eigenes Fehlverhalten angekratzte Image in der Öffentlichkeit wieder aufzupolieren. Und auch Ute Bernauer zeigt keinerlei Verständnis für diese Kooperation und weist daraufhin, dass die Pfandspendenaktion bei LIDL nicht zum „sozialethischen Verständnis der Tafeln" passe. Gerd Häuser sieht den Bundesverband angesichts dieser Erwartungen überfordert. Es ließe sich nicht bei jedem Spender überprüfen, ob sich dieser ethisch-moralisch zweifelhaften Verhaltens schuldig gemacht habe. Gleichwohl formuliert Häuser persönliche moralische Grenzen: die Zusammenarbeit mit einem Unterstützer der NPD beispielsweise. Letztlich würden derlei Entscheidungen aber dem Bundesvorstand unterliegen.

Die Öffnung der Diskussion für das Publikum brachte einige interessante Aspekte und Anregungen zutage. So weist Stefan Selke darauf hin, dass unabhängig von der Praktikabilität ethischer Maßstäbe für die Zusammenarbeit mit Unternehmen die real existierenden Zuschreibungsprozesse von Bedeutung sind, mit denen sich die Tafeln auseinandersetzen müssten. Herr

Pevestorf vom Bundesvorstand der Tafeln stimmt dem zu und hält eine stärkere Auseinandersetzung mit den Konsequenzen der Tafelpraxis für geboten.

Quo vadis Deutsche Tafeln? – Transformation versus Abschaffung

Schnell dreht sich die Diskussion wieder um mögliche Strategien einer Politisierung der Tafeln sowie wünschenswerte und realistische Zukunftsszenarien für die Tafelarbeit. Udo Engelhardt betont den Graswurzelcharakter der Tafelbewegung, der eine wie auch immer geartete Steuerung von oben unmöglich mache. Er sieht allerdings durchaus die Möglichkeit, von Seiten des Bundesverbands und der Wohlfahrtsverbände Angebote zu machen und den Ehrenamtlichen einen „Input" anzubieten. Die stärkere Vernetzung der Tafeln mit anderen Initiativen hält Engelhardt für unbedingt notwendig, allerdings sei dies ein langwieriger Prozess, dem man Raum geben müsse.

Folkhard Bremer sieht ebenfalls die Notwendigkeit einer stärkeren Vernetzung der Tafeln mit den vorhandenen Angeboten der Wohlfahrtsverbände. Seiner Ansicht nach sollte diese Vernetzung sogar eine Voraussetzung für die Aufnahme im Bundesverband der Tafeln sein. Dies lehnt Hans von Frankenberg als nicht vereinbar mit dem Freiwilligkeitsprinzip der Tafeln ab und betont die Notwendigkeit einer Sensibilisierung der Tafelmitarbeiter für sozialpolitische Fragestellungen. Er ist der Ansicht, dass Angebote der politischen Bildung in Form von Wochenendseminaren o. ä. eine konkrete Möglichkeit zur Politisierung der Tafeln wären, die von vielen Ehrenamtlichen bereitwillig angenommen werden würden.

Im Gegensatz zu diesen reformistischen Ansätzen sieht Andreas Sellner nur die Abschaffung der Tafeln als eine anzustrebende politische Zielsetzung. Es gelte der Frage nachzugehen, welche politischen Veränderungen beispielsweise in einem Zeitraum von zwei Jahren diese Abschaffung ermöglichen könnten. Auf die Nachfrage der Moderatorin, inwiefern eine Selbstabschaffung bei dem gegenwärtigen Grad der Institutionalisierung der Tafeln überhaupt noch realistisch sei, erwidert Gerd Häuser, dass er diese Problematik nicht sehe, da die Ehrenamtlichen und Festangestellten der Tafeln sich schließlich auch anderweitig engagieren könnten und nicht auf die Existenz der Tafeln als solche angewiesen seien. Dieser Auffassung widerspricht Stefan Selke und entgegnet, dass es neben Armuts- auch „Helferkarrieren" gäbe und die Ehrenamtlichen bei den Tafeln keineswegs „beliebig austauschbar" seien, da empirische Studien zeigen, dass „nicht beliebig austauschbare Motive und Gründe" zu einem Engagement bei der Tafel führen.

Untrennbarkeit von Tafeln und Politik

Rudolf Martens weist darauf hin, dass das exportorientierte deutsche Wirtschaftsmodell, das in erster Linie auf Lohnzurückhaltung setze, den Nieder-
gang des Mittelstands und die Schwächung der Binnenwirtschaft zur Folge
habe. Die langfristige Verfestigung von Armut führe so zwangsläufig zur Entstehung einer Armutsindustrie, innerhalb derer die Tafeln eine große Rolle
spielen. Erst eine Abkehr von diesem Wirtschaftsmodell – die allerdings bei
den derzeitigen politischen Kräfteverhältnissen unwahrscheinlich sei – könne
daher die Voraussetzung für eine Abschaffung der Tafeln schaffen.

Herr Pevestorf vom Bundesverband der Tafeln betont daran anschließend,
dass die Schließung der Tafeln die Politik keineswegs zwingen würde, aktiv
zu werden und daher keine Lösung sein könne. Johannes Schockendorf von
der Bietigheim-Bissinger Tafel ist hingegen der Ansicht, dass eine Schließung
sämtlicher Tafelausgabestellen durchaus Wirkung zeigen könne, da „ohne
diese Zusatzhilfen Millionen Menschen auf die Straße gehen würden". Die
existenzunterstützenden Angebote von „Tafeln & Co" würden durchaus dazu
beitragen, den Staat aus der Verantwortung zu nehmen, da sie staatliche Leistungen übernehmen. Und auch wenn die effektive Hilfe nur 10 Prozent der
Bedürftigen erreiche, liege die politisch wahrgenommene und von der Politik
argumentativ aufgegriffene Wirkung eher bei 100 Prozent, da schließlich jeder
die Hilfe beanspruchen könne. Harald Gropp widerspricht dieser Auffassung
entschieden, da ein Streik der Tafeln keinen Druck auf die Politik ausüben
könne sondern lediglich auf Kosten der Betroffenen ginge. Auch schätzt er
die gesamtgesellschaftliche Bedeutung der Tafeln weitaus geringer ein. Stattdessen gelte es stärker auf die Kommunikation der Betroffenen und deren
Ermächtigung zu setzen. Darauf entgegnet Johannes Schockendorf, dass es
auch nicht darum gehe, die Tafeln einfach von einem Tag auf den anderen zu
schließen, da niemand die Folgen für die Bedürftigen in Kauf nehmen wolle,
sondern die Frage vielmehr sei, was man tun könne, um eine solche Schließung irgendwann in den kommenden Jahren möglich zu machen.

Welche politischen Veränderungen sind also nötig, um die Tafeln überflüssig zu machen oder sie zumindest wieder auf ihre zusätzliche und ökologische
Funktion zu beschränken? Wie kann konkret darauf hingearbeitet werden?
Kurt Haymann ist der Ansicht, dass sich die Tafeln zunächst darüber klar
werden müssten, ob und inwiefern sie eine politische Zielsetzung verfolgen.
Wenn es einen solchen politischen Ansatz gibt, müsse dieser an die Tafelhelfer und -nutzer vermittelt werden. Dies könne durch eine Vernetzung mit
anderen von den gesellschaftlichen Veränderungen Betroffenen geschehen.

Mareike Leyer schließt sich dieser Auffassung an und hält eine Umschichtung der Energien für notwendig: Statt der Beschränkung auf die reine materielle Gabe sollte die Kommunikation stärker in den Vordergrund treten – sowohl die Kommunikation mit den Tafelnutzern, um diese zu ermächtigen und zu aktivieren, als auch die Kommunikation mit den Helfern, um diese zu informieren und zu befähigen.

Realistischer Wunsch nach Politisierung?

Ob man nun eine stärkere anwaltschaftliche Vertretung durch den Bundesverband, die mit der Aufklärung/politischen Bildung der Ehrenamtlichen einhergehen könnte, die Verknüpfung lokaler Tafeln mit Beratungsangeboten und Selbsthilfeinitiativen, einen Streik der Tafeln oder andere Strategien der Politisierung für sinnvoll erachtet, letztlich bleibt die Frage: Ist das Gros der Ehrenamtlichen bei den Tafeln überhaupt an einer solchen Politisierung interessiert? Oder würde diese nicht, wie Jens Becker befürchtet, „das Ende der Tafelbewegung" bedeuten, da die Tafeln als politische und nicht bloß karitative Organisation für viele Helfer, aber auch für viele Spender an Attraktivität verlieren würden? Während es unter den Teilnehmern des Symposions anscheinend einen weitgehenden Konsens im Hinblick auf eine anzustrebende Politisierung der Tafeln gibt, bleibt bis zum Ende der Diskussion fraglich, ob dieses politische Potential in der Tafelbewegung insgesamt vorhanden ist und welche Folgen eine Politisierung der Tafeln mit sich bringen würde. Auch Gerd Häuser betont in seinem Schlusswort, dass die Tafelhelfer eine heterogene Gruppe seien und das Interesse an politischem Engagement unter ihnen genauso gering ausgeprägt sei wie in der Bevölkerung insgesamt.

Fazit

Die Tafeln sind ein „Prototyp für gesellschaftliche Entwicklungen", wie Stefan Selke sie bezeichnet hat, und lassen sich nicht unabhängig von den politischen, medialen und diskursiven Veränderungen der Gegenwart analysieren. Die Tafeln können genauso wenig unabhängig von diesen Einflüssen agieren und müssen sich mit den Folgen ihres Tuns auseinandersetzen. Als kleinster gemeinsamer Nenner im Hinblick auf die Praxis der Tafelbewegung wurde in der Debatte deutlich, dass eine stärkere Reflektion vonnöten ist. Es gilt eine gemeinsame Position zu finden: Leisten die Tafeln lediglich materielle Hilfe, lindern also die schlimmsten Symptome der Armut, oder können sie auch dazu beitragen, die Ursachen von Armut zu bekämpfen? Die von allen Seiten existierenden Zuschreibungsprozesse machen deutlich, dass ein Handeln ohne diese Reflektion nicht mehr möglich ist – oder um es mit den Worten von Herrn Pevestorf zu sagen: „Die Tafeln haben ihre Unschuld verloren".

PODIUM 2
Tafeln, Ehrenamt und soziale Dienste

TeilnehmerInnen:
Udo Engelhardt (Tafel Singen), Michaela Hofmann (Caritas Köln), Manfred Thuns (Caritas Berlin), Stefan Weber (Caritasverband Limburg), Johannes Schockenhoff (Tafel Bietigheim Bissingen), Holger Hoffmann (Diakonie Baden)

Moderation und Zusammenfassung:
Katja Maar

Die Podiumsdiskussion „Tafeln, Ehrenamt und soziale Dienste" fokussierte insbesondere auf das Verhältnis von ehrenamtlichen Engagement und professionell erbrachter Sozialer Arbeit. Zentrale Fragestellungen waren:

- Welchen Stellenwert nehmen „Tafeln & Co." im Kontext sozialer Dienste ein?
- Wie gestaltet sich das Verhältnis von Ehrenamt und professioneller Sozialer Arbeit?
- Führt das ehrenamtliche Engagement zu einer „Deprofessionalisierung" Sozialer Arbeit?

Zu Beginn der Podiumsdiskussion führte Holger Hoffmann mit einem Vortrag über eine Studie der Diakonie Baden in das Thema ein.[1] Daran anschließend wurden unterschiedliche Fragestellungen diskutiert. Die zentralen Fragestellungen und Diskussionsbeiträge werden im Folgenden skizziert.

---

[1] Vgl. dazu den Beitrag von Holger Hofmann und Anneliese Hendel-Kramer in diesem Tagungsband.

**Wie gestaltet sich das Verhältnis von Ehrenamt und professioneller
Sozialer Arbeit im Kontext von Tafeln und Co.?**

Konsens bestand bei allen PodiumsteilnehmerInnen dahingehend, dass
ehrenamtliches Engagement prinzipiell positiv zu bewerten ist, professionell
erbrachte Soziale Arbeit jedoch nicht durch ehrenamtliches Engagement zu
ersetzen ist. Vielmehr ist beides aufeinander angewiesen: „Ehrenamt kann
professionelle Arbeit nicht ersetzen, das geht nicht! Aber professionelle Arbeit braucht auch ein Stück Ehrenamt" (Michaela Hofmann). Auf dem Podium wurde diskutiert, wie sich dieses Wechselverhältnis von Ehrenamt und
professionell erbrachter Sozialer Arbeit konkret gestaltet bzw. gestalten kann.
Michaela Hofmann betonte, dass eine Aufgabe professioneller Fachkräfte im
Bereich Sozialer Arbeit in der Anleitung und Begleitung der Ehrenamtlichen
liegt: „Denn Ehrenamtliche brauchen, das muss ich auch ganz klar sagen, sie
brauchen auch eine Anleitung, sie brauchen auch ein Stück Beratung. Sie brauchen ein Ohr, was ihnen zuhört, sie brauchen Qualifizierung und sie brauchen
auch Zeit! Das muss auch ein Professioneller wieder leisten." Auch Manfred
Thuns betonte die Notwendigkeit professioneller Strukturen für ein gelingen-
des Ehrenamt: „Aber gerade da machen wir auch die Erfahrung, dass wir für
die Koordination auch eine gewisse Struktur liefern müssen. Eine professionelle Struktur liefern müssen, in denen aber die Ehrenamtlichen auch zu recht
kommen und eine Unterstützung erfahren." Ein positiver Effekt ergibt sich
aus der Niedrigschwelligkeit des ehrenamtlichen Engagements. Dadurch können Zugangsbarrieren abgebaut und bei Bedarf Kontakt zum professionellen
Hilfesystem hergestellt werden. So auch Katja Maar: „Tafeln & Co. können
Niedrigschwelligkeit bieten, um Kontakt zum professionellen Hilfesystem
aufzubauen. Da ist ein großes Potenzial, das wird ja auch so genutzt".

Sind die Tafeln Soziale Arbeit?

Die etwas provokativ gestellte Frage danach, ob Tafeln Soziale Arbeit sind,
wurde von allen PodiumsteilnehmerInnen prinzipiell verneint. Udo Engelhardt betonte dies auch für das Selbstverständnis der Tafeln: „Ich erlebe es
immer wieder so, in der Diskussion mit den Tafeln, (…) wenn wir sagen, Tafeln
machen Sozialarbeit. Da sträuben sich bei ganz vielen Tafeln die Haare. Die
wollen das nicht. Die sagen: Nein, Sozialarbeit machen wir nicht. Also wirklich, die gleiche Arbeit wie Sozialarbeiter, das ist wohl Konsens bei Tafeln. (…)
Beratung wollen wir nicht machen, wenn, dann leiten wir weiter, in irgend-

einer Form. Wir sehen uns eventuell als Lotsen, dass die Leute an die richtige Stelle kommen. Das ist vielleicht so das Richtige."

Im Laufe der Diskussion wurde darauf verwiesen, dass TafelnutzerInnen nicht gleichzusetzen sind mit (potenziellen) NutzerInnen Sozialer Arbeit. Auch seitens der TafelnutzerInnen selbst ist diese Nähe zur professionellen Sozialen Arbeit nicht gewünscht, wie Holger Hoffmann am Beispiel einer Geschichte erläuterte: „Stellen sie sich eine riesige Tafel vor. Eine riesige Warteschlange vorne dran. Die Leute beobachten das immer. Und jetzt regnet es. Die Leute stehen da im Regen, in der Warteschlange. Jetzt kommt jemand auf die clevere Idee und sagt, wir stellen da Schirme hin, so Sonnenschirme, da stellen wir SozialarbeiterInnen hin und dann können die dort einen Kaffee trinken und dann können die diskutieren, wenn sie Problem haben mit ihrem Hartz IV-Antrag. Das haben wir probiert (...) war eine gut Idee, man muss solche Wege mal gehen. Irgendwann hat es dann nochmal geregnet, die ganze Aktion wurde wieder gemacht. Die Leute standen genau wie vorher in ihrer Schlange und haben sich ein Teufel um die sozialen Dienste gekümmert (...). Dann haben wir sie angesprochen, ja warum nehmt ihr das Angebot nicht wahr. Warum nehmt ihr nicht einen Schirm und trinkt einen Kaffee? Wollen wir nicht, wir stehen lieber hier in der Schlange. Wir kennen uns alle. Wir unterhalten uns hier. Das reicht uns."

Stefan Weber vertrat die Meinung, dass auch aus berufsständischen Gründen eine Gleichsetzung der Tafeln mit professioneller Sozialer Arbeit nicht zu rechtfertigen ist. SozialarbeiterInnen verfügen über professionelle Kompetenzen, durch welche eine klare Abgrenzung zum ehrenamtlichen Engagement gegeben ist.

Tragen Tafeln und Co. zu einer Deprofessionalisierung Sozialer Arbeit bei?

Bezogen auf die Gefahr, dass ehrenamtliches Engagement im Bereich Tafeln und Co. zu einer Deprofessionalisierung Sozialer Arbeit beiträgt, betonten Udo Engelhardt und Johannes Schockenhoff, dass Tafeln in einem Feld aktiv sind, in dem bezahlte Soziale Arbeit prinzipiell nicht tätig ist. Zudem sei die Arbeit bei Lebensmitteltafeln historisch betrachtet schon immer ehrenamtlich gewesen. Aus dieser Perspektive betrachtet tragen Tafeln & Co. nicht zu einer Deprofessionalisierung professionell erbrachter Sozialer Arbeit bei: „Gefahr der Deprofessionalisierung (...) wir können das relativ einfach abhaken. Tafeln arbeiten in einem Feld, in dem bezahlte Sozialarbeit sonst nicht stattfindet. Von daher sind wir nicht so wie beim Pflegedienst, in Kindergärten oder sonst irgendwo, wo quasi Konkurrenz entsteht" (Udo Engelhardt). Johannes Schockenhoff hob gleichzeitig jedoch auch hervor, dass die Anforderungen an die ehrenamtlich Tätigen bei Tafeln gegenwärtig stetig ansteigen, so dass sich eher die Frage nach einer Professionalisierung des Ehrenamtes stellen würde: „(...) jemand der dann im Tafelcafé zwei Stunden steht. Das ist schon eine andere Situation als in einem kommerziellen Café. Das ist nicht so anonym. Der hat schon andere Anforderungen, mit denen er konfrontiert wird. Da müssen wir ihm auch einfach eine Hilfestellung geben, dass er sich dieser Anforderung gewachsen fühlt" (Johannes Schockenhoff).

Eine Gefahr der Deprofessionalisierung Sozialer Arbeit sah Michaela Hofmann in der gegenwärtigen Wortwahl begründet, insbesondere dann, wenn Soziale Arbeit gleichgesetzt wird mit „mit Menschen in Kontakt sein". Manfred Thuns bestätigte dies, indem er für eine bewusste und reflektierte Wortwahl plädierte: „Ich bleibe bei meiner Meinung, ich sehe durch das Ehrenamt keine Deprofessionalisierung der Sozialarbeit. Ich teile aber die Auffassung der Frau Hofmann; es ist natürlich so, dass wir alle sprachlich darauf achten müssen, das wir nicht Psychotherapie machen und alle ein bisschen Sozialarbeit machen." Holger Hoffmann konstatierte schließlich, dass angesichts gegenwärtiger Entwicklungen eine weitere Professionalisierung Sozialer Arbeit notwendig ist: „Ich sehe eher eine Professionalisierung der Professionellen! Die immer weniger werdenden die es gibt, müssen immer besser ausgebildet sein. Sie werden ganz stark als Multiplikatoren tätig sein, Ehrenamtliche oder schlecht oder nicht Ausgebildete anleiten! Das ist die Zukunft der Sozialen Arbeit".

Zukunftsvisionen

Gegen Ende der Podiumsdiskussion wurde insbesondere über zukünftige Entwicklungen und Herausforderungen diskutiert. Dabei wurden unterschiedliche Zukunftsszenarien skizziert. Holger Hoffmann und Manfred Thuns thematisierten einen möglichen Fachkräftemangel, mit dem sich die Soziale Arbeit zukünftig auseinandersetzen muss. Manfred Thuns plädierte an dieser Stelle dafür, Fachkräfte über das Ehrenamt zu rekrutieren: „Wir haben ein großes Interesse wenn es um Ehrenamt geht. Wir haben viele Ehrenamtliche. Wir würden das, wenn wir das weiter entwickeln wollen, gern auch jüngeren Menschen näher bringen. Sie haben das angesprochen mit den Fachkräften, wir müssen auch jüngere Menschen für die professionelle Arbeit gewinnen. Das

kann man auch über das Ehrenamt machen. Fachkräftesicherung, Fachkräfte-
gewinnung ist gerade bei uns in unserem Bereich ein großes Problem, weil
viele Fachkräfte gut ausgebildet sind und in den Westen abwandern, dann
haben wir das Problem in doppelter Weise!"

Aber auch die Anzahl Ehrenamtlicher wird sich nach Ansicht von Holger
Hoffmann reduzieren: „Die ehrenamtlichen MitarbeiterInnenstämme wachsen
nicht mehr so unaufhörlich wie das noch vor fünf, sechs, sieben Jahren der Fall
war! Da ist schon was passiert. Und hier müssen dann vermehrt, das ist meine
Prognose, Profis hin um das Angebot überhaupt aufrecht zu erhalten. Dann
ist da die Frage, wer bezahlt das? Wer hat das Interesse daran, das zu regeln?"

Udo Engelhardt unterstrich diese Aussage und wies zusätzlich noch auf
die Gefahr eines zukünftigen Konkurrenzkampfes um Ehrenamtliche hin:
„Ich sehe einen Druck auf die Ehrenamtlichen der Tafeln zukommen, in dem
Sinne, dass ihre Aufgabenstellungen komplexer werden, wie sie das geschil-
dert haben. (…) Aber auch – wenn in anderen Bereichen viel mehr Ehrenamtliche gebraucht werden um die sozialen Aufgaben zu erfüllen, werden für die
Tafeln weniger übrig bleiben! Es wird, das ist auch eine meiner Prognosen, es
wird ein Druck entstehen. Das Ehrenamt heute ist freiwilliges Engagement.
Ehrenamt in der Zukunft ist – ich muss es tun, weil mir sonst auch niemand
mehr hilft, wenn ich Hilfe brauche. Da kommt ein Druck rein, der heute noch
nicht da ist."

Anschließende Diskussion im Plenum

In der an das Podium anschließenden Diskussion wurden nochmal zentrale
Aussagen aufgegriffen. So wurde die Notwendigkeit einer Professionalisierung
des Ehrenamtes durch Reflexion des eigenen Handelns vertieft thematisiert.
In diesem Zusammenhang wurde auch auf den Aspekt der Menschenwürde
verwiesen. Ein Symposiumsteilnehmer sah die Würde der NutzerInnen dadurch verletzt, dass sich viele nicht aktiv an der Verteilung der Lebensmittel
beteiligen können: „Menschenwürde haben wir immer wieder gehört. Da gehört dann auch dazu, dass sich so manche Tafeln auch fragen sollten, welche
Ehrenamtlichen sind bei uns tätig? (…) Die Exklusion von Bedürftigen, die
ehrenamtlich tätig sein wollen, das halte ich für einen sehr kritischen Punkt.
Warum werden Leute ausgeschlossen, die sagen, ich will nicht nur nehmen,
ich will auch was geben?".

Zudem wurde im Plenum die sozialräumliche Positionierung der Tafeln
kritisch hinterfragt. Eine Podiumsteilnehmerin kritisierte, dass auch seitens

der Medien den Tafeln zunehmend die Funktion zugeschrieben wird, arme
Menschen zu versorgen: „Ich erlebe das im Übrigen nicht nur in Bezug auf
Beratung sonder auch in Hinblick auf die Presse. Zu uns kommt permanent
das Fernsehen und will über uns an Menschen ran kommen. Immer wenn
was ansteht irgendwo, dann steht ein Fernsehteam vor der Tür und sagt, bei
Euch gibt es sicher Leute, die wir dann interviewen können oder die wir mal
filmen können oder solche Dinge. Das ist insgesamt eine Zuschreibung, die
ich für schwierig halte".

Schließlich wurde auch das Verhältnis zwischen Tafeln und professionell
erbrachter Sozialer Arbeit aufgegriffen. Ein Symposiumsteilnehmer betonte,
dass durch die Tafeln Abhängigkeiten entstehen, während Soziale Arbeit gerade darauf abzielt, Abhängigkeiten abzubauen und Selbständigkeit zu fördern.

PODIUM 3
NutzerInnen der Tafeln

TeilnehmerInnen:
Patrik Bönki (Sozialdienst katholischer Frauen Recklinghausen), Harald Gropp (Kompass Darmstadt), Gero Utz (Tafel/Caritas Schwandorf), Peter Schreier (Ev. Kirchenkreis Celle), Ursula Zeeb (Tafel Schondorf)

Moderation und Zusammenfassung:
Katja Maar

Die Podiumsdiskussion „NutzerInnenperspektive" wendete sich thematisch dem Kern des Modells der Tafellandschaft zu.[1] Zentrale Fragestellungen waren:

- Welchen (Hilfe-) Anspruch haben die NutzerInnen existenzunterstützender Angebote?
- Wie nehmen die NutzerInnen die Angebote in Anspruch?
- Können die Erwartungen, die NutzerInnen an die existenzunterstützenden Angebote stellen, erfüllt werden? Wo gibt es Grenzen?
- Wie gestaltet sich das Passungsverhältnis von Angebot und Nachfrage existenzunterstützender Angebote aus der Perspektive der NutzerInnen?

Im Laufe der Podiumsdiskussion kristallisierten sich mehrere Themenbereiche heraus, die im Folgenden systematisiert dargestellt werden.

Tafeln als letzte Konsequenz?

Alle PodiumsteilnehmerInnen waren sich weitestgehend darüber einig, dass die meisten NutzerInnen die Tafeln nicht gerne in Anspruch nehmen. Viel-

---

[1] Vgl. dazu den Beitrag von Stefan Selke in diesem Tagungsband.

mehr stellen die Tafeln eine Notlösung dar, wie Peter Schreier herausstellte: „Ich höre immer wieder in den Beratungen, wie notwendig die Tafeln sind. Ich höre aber auch, wie ungern man da hingeht. Das es wirklich als letzte Konsequenz genutzt wird. (…) Die Leute kommen nur, wenn es dringend notwendig ist. Sonst kommt da keiner!" Patrik Bönki bestätigte dies: „Was ich mit Sicherheit sagen kann, durch all die Jahre ist niemand gekommen der gesagt hat, super!" Ursula Zeeb stellte in diesem Kontext zudem heraus, dass für viele der NutzerInnen die Inanspruchnahme von Tafeln mit einem massiven sozialen Abstieg gleichzusetzen ist: „Dann gibt es die Gruppe derer, (…) die eine hohe Hemmschwelle hat und für die die Nutzung der Tafel der Beweis dafür ist, dass sie ganz unten angekommen sind. Das sind auch die Menschen, die sehr lange brauchen bis sie auf dieses Angebot eingehen und die sich sehr lange auch dagegen sträuben, die Tafeln in Anspruch zu nehmen." Vor diesem Hintergrund wurde im weiteren Verlauf diskutiert, welchen Gebrauchswert die Tafeln besitzen bzw. welche Faktoren diesem Gebrauchswert eher entgegenstehen.

Gebrauchswert der Tafeln

Die PodiumsteilnehmerInnen diskutierten darüber, welcher Nutzen bzw. Gebrauchswert aus den Angeboten insbesondere der Lebensmitteltafeln gezogen werden kann. Zunächst wurde dabei der Fokus auf den Gebrauchswert aus der Perspektive der NutzerInnen gerichtet. Einigkeit bestand darüber, dass für den Großteil der NutzerInnen der Gebrauchswert der Tafeln primär im materiellen Einsparungspotenzial der Angebote besteht. Bezogen auf weitere lebensmittelbezogene Angebote aus dem Bereich existenzielle Notlagen stellte Harald Gropp jedoch auch den sozialen Gebrauchswert heraus: „Der Nutzen ist, dass die Menschen Essen und Trinken bekommen, dass sie sich treffen, dass sie neue Bekannte kennenlernen, dass sie im Winter nicht so lange Draußen sein müssen."

Peter Schreier verwies auf die zentrale Bedeutung der Gestaltung der Räumlichkeiten: „Mir war es wichtig herauszustellen, dass die Leute sich in dieser Örtlichkeit (…) wenn man von Wohlfühlen überhaupt sprechen kann, aber einigermaßen wohl gefühlt haben! Das ist ein ganz wichtiger Punkt, dass die Leute, wenn sie schon diese Notwendigkeit in Anspruch nehmen, dann auch ein würdiges Umfeld haben."

Neben den TafelnutzerInnen ziehen aber auch die ehrenamtlichen MitarbeiterInnen der Tafeln einen Gebrauchswert aus den Angeboten. Hier wurde auf dem Podium insbesondere der Gebrauchswert in Form des Abbaus von Vorurteilen und Stigmatisierungen diskutiert. Ursula Zeeb führte dies auf die Konfrontation mit anderen Lebenswelten zurück: „Was ich auch so beobachte ist, da gibt es auch Nutzer, die nicht Tafelkunden sind. Wenn ich mal das Wort nehmen kann. Die Freiwilligen sind Nutzer der Tafel, nach meiner Auffassung. Die Freiwilligen, die aus anderen sozialen Schichten kommen, aus der Mittelschicht, aus gehobeneren Schichten. Für die hat die Tafel ganz einfach den Nutzen, dass sie mit Lebenswirklichkeiten konfrontiert werden, denen sie sonst nie in ihrem Leben begegnen würden. Und die formulieren das auch als Bereicherung. Da entsteht dann mit der Zeit etwas in Richtung Wertschätzung gegenüber den Bedürftigen und den Armen, nämlich, dass die es schaffen, ihr Leben zu organisieren. Das merke ich nach einer gewissen Zeit, das ist ein Prozess, das stellt sich nicht sofort ein." Gero Utz unterstrich diese Aussage: „Dass die Lebenswelten sich annähern, man kommt sich näher im Gespräch. Es werden wunderbar Vorurteile auf einmal in Frage gestellt, dass man nicht mehr von denen spricht, die sind zu faul um zu arbeiten, sondern es werden bestimmte Klischees in Frage gestellt."

Als dritte Gruppe wurden die sogenannten „1-Euro-Jobber" angesprochen. Für diese stellt sich der Gebrauchswert der Tafeln nach Ansicht von Ursula Zeeb primär in der mit der Tätigkeit bei den Tafeln verbundenen Aktivierung und Alltagsstrukturierung dar: „Und natürlich auch die, die über Maßnahmen, also über 1-Euro Jobs, dann bei der Tafel als Freiwillige weiter machen. Die darin auch eine gewisse sinngebende Hilfe verstehen. Die sagen, damit kriege ich meinen Alltag strukturiert. Das hat mir geholfen, aus meiner Lethargie heraus zu kommen. Das ist auch noch so ein Kreis. Das kann man aber nur ganz wenigen ermöglichen."

Gebrauchswertreduzierende Aspekte

Neben dem Gebrauchswert der Lebensmitteltafeln wurden auf dem Podium auch gebrauchswertreduzierende Aspekte der Angebote diskutiert. Zunächst wurde in diesem Kontext auf Barrieren der Inanspruchnahme hingewiesen. Diese wurzeln zum einen darin, dass es bei den Angeboten der Lebensmitteltafeln um die Befriedigung existenzieller Bedürfnisse geht: „Ich denke, hier wo es um das Existenzielle, nämlich, essen und trinken geht, ist die Hemmschwelle noch mal viel größer" (Peter Schreier). Zum anderen berichtet Gero Utz davon, dass viele Menschen Angst davor haben, als TafelnutzerInnen erkannt zu werden. Eng damit verbunden ist die Angst der NutzerInnen vor

Stigmatisierungen und vor dem sozialen Abstieg. „Ich merke aber in Gesprächen, dass die größte Angst, das größte Problem, das die Menschen haben, ist, dass sie an der Teilhabe am gesellschaftlichen Leben ausgeschlossen sind" (Ursula Zeeb). Der soziale Abstieg wird dabei oft als persönliches Versagen wahrgenommen „Das Versagen, das Angstversagen, dann auch noch durch die Rollenzuschreibung. Wenn ich als Mann arbeitslos geworden bin, kann ich nicht mehr als Ernährer der Familie dienen. Das ist ja noch stark in den Köpfen" (Gero Utz).

Ein weiterer gebrauchswertreduzierender Aspekt ergibt sich aus der Koppelung materieller Hilfen in Form der Lebensmittel mit eher psychosozial orientierten Hilfeangeboten. Bezogen auf ein Kochangebot beschreibt Patrik Bönki die Abwehrhaltung vieler NutzerInnen: „Nur weil wir keine Kohle haben, heißt das noch lange nicht, dass wir auch nicht kochen können. Diese Stigmatisierung durch diese Angebote, dass konnte man schon feststellen, dass wir sagen O. K.: Da halten wir uns mal ganz vornehm zurück".

Katja Maar verwies in diesem Zusammenhang auf das oftmals ambivalent wahrgenommene Verhältnis zwischen professionell erbrachter Sozialer Arbeit und Lebensmitteltafeln: „(…) Viele sagen: Ich möchte da (bei den Tafeln) meine Ruhe haben, ich möchte da nicht organisiert werden in irgendeiner Form, sondern möchte da meine Lebensmittel haben und sonst eigentlich in Ruhe gelassen werden."

Partizipation

Ein wichtiger Aspekt, der im Laufe der Podiumsdiskussion immer wieder angesprochen wurde, ist der der Partizipation. „Das wir hier über jemanden reden und nicht mit den Menschen reden und ich glaube das ist so ein Schlüsselwort für diese Diskussion, das ein Stück weit prägen sollte" (Ursula Zeeb). Patrik Bönki berichtet von seinen Erfahrungen, dass sich der Gebrauchswert der Angebote für diejenigen erhöht, die sich aktiv mit einbringen können: „Die Leute, die nutzen und mitarbeiten, haben sich bei mir noch nicht so beschwert darüber. Insbesondere bei den Kernpunkten, was die Würde des Ganzen angeht: Ich glaube, das ist ein ganz erheblicher Teil, wenn man das nutzen muss, das man auch die Möglichkeit bekommt, sich zu beteiligen. Und das stellen wir so schon fest! Leute die mitarbeiten und nutzen, platt gesagt, sind zufriedener als die, die einfach nur hingehen müssen. Das ist so." Auch Harald Gropp stellte den hohen Nutzen partizipationsfördernder Strukturen bei den Angeboten heraus: „(…) und umso glücklicher war ich, als ich von

Kompass Darmstadt dann erfahren habe, wo es auch bei einem Frühstück essen und trinken gibt, Brötchen und Kaffee. Wo aber ein ganz anderes Konzept dahinter steht: Wo versucht werden soll, alle Betroffenen einzubeziehen und zu aktivieren. Es muss keiner seine Identität bekannt geben." Verstärkt wird dies seiner Ansicht nach durch den Abbau bestehender Hierarchien zwischen Hauptamtlichen, Ehrenamtlichen und NutzerInnen: „Es funktioniert deshalb so gut, denke ich, weil es an den betroffenen Personen liegt. Und an der relativ konfliktfreien Situation zwischen Haupt- und Ehrenamtlichen und uns Betroffenen. Diesen Unterschied merkt man so deutlich gar nicht. Und er ist ja auch praktisch gar nicht vorhanden."

Resümierend betonte Ursula Zeeb gegen Ende der Podiumsdiskussion: „Wo ist die Schwelle? Warum nutzen sie Dinge nicht, die es gibt? Das ist noch so ein Punkt, das ist mir hier auch noch ganz klar geworden. Für mich ist das ein Resümee aus dieser Tagung, wieder viel stärker darauf zu achten das wir nicht für die Leute arbeiten, sondern mit ihnen und auch mit ihnen stärker gemeinsam überlegen, was für sie die Lösungen sind. Und nicht für sie irgendwelche Angebote ausdenken."

Anschließende Diskussion im Plenum

Im Anschluss an die Podiumsdiskussion wurde im Plenum weiter über das Thema „NutzerInnenperspektive" diskutiert. Stefan Selke verwies in diesem Zusammenhang auf eine empirische Studie, die er gemeinsam mit Katja Maar zu existenzunterstützenden Angeboten in Nordrhein Westfalen durchgeführt hat.[2] Insbesondere betonte er zwei Forschungsergebnisse. Das erste Ergebnis bezieht sich auf die Selbstzuschreibung der TafelnutzerInnen: „Die Selbstverortung, nicht mehr Teil der Gesellschaft zu sein, zieht sich wie ein roter Faden durch alle Interviews durch" (Stefan Selke). Das zweite Ergebnis fokussiert auf Ungleichheitserfahrungen, von denen die NutzerInnen der Studie berichtet haben. Die NutzerInnen fühlen sich in einer „doppelten Opferrolle": „Man ist schon Opfer der Gesellschaft, d. h. man ist arbeitslos, Hartz IV oder was auch immer (…). Und kommt dann an einen Ort, an dem es Existenzunterstützung

---

[2] Vgl. dazu die Ergebnisse einer qualitativen NutzerInnenbefragung: Selke,/Maar (2011): Grenzen der guten Tat. Ergebnisse des Forschungsprojekts „Existenzunterstützende Angebote in Trägerschaft von gemeindlichen und verbandlichen Anbietern in NRW". In: Caritas NRW (Hg.), Brauchen wir Tafeln, Suppenküchen und Kleiderkammern? Hilfen zwischen Sozialstaat und Barmherzigkeit, Freiburg i. Br., 12–104.

geben soll! (...) An diesem Ort der Gesellschaft, an dem die Nerven blank liegen, machen Menschen jetzt noch einmal Ungerechtigkeits- und Ungleichheitserfahrung (...) teilweise subtile, manchmal auch ganz offensichtliche" (Stefan Selke).

Luise Molling berichtete von einer Studie, die sie in Berlin durchgeführt hat. Ihre Ergebnisse decken sich mit denen der Studie von Stefan Selke und Katja Maar: „Ich habe auch 20 Interviews geführt – es ging eigentlich auch in dieselbe Richtung. Was ich herausgefunden habe damals, also die Hälfte, der Menschen haben Scham empfunden. Eindeutig! Zweitens: Die Parallelgesellschaften: Mir hat eine Frau gesagt, das werde ich nie vergessen: Ja, wenn ich zur Tafel gehe, ich gehe eigentlich gerne hier her, weil ich muss mich hier nicht schön machen. Ich fand das so ein aussagestarkes Symbol: ich muss mich nicht schön machen. Ich kann hier her kommen, so wie ich bin. Hier sind alle gleich. Hier sind alle so wie ich. (...) Die bleiben unter sich. Das ist eine Parallelgesellschaft. Es ist nicht so, dass sie Verbindung haben zur Mehrheitsgesellschaft. Das ist nicht so, dass sie Möglichkeiten haben, sich zu verbinden, zu vernetzen!" (Luise Molling).

Die skizzierten Forschungsergebnisse wurden im Plenum diskutiert. Dabei richtete sich der Fokus insbesondere auf die in den Studien rekonstruierte Resignation und das Gerechtigkeitsempfinden der TafelnutzerInnen. Udo Engelhard forderte in diesem Kontext, die Ursachen der Resignation nicht primär in den Angeboten der Tafeln zu verorten: „Ich habe große Probleme, die Resignation der Menschen, die wirklich ganz unten sind, nur im Fokus auf die Tafeln zu sehen. Wie Menschen im Jobcenter behandelt werden, das ist teilweise viel, viel schlimmer" (Udo Engelhardt). Michaela Hofmann plädierte schließlich dafür, die Resignation und Schamgefühle der TafelnutzerInnen ernst zu nehmen: „Lassen sie uns doch einmal wahrnehmen, wenn Menschen sagen, dass sie sich schämen. Dann schämen sie sich erst einmal. Das finde ich ganz wichtig und nicht dann wieder diesen Schritt zu machen und zu sagen, das darf aber nicht so sein, das kann doch gar nicht sein, weil ich so nett bin. Sondern die schämen sich. Sie schämen sich auf Grund der Situation."

PODIUM 4
Tafeln, Sozialethik und Menschenwürde

TeilnehmerInnen:
Jens Becker (Universität Frankfurt), Dieter Greese (Kinderschutzbund NRW), Hilde Rektorscheck (Tafel Marburg/Landesverband Hessen/Kulturloge Marburg), Annette Waffenschmidt (Tafel Bietigheim-Bissingen)

Moderation und Zusammenfassung:
Stefan Selke

In dieser Podiumsdiskussion ging es im Kern um die Unterscheidung zwischen *individueller Beschämung* und *institutioneller Scham* bei Tafeln und ähnlichen Einrichtungen. Das eher abstrakte Thema ‚Sozialethik und Menschenwürde' wurde von den TeilnehmerInnen auf eine angewandte Ebene der Tafelpraxis herunter gebrochen. Im Folgenden werden die Hauptstränge der Diskussion dargestellt:

Verlust der Menschenwürde in einer Prozesskette der Beschämung

Scham kann nur durch einen ganzheitlichen Ansatz bekämpft werden. Udo Engelhardt verweist darauf, dass es Unterschiede zwischen beschämenden Erfahrungen bei Jobcentern und bei Tafeln gibt. Eine Gleichsetzung beider Erfahrungsebenen, so Engelhardt, ist nicht möglich. Gleichwohl entwickelt sich das Schamgefühl entlang einer *Prozesskette*, die auch die Tafeln als konstituierendes Element beinhaltet. *Menschenwürde geht nicht an einem einzigen Ort verloren*, sondern entlang dieser Prozesskette. Deshalb müssen alle Orte der Beschämung gleichermaßen in den Blick genommen werden.

Bei den Tafeln selbst lässt sich, so Stefan Selke, trotz aller individuellen Bemühungen, die strukturelle Asymmetrie zwischen Gebenden und Nehmenden nicht restlos vermeiden. Heribert Rhoden erinnert daran, dass Würde der letzte Schutz des Menschen vor der Scham ist. Er zweifelt nicht daran, dass die meisten Tafeln bzw. deren MitarbeiterInnen versuchen, würdevoll mit den jeweiligen NutzerInnen umzugehen. Gleichzeitig macht er deutlich, dass dies eine Entwürdigung der Menschen nicht verhindert, da das entwürdigende Moment im System enthalten ist. Nur ein Systemwandel garantiert den Schutz vor dem Verlust der Menschenwürde. Der würdevolle Umgang mit dem jeweils Anderen ist zudem kein Schutz vor dem Verlust der Menschenwürde. Wenn NutzerInnen von Tafeln (als Teil der o. g. Prozesskette) die subjektive Wahrnehmung haben, dass würdelos mit ihnen umgegangen wird, dann haben sie bereits ihre Würde verloren. Das ist, so Rhoden weiter, „der kritische Moment". An dieser Stelle wird deutlich, dass die Selbstzuschreibungen der Betroffenen objektiven Charakter erhalten – quer zu allen Bemühungen der HelferInnen. Abschließend warnen Heribert Rhoden und Dieter Greese davor, eine Kultur zu fördern, in der diese Form der (Selbst-)Entwürdigung zu einer neuen gesellschaftlichen Realität wird, indem etwa Kinder „in dieses System hineingezogen werden und sich verteidigen müssen". Entwürdigung und Beschämung darf niemandem, auch nicht unabsichtlich, „systematisch beigebracht werden".

Mutlosigkeit bei der Anerkennung von Beschämung

Scham ist in der Praxis ein Tabuthema – hierüber besteht großer Konsens unter den TeilnehmerInnen. Annette Waffenschmidt bekräftigt dies aus ihrer Erfahrung heraus: „Das ist kein Thema, das offensichtlich ist. Die KundInnen sprechen nicht darüber, auch die MitarbeiterInnen im Tafelladen nicht. Solche Erfahrungen werden nicht laut weiter gesagt". Durch das Verschweigen aber entstehen vor Ort mehr oder weniger konfliktgeladene Situationen. Es braucht, so Waffenschmidt weiter „sehr viel Mut, Beschämung anzusprechen, wenn sie stattgefunden hat. Offen geschieht das nicht." Wenn aber Scham und Beschämung empirische Realitäten bei Tafeln sind (und hier wird nun der institutionelle Rahmen enger gezogen, d. h. von der vorgängigen Beschämung z. B. bei Jobcentern abgesehen), dann besteht der erste Schritt in der Änderung der Situation darin, diese Realität anzuerkennen und das Tabu zu brechen. Dieses selbstkritische Potenzial ist aber, so verschiedene TeilnehmerInnen, bei Tafeln (noch) unterschiedlich ausgeprägt.

„Es knistert ..." – Neue Modelle der Partizipation und Aktivierung bei Tafeln

Solange sich die beteiligten AkteurInnen gegenseitig etwas vormachen und dort Normalität inszenieren, wo keine Normalität herrscht, ändert sich an der strukturellen Asymmetrie nichts. Hilde Rektorschek liefert dafür zwei Beispiele: Erstens ändert der symbolische Betrag, den die NutzerInnen bei den meisten Tafeln entrichten müssen, nicht wirklich etwas an der Grundsituation der Beschämung durch Almosen. Zweitens dokumentiert die latente „Angst", die HelferInnen vor ihren eigenen „KundInnen" haben, dass der soziale Raum „Tafel" nicht als symmetrisch empfunden wird. Diese Angst zeigt sich, so Rektorschek, darin, dass sich immer mindestens zwei HelferInnen im Ausgaberaum befinden: „Ich merke, da knistert es. Das kann man so nicht laufen lassen. Das sind alles Sachen, die dazu führen, dass Menschen, die sich nicht wehren können, in die Ecke gedrückt werden." Sie schlägt daher das Modell eines Tafelbeirats vor, dem auch TafelnutzerInnen angehören, mit anderen Worten, sie fordert Partizipation.

Aus NutzerInnen Mitwirkende machen

Beschämung zu durchbrechen erfordert Aktivität, so in ähnlicher Weise auch Jens Becker. Beschämung ist ein Herrschaftsmittel. Die bei Tafeln latent herrschende Dankbarkeitspflicht ist ein Ausdruck dieses Herrschaftsmittels. Trotz ihres abweichenden Selbstverständnisses sind Tafeln ein Instrument der Beschämung. Wie sonst wäre zu erklären, dass die meisten Menschen den Kontakt zur Tafel, die sie nutzen, möglichst oberflächlich gestalten. „Die Menschen wollen schnell weg und das ist denkbar ungünstig", so Becker weiter. Scham kann nur dann verhindert werden, wenn das Gegenteil passiert, „wenn aus den NutzerInnen Mitwirkende werden", wie Katja Maar es ausdrückt. Es geht also darum, dass die Betroffenen selbst Rollen finden, dass „sie möglichst partizipationsfähig werden und aus der Ecke rauskommen" (Jens Becker). Tafeln bieten hierzu Möglichkeiten, die nur selten genutzt werden. Hilde Rektorschek berichtet davon, wie sie auf Misstrauen stieß, weil sie TafelnutzerInnen durch die Tafel führte.

Mitwirkung beginnt schon dort, wo NutzerInnen sich überhaupt artikulieren können. Beschwerden werden bei Tafeln aber meist sanktioniert. Hilde Rektorschek schlägt dafür einen Personalrat bei Tafeln vor, der die Beschwerden aufnimmt – damit diese nicht an der Ausgabetheke ausgehandelt werden müssen. Dieser Idee stehen einige der TeilnehmerInnen skeptisch gegenüber, so z. B. Hans von Frankenberg: „Die Sache mit dem Beirat ist eine gute Idee. Aber wenn man die NutzerInnen vor der Tafel fragt, ob diese da mitmachen wollen, drehen die sich auf der Stelle um."

Den Betroffenen eine Stimme geben

Dennoch sehen die TeilnehmerInnen der Runde die Notwendigkeit, den Betroffenen eine Stimme zu geben. Es gibt, so Hilde Rektorschek, keine Lobby für diejenigen, die zur Tafel gehen. „Wenn da jemand willkürlich behandelt wird, ist er ausgeliefert." Interessant an dieser Aussage ist die Tatsache, dass der Bundesverband Deutsche Tafel e. V. (bzw. die entsprechenden Landesverbände) *nicht* als diese Lobby für die „Menschen mit wenig Geld" angesehen werden. Gerade vor diesem Hintergrund sind zwei Projekte sinnvoll: örtliche Beiräte bei den Tafeln, die das lokale Gewissen darstellen und einen unabhängigen Armutsbeauftragten auf Bundesebene als überregionales Gewissen. Dieser sollte aber nicht allein die Aufgabe haben, regelmäßig den politischen Instanzen zu berichten sowie ressortübergreifend Hilfe zu organisieren – wie Gerd Häuser es in seinem Vortrag treffend skizziert hat – sondern darüber hinaus auch die Aufgabe, Tafeln (und alle weiteren existenzunterstützenden Angebote) zu beobachten und regelmäßig zu evaluieren. Erst beide Aufgaben zusammengenommen, die Qualitätssicherung nach innen und die Vernetzung nach außen, würden dem Amt die notwendige Legitimation und Zielsetzung verschaffen.

Ehrenamt nicht ohne Schulung in Sozialethik

Personalräte und Beiräte bringen mehr Partizipation für die NutzerInnen. Was aber kann sich auf der Seite der HelferInnen ändern? Annette Waffenschmidt sieht in der Schulung von Ehrenamtlichen einen Ansatz, Michaela Hofmann fordert zudem, einen gemeinsamen und verbindlichen Verhaltenskodex für den Umgang miteinander zu vereinbaren. Auch wenn nicht alle MitarbeiterInnen sich für derartige Schulungen erwärmen können, verändern schon einige geschulte MultiplikatorInnen nachhaltig die Grundsituation. Das Grundproblem dabei beschreibt Annette Waffenschmidt aus ihrer Tafelpraxis heraus präzise: „Es geht um zwei unterschiedliche Ebenen, die mit den Mitarbeitern reflektiert werden müssen. Die Mitarbeiter haben das Gefühl, etwas Gutes zu,

dennoch unterläuft ihnen etwas, was zur Beschämung des Anderen führt."
Die Festlegung der Einkaufsreihenfolge, das Los- und Bezahlsystem, die Entscheidung, wer als nächster den Raum betreten darf, die Tatsache, „einem
Kunden wie einem Kind sagen zu müssen, eine Ware wieder hinzustellen" –
dies sind Beispiele für unintendierte Beschämungseffekte. „Das passiert, ohne
dass man es persönlich wahrnimmt." Die Kränkung wird nicht beabsichtigt,
findet aber dennoch statt.

Genau diesen Doppelaspekt des eigenen Tuns gilt es in Schulungen zu
reflektieren. Dabei geht es z. B. darum zu lernen, sich mit eigenen Werthaltun-
gen den NutzerInnen gegenüber zurückzuhalten und ihnen tatsächlich auf
Augenhöhe zu begegnen: „Wir müssen deren Lebensweg nicht verstehen", so
eine Teilnehmerin, „wir müssen den Menschen aber das Gefühl geben, dass
wir sie ernst nehmen und das wir in ihnen positiv besetzte Ressourcen sehen."
Auch im Ehrenamt, so der Konsens bei den TeilnehmerInnen der Runde, geht
nichts ohne Schulungen, die auf gemeinsame (sozialethische) Grundsätze ver-
pflichten. Udo Engelhardt zeichnet daher ein optimistisches Bild: „Wir sehen
den Bedarf an Schulungen, weil wir merken, dass es nur dadurch besser werden kann. Wir sind davon überzeugt, dass es einen Verstärkungseffekt gibt,
wenn diese Schulungen erst einmal durchlaufen sind und es dann positive
Rückmeldungen gibt."

Beschädigte Selbstbilder trotz Symbolik des guten Gewissens

Das gegenwärtig herrschende Selbstbild der Tafeln lässt oftmals keine klare
Analyse der empirischen Praxis zu. Die „beschädigten Selbstbilder", so Stefan
Selke, immunisieren gegen Kritik – die TeilnehmerInnen der Tagung sind hier
die positive Ausnahme. Annette Waffenschmidt unterstreicht, wie in der Praxis zahlreiche Irritationen entstehen, weil die HelferInnen eigentlich Dank-
barkeit von den NutzerInnen erwarten, tatsächlich aber Widerstand erleben.
Hierin, so Waffenschmidt weiter, zeigt sich die Ambivalenz der Tafeln deutlich: Sie sind „ein Symbol, ein Ort, an dem gesellschaftliche Ungerechtigkeit
sichtbar wird". Dieser Ort ist jedoch mit zwei – sich diametral gegenüber-
stehenden – Symboliken überlagert: Für die NutzerInnen besteht die (negative)
Symbolik darin, dass ihnen die Tafeln einen Spiegel vorhalten, in dem sie
erkennen, wo sie gesellschaftlich stehen; „ziemlich weit unten", so Waffenschmidt. Für PolitikerInnen und SpenderInnen sind sie ein (positives) Symbol
des eigenen guten Gewissens. „An dieser Stelle zeigt sich eine ganz große

Unüberbrückbarkeit in der Tafelarbeit. Genau an dieser Stelle entstehen die Kränkungen", so Waffenschmidt abschließend.

Das Gefühl, Gutes zu tun, reicht nicht aus

Zusammenfassend lässt sich festhalten, dass die institutionelle Beschämung nur durch einen Strukturwandel verhindert werden kann. Dies ist sicher ein langfristiges Projekt. An der individuellen Scham aber lässt sich auch kurz- und mittelfristig etwas ändern. Dabei sollte nicht monokausal vorgegangen werden, wie Dieter Greese am Beispiel der Kinderarmut und der Beschämung von Kindern verdeutlicht. Alle Möglichkeiten, emanzipatorische Potenziale zu stärken, sollten genutzt werden. Fatal wäre es, wenn sich das persönliche Gefühl von Scham und Beschämung aufheben würden, weil sich alle Menschen bei Tafeln in einer ähnlichen Situation befinden und dies mit der Zeit den Charakter einer neuen Normalität erhält. Es gibt – dies zeigen erste Forschungsergebnisse – genügend Bereitschaft bei den NutzerInnen, sich aktiv einzubringen, so Jens Becker: „Der Wille ist bei vielen da. Eigentlich wollen viele etwas zurückgeben. Und dadurch könnte sich das Beschämungsverhältnis ein Stück weit relativieren". Stefan Selke appelliert abschließend: „Beschämung ist etwas, woran man arbeiten kann. Jede Institution kann daran arbeiten, die jeweiligen Beschämungsverhältnisse zu reduzieren. Nur gefühlt etwas Gutes zu tun, reicht nicht aus." Die zentrale Frage dabei ist, wie sich die bei Tafeln geleistete Hilfe so wenden lässt, dass das bei Tafeln übliche institutionelle Gefälle zwischen „oben" und „unten", also zwischen Gebenden und Nehmenden überwinden lässt und die Menschen wieder zu aktiv handelnden Personen macht, die ihr eigenes Schicksal in die Hand nehmen.

Diese Zukunftsstrategie für die Transformation von Tafeln – Emanzipation statt Resignation – bedeutet auch, für die eigentlich Bedeutung des Begriffes „Tafel" zu kämpfen und nicht zuzulassen, dass sich eine euphemistische Deutung durchsetzt.

PODIUM 5
Transformation der Tafeln

TeilnehmerInnen:
Udo Engelhardt (Tafeln Singen/AWO), Michael König (Soester Tafel), Ulrich Thien (Caritas Münster), Herbert Rhoden (Caritas Trier), Willy Wagenblast (Bundesverband Deutsche Tafel e. V.)

Moderation und Zusammenfassung:
Stefan Selke

Ziel dieser Podiumsdiskussion war die Vorstellung und der Vergleich prominenter Positionspapiere zu Tafeln und ähnlichen Angeboten sowie das Herausarbeiten von Gemeinsamkeiten und Unterschieden in den jeweiligen Konzepten.

Zwischen Sozialstaat und Barmherzigkeit

Ulrich Thien erläutert stellvertretend für die fünf Diözesan-Caritasverbände in Nordrhein-Westfalen (Aachen, Essen, Köln, Paderborn und Münster) die Genese des Positionspapiers „Zwischen Sozialstaat und Barmherzigkeit"[1]. Zudem plädiert er für die Einigung auf einen konsensfähigen Begriff, um die Angebote, die im Rahmen des Tafelsymposions im Sinne einer Heuristik mit „Tafeln & Co." bezeichnet wurden, auf einen Nenner zu bringen. Ausgangspunkt seiner Ausführung ist die Tatsache, dass es keine systematische Erfassung der existenzunterstützenden Angebote in NRW gab. Dieser Bereich umfasst nach seiner Terminologie sowohl Lebensmittelausgaben als auch Suppenküchen, Kleiderkammern, Möbelshops oder Sozialkaufhäuser. Ziel des Positionspapiers war es, das eigene Engagement im sozialen Raum zu verorten

---

[1] Download unter: http://www.caritas-nrw.de/downloads/positionen_stellungnahmen/Positionsp_Soz_Staat_Barmherzigkeit_1008.pdf

und die Inhalte in den politischen Raum zu streuen. Es ging dabei auch um das Hinterfragen der eigenen Motive des Handelns unter den herrschenden Rahmenbedingungen.

Ergebnis war ein Positionspapier, das „nicht als Funktionspapier von oben" entstand, sondern durch die MitarbeiterInnen der existenzunterstützenden Angebote selbst, die sich zu einer Fachtagung trafen. Dieser offene und partizipative Prozess schuf zugleich eine hohe Akzeptanz des Positionspapiers. Deutlich wurde die Position der Caritas in NRW. Im Wesentlichen, so Ulrich Thien weiter, geht es darum, die eigene Arbeit „nicht auf Almosenabgabe zu beschränken" und damit einem „christlich-politischen Anspruch gerecht zu werden". Dazu gehört das Angebot weiterführender Hilfen und Beratungsangebote und eine klare anwaltschaftliche Haltung, die sich im Erkennen von Gerechtigkeitslücken vor Ort ausdrückt. Damit wird weit mehr geleistet, als „einfach nur ruhig zu stellen". Ulrich Thien spricht von der „sozialpolitischen Rolle" der Spitzenverbände, die es noch stärker in den Blick zu nehmen gilt und die auch verlangt, das politische Denken auch an die AkteurInnen vor Ort bei den existenzunterstützenden Angebote heranzutragen. Die Hauptaufgabe der Zukunft sieht Ulrich Thien in der Begleitung der ehrenamtlichen HelferInnen, deren Aktivierung und dem Angebot an Reflexionsmöglichkeiten des eigenen Tuns.

Abschließend berichtet Ulrich Thien, dass das Positionspapier „Zwischen Sozialstaat und Barmherzigkeit" zum Teil kontrovers diskutiert wurde. Gleichzeitig aber ist es gelungen, dass dieses Papier „nicht in der Schublade landete", sondern zu einer breiten Diskussion im Verbandsbereich und der Öffentlichkeit beigetragen hat.

Die Tafeln als Laienbewegung

Willy Wagenblast berichtet auf sehr persönliche Weise von der Genese seines Engagements für die Tafeln und für den Bundesverband Deutsche Tafel e. V. Nachdem er in Rente gegangen war, begann er bei der Singener Tafel mitzuarbeiten. Er war zuständig für die Akquise von Lebensmitteln, obwohl seine Kernkompetenz im Bereich Finanzen lag. Durch seine Akquise-Erfolge und sein Engagement im Bereich Sponsoring konnten in der Region bald immer mehr Tafeln eröffnen. Willy Wagenblast betont, dass er nie für das ausgebildet wurde, was er bei den Tafeln tat. Erst später, als er ehrenamtlicher Schatzmeister des Bundesverbandes Deutsche Tafel e. V. wurde, konnte er sich als Spezialist für Finanzen einbringen. Er lernte alles autodidaktisch, Lagerhaltung, Koordination von Fahrerplänen: „Ich bin nicht ausgebildet worden für diese ganzen Tätigkeiten, aber irgendwie habe ich es gepackt." Damit bringt er zum Ausdruck, dass die Tafelbewegung im Kern eine Laienbewegung ist. Innerhalb dieser Laienbewegung arbeiten Menschen mit, die, so Wagenblast weiter, nicht sozialer sind als andere, die sich aber einbringen wollen: „Und es gibt viele Möglichkeiten bei den Tafeln. Sie können was mit Lebensmitteln machen, sie können fahren, sie haben den kaufmännischen Bereich, sie haben die Akquise. Ich denke, das ist ein gewisser Anziehungspunkt, gerade für Rentner." Er schätzt das Engagement der meisten so ein, dass diese sich weniger als „Gutmensch" profilieren, als vielmehr „dabei sein und sich einbringen" wollen. Die Zukunft sieht Wagenblast in der Vernetzung mit anderen AkteurInnen, insbesondere mit dem Paritätischen Gesamtverband: „Das schaffen wir als Tafeln alleine nicht – das wir uns gegenüber der Politik durchsetzen. Wir brauchen auch von außen etwas professionelle Hilfe."

„Tafel plus" – Rückgang der Tafeln als Erfolgskriterium

Heribert Rhoden ist der Hauptautor des Caritas-Positionspapiers „Tafel plus", das vielfach zitiert und diskutiert wurde. Er erläutert sowohl den inhaltlichen Kontext als auch die Entstehungsweise dieses Papiers. Zunächst geht Heribert Rhoden auf die Schwierigkeit ein, über das Thema „Tafeln" zu diskutieren, wenn nicht klar ist, auf welcher inhaltlichen Ebene man sich befindet. Er unterscheidet dabei die sozialpolitische Ebene von der Ebene der Betroffenen oder der Ebene der ehrenamtlichen MitarbeiterInnen.[2] Gerade auf der letztgenannten Ebene attestiert Rhoden eine erkennbare Streitsüchtigkeit: „Das wird dann schnell sehr kritisch und schwierig zu behandeln. Und aus dieser Phase sind wir bis heute nicht herausgekommen. Wenn wir eine sozialpolitische Ebene diskutieren, dann bekommt das einen ganz anderen Stellenwert, als wenn wir aus der Perspektive der Betroffenen diskutieren, den Menschen, die Hilfe brauche und Hilfe suchen."

Ausgelöst wurde die Arbeit am Positionspapier „Tafel plus" durch die Tatsache, dass die Tafeln in Trier auf den Fonds „Von der Armut zur Teilhabe" zugreifen wollten. Sie begründeten dies mit der Behauptung, die Armut vor Ort zu bekämpfen. Dies aber erst löste eine anhaltende Diskussion darüber aus, ob die Caritas in Trier die Tafeln fördern sollte oder nicht und ob die Hilfe, die bei Tafeln geleistet wurde, eine Form von Hilfe ist, die man unterstützen

---

[2] Vgl. dazu das Modell der Tafellandschaft im Beitrag von Stefan Selke in diesem Tagungsband.

sollte oder nicht. Genau an dieser Stelle wurde die Diskussion über Tafeln gesellschaftskritisch. So wurde etwa in Erinnerung gerufen, dass man sich lange und vehement dagegen ausgesprochen hatte, Asylsuchende in Deutschland mit Lebensmitteln „abzuspeisen". Dagegen musste die flächendeckende Einrichtung von Tafeln und die dort geleistete Versorgung wie ein Rückschritt wirken. Damit war das Spannungsfeld gekennzeichnet, in dem sich die Diskussion abspielte: Die Frage war, ob ein Verband, hier die Caritas Trier, einer Entwicklung den Weg bereiten sollte, die sie im Kern ablehnte. Abgelehnt wurde die Unterstützung von Menschen in einer institutionalisierten und zunehmend professionell organisierten Form. Dies widersprach nicht dem Bekenntnis zur Nothilfe, wie sie auch bislang schon immer geleistet worden war. Aber die Hilfe, die bei den Tafeln stattfand, „hatte jetzt eine andere Qualität bekommen. Sie war institutionell verankert." Dies regte Widerspruch bei allen Beteiligten: „Wir steckten im Widerspruch, in einer Form helfen zu müssen, die wir gar nicht wollten. Aber die Menschen waren nun mal da. Die Tafeln waren eine soziale Realität!"

In der Folge wurden Tafeln besucht. Rhoden berichtet ausführlich darüber, wie man versuchte, die sozialpolitische Wirkung der Tafeln abzuschätzen, aber auch die Wirkung für diejenigen, die Tafeln in Anspruch nahmen. Die Kritik konzentrierte sich auf die sozialpolitische Wirkung: „Wir haben gesehen, dass das keine Form ist, die wir zu lange in unserem Sozialstaat haben wollen. Das ist doch höchst problematisch, wenn wir anfangen, bedürftige Menschen abzuspeisen!" Damit stellte sich die Frage, was denn eigentlich den Erfolg der Tafeln ausmacht. Rhoden sieht den Erfolg nicht in immer neuen Meldungen über die Mengen gespendeter Lebensmittel oder die wachsende Zahl bedürftiger TafelnutzerInnen. Im Gegenteil: „Ein Erfolg der Tafeln ist es, wenn es immer weniger Tafeln gibt und immer weniger Menschen, die Tafeln benötigen."

Kritisch sieht Rhoden die Entstehung neuer „Armutskulturen". Derart sieht er neue soziale Spannungen entstehen. Er befürchtet zudem, dass die Tafeln im Zuge ihrer Systembildung versuchen werden, auch diejenigen zu erreichen, die zwar bedürftig sind, bislang aber Tafeln noch nicht nutzen. In diesen Expansionsbestrebungen sieht er eine gefährliche Tautologie, denn so könnte sich das System der Tafeln legitimieren, ohne sich selbst überflüssig zu machen. Die Manifestation der Tafeln und die Überschreitung einer kritischen Masse ist für Rhoden der zentrale Gefahrenfaktor einer dynamischen Entwicklung.

Eine Chance sieht er darin, nicht bei der Lebensmittelausgabe stehen zu bleiben: „Da muss die Professionalität der Verbände in anderer Form zur

Entfaltung kommen." Für ihn ist damit ein „höherer Anspruch" verbunden, den es einzulösen gilt und der sich in sozialarbeiterischer Kompetenz, Sozialraumorientierung und Vernetzung ausdrückt. Für Rhoden ist das Ziel, „aus dieser Ecke des Abspeisens heraus zu kommen." Dabei sollte der Anspruch nicht aufgegeben werden, dass sich eine Tafel gerade nicht auf das Umverteilen von Lebensmitteln beschränkt, sondern bei erkennbarem Bedarf weitergehende Hilfe gewährt oder vermittelt.

Insgesamt attestiert Rhoden dem Thesenpapier „Tafel plus" die Eigenschaft, die Diskussion um die Tafeln erkennbar weitergebracht zu haben und ist zufrieden mit seinem Input: „Ich bin nicht wenig stolz darauf, dass wir zu dieser gesamten Diskussion einiges Konstruktives und hoffentlich auch Diskursives beitragen konnten." Abschließend zitiert er Vinzenz von Paul, der als Begründer der neuzeitlichen Caritas gilt, mit den Worten: „Wir müssen sehr viel Liebe haben, damit uns die Armen das Brot verzeihen, das wir ihnen geben." Dieses Zitat überträgt er sozialkritisch auf die Tafeln und macht damit noch einmal deutlich, in welchem Spannungsfeld diese sich gesellschaftlich bewegen. Tafeln sind, in dieser Perspektive, Einrichtungen, die großzügig wieder verteilen, was an anderer Stelle zu viel weggenommen wurde, so Rhoden, „da müssen wir steuernd hingucken und sehen, dass uns das sozialpolitisch nicht aus den Händen gleitet."

„Es sollte überhaupt kein Armer unter euch sein" – das Diakonie-Papier

Michael König erläutert, wie er als Vertreter eines Tafelvereins das o. g. Positionspapier der Diakonie[3] mitdiskutierte. Gleich zu Beginn macht König deutlich, welchen gesellschaftlichen Stellenwert für ihn und die anderen Autoren des Positionspapiers Tafeln haben: „Tafeln dürfen nicht zu einer staatlichen Strategie der Überwindung von Armut werden! Vollkommen unabhängig davon, ob Tafeln existieren oder nicht, ist es Aufgabe des Staates, die Daseinsfürsorge nach sozialstaatlichen Zielsetzungen zur sozialen Gerechtigkeit und der sozialen Sicherheit zu garantieren." Das klare Bekenntnis zum Sozialstaat ist nach Aussage von Michael König der Dreh- und Angelpunkt der weiteren Argumentation. Der Staat, so König weiter, ist dafür verantwortlich, Armut strukturell und nachhaltig aus der Gesellschaft zu verbannen. Dazu müssen zunächst die Grundsicherungssysteme bedarfsdeckend gestaltet werden. *Tafeln sind hierfür kein Ersatz.*

---

[3] Download unter: http://www.diakonie.de/Texte-03_2010-Tafeln.pdf

Tafeln sind, aus Sicht der am Positionspapier beteiligten Diakoniker, „eine Praxis der Barmherzigkeit und der Nächstenliebe". Sie sind aber kein wirksames Element zur Überwindung wirtschaftlicher Armut, sondern dienen in erster Linie der Armutslinderung, indem sie den NutzerInnen persönliche Spielräume eröffnen. König zitiert den Schweizer Pädagogen Pestalozzi: „Wohltätigkeit ist das Ersaufen des Rechts im Mistloch der Gnade" – wenn allein die Weitergabe von Spenden als Überwindung von Armut betrachtet wird, dann kann hier eine Parallele zu den Tafeln erkannt werden. Der Rechtsanspruch darf, so König weiter, nicht durch zufällige oder sporadische Spenden oder Almosen „verwirklicht" werden: „Die Menschen sollen zu ihrem Recht kommen und nicht auf Barmherzigkeit angewiesen sein."

Das Kernproblem oder den eigentlichen Skandal sieht König nicht in den Tafeln, sondern in der Instrumentalisierung der Tafeln. Er macht deutlich, dass Tafeln zwischenzeitlich zum „Objekt der Begierde" geworden sind, einer Begehrlichkeit, die sich darin ausdrückt, dass Tafeln in Politikkonzepten vereinnahmt werden. Dies sind Konzepte, die eben nicht von sich aus Armutsüberwindung betreiben, sondern das ehrenamtliche Engagement der Tafeln lobend hervorheben. In der Stärkung der Zivilgesellschaft, auf die die Verantwortung für soziale Gerechtigkeit abgeschoben wird, wird eine Lösung erblickt, die keine ist. Nicht die Tafeln sind das Problem, so König, sondern der Missbrauch der Tafeln, deren Instrumentalisierung durch die Politik. Diese unheilsame Symbiose verhindert, dass armutsüberwindende Lösungsansätze gesucht und gefunden werden. König plädiert für Widerstand gegen diese Rolle: „Man kann sich auch gegen Missbrauch wehren. Man kann auch aus der Opferrolle herauskommen und wieder zum Akteur werden." In diesem Zusammenhang kritisiert er die Tatsache, dass Dr. Ursula von der Leyen Schirmherrin der Tafel war: „Man muss sich nicht die falsche Schirmherrin suchen!"[4]

Die Diakonie, so König weiter, unterstützt freiwilliges Engagement. Sie unterstützt aber auch das selbstbewusste Auftreten sozialpolitischer AkteurInnen, die mit der ihnen zugewiesenen sozialpolitischen Rolle verantwortlich umgehen. Insgesamt erkennt auch König, ähnlich wie Rhoden, die Tafeln als soziale Tatsache an und fordert ebenfalls deren Vernetzung „mit dem bereits bestehenden Hilfesystem". Dies solle aber nicht bedeuten, dass „jeder der zur Tafel kommt, plötzlich Opfer eines Beratungsangebots wird." König schwebt vielmehr die psychische Entlastung der NutzerInnen vor, die Begegnung Gleichgesinnter, der „Austausch kleiner pragmatischer Hilfen" und damit

---

[4] Vgl. dazu den Beitrag von Gerd Häuser in diesem Tagungsband, in dem er aus seiner Position heraus, die Rolle der Schirmherrin erläutert.

eine Gegenbewegung zur „Individualisierung von Armut". Zudem könnten
Tafeln auch eine Kontrollfunktion einnehmen und verhindern, dass Rechts-
missbrauch betrieben wird oder das Tafeln zur Legitimation der Leistungsver-
weigerung durch staatliche Instanzen benutzt werden. Abschließend macht
König klar, dass die Diakonie die Tafeln begrüßt, diese aber in keinem Fall ein
gelungenes Konzept gegen Armut darstellen.

Unternehmerisches Denken und Handeln im Feld der Tafeln

Udo Engelhardt spricht aus der Position der lokal und regional gut vernetzten
Singener Tafel. Zunächst kritisiert er, dass es zwar Positionierungen der Wohlfahrtsverbände gibt, dass aber die Position der Tafeln und deren zukünftige
Entwicklung weniger deutlich ist. Gleichwohl lobt er die Tafeln dafür, dass
sie „eine neue Qualität" in das Feld des Sozialen gebracht haben. Diese neue
Qualität will er als „unternehmerisches Denken und Handeln" verstanden
wissen, d. h. er sieht ein Alleinstellungsmerkmal der Tafeln dort, wo sich Menschen mit unternehmerischen Kompetenzen einbringen, aber auch dort, wo
Probleme nicht politisch oder moralisch kommentiert, sondern lokalisiert und
gelöst werden.

Am Beispiel der Altersarmut zeigt Udo Engelhardt auf, wie wichtig es ist,
über den Tellerrand zu sehen: „Das Problem Altersarmut brennt, im Moment
wird nichts getan und wir alle sind ratlos." Er plädiert für eine breite Erfassung der empirischen Basis: „Wir brauchen erst einmal Zahlen, möglichst gute
Zahlen, möglichst herunter gebrochen auf die Regionen!" Ausgehend von dieser empirischen Basis sollten dann auf regionaler und lokaler Ebene Lösungsansätze gemeinsam mit anderen AkteurInnen (Krankenkassen, Kommunen,
Wohlfahrtsverbänden etc.) entwickelt werden. In diesem Zusammenhang
sieht er die Möglichkeit, dass die Tafeln ihre „besonderen Stärken" einbringen können: ehrenamtliches Engagement und relative Unabhängigkeit. Gerade Letzteres unterscheidet die Tafeln z. B. von den Wohlfahrtsverbänden:
„Wenn ich den Tafelhut aufhabe, kann ich reden und muss nicht nach oben
nachfragen. Dann bin ich unabhängiger, ich habe keinen Maulkorb. Die Tafeln
sind einfach freier!" Diese Freiheit, so Engelhardt weiter, gilt es auf der lokalen
Ebene ausgiebig zu nutzen. Diese Freiheit muss auf der einen Seite bedeuten,
dauerhaft politische Forderungen (z. B. nach einem bedingungslosen Grundeinkommen) zu stellen, andererseits aber auch unternehmerische Ansätze beinhalten, indem Probleme erkannt und vor Ort gelöst werden.

Abschließende Diskussusion im Plenum

Stefan Selke eröffnet die Diskussion mit dem zusammenfassenden Befund, dass allen Postulaten und Positionen eine scheinbar unauflösbare Dialektik zugrunde liegt: Einerseits betonen alle Redner die Notwendigkeit der politischen Skandalisierung von Armut in Deutschland und zeigen auf, dass sozialpolitische Seiteneffekte der Tafeln zu berücksichtigen sind. Andererseits wird dann gleichzeitig auf das konkrete helfende Handeln fokussiert, die konkreten Strategien und damit die Unmöglichkeit auf Distanz zum eigenen Tun zu gehen.

Praxis der Verstetigung der Tafeln

Kritik an den Darstellungen der Podiumsdiskussionsteilnehmer regt sich dort, wo genau diese Dialektik oder Ambivalenz erkannt wird. Zunächst betont Heribert Rhoden, dass es so gut wie unmöglich ist, aus der grundsätzlichen Ambivalenz zu entkommen, dass es vielmehr darum geht, diese konstruktiv zu gestalten. Er führt an, dass es kaum Argumente gegen den Grundgedanken der Tafeln gibt, d. h. gegen die Umverteilung überflüssiger Lebensmittel. Problematisch wird es aus seiner Sicht dort, wo (durch Zukauf, Spendenakquise, Stadtwetten etc.) tonnenweise Lebensmittel herangeschafft werden, mit denen dann die Armen „versorgt" werden. Hans von Frankenberg weist darauf hin, dass nach den Grundsätzen des Bundesverbandes Deutsche Tafel e. V. der Zukauf von Lebensmitteln „absolut untersagt" ist, worauf Stefan Selke moniert, dass dann die Hälfte aller Tafeln (oder mehr) den Bundesverband verlassen müsste. Hier zeigt sich also der – an anderer Stelle ausführlich analysierte – Unterschied zwischen Leitbild und Praxis oder anders: zwischen Formal- und Aktivitätsstrukturen[5] oder zwischen rhetorischen Absichtsbekundungen und tatsächlicher Praxis.

Andreas Geiger kritisiert die fortschreitende Verstetigung der Tafelbewegung durch Professionalisierung. Er sieht eine gewisse „Ablösung" von der Grundidee aber auch eine Ablösung von den eigenen NutzerInnen. Stefan Weber erkennt in dem von Udo Engelhardt skizzierten Konzepten gegen Altersarmut die Ironie der Selbstbezüglichkeit. Wenn schon jetzt Strategien überlegt werden, die Tafeln in die Versorgung von Altersarmut „einzubauen",

---

[5] Dazu ausführlich Selke (2010: 23 ff.): Praxis des Almosens als gesellschaftlicher Skandal – Dimensionen der Kritik am Tafelsystem. In: ders. (Hg.): Kritik der Tafeln in Deutschland. Standortbestimmungen zu einem ambivalenten sozialen Phänomen. Wiesbaden.

dann verhindert genau dies eine politische Strategie, die dazu führt, dass Altersarmut präventiv verhindert wird. Er fragt nach Bündnissen, die tragfähig einen Weg aus dem Dilemma ermöglichen und betont, dass diese Bündnisse nicht nur die im Bundesverband Deutsche Tafel e. V. organisierten Tafeln beinhalten dürfen, sondern alle Typen existenzunterstützender (oder ähnlich zu benennender) Angebote. Er fordert dann eine „gemeinsame Strategie, um aus dem sozialpolitischen Dilemma herauszukommen."

„Wir spielen nicht mehr mit"

Konsens besteht also darin, Aktionsbündnisse einzugehen. Der Dissens beginnt dort, wo es um die Frage der Bündnispartner und um Inhalt und Richtung des gemeinsamen Vorgehens geht. Ulrich Thien betont, dass es wichtig ist, das, was in der Luft liegt, aufzunehmen und die Chance zu nutzen, gemeinsam auf die sozialpolitische Diskussion einzuwirken: „Das muss nicht jeder Verband und jede Tafel alleine machen." Die Bildung von Netzwerken und eine verbesserte Kommunikation untereinander stünden hier an. Michael König stellt das Motto „Wir spielen nicht mehr mit" für gemeinsame Protestaktionen zur Diskussion. Unter diesem Motto könnten sich klare sozialpolitische Positionen und konkrete Aktionen (z. B. die Schließung von Tafeln für einen Tag) versammeln. Michaela Hofmann spricht ein Problem an, das sicher viele AkteurInnen in diesem Feld kennen: Ihre inhaltlich klare Positionierung gegen Tafeln kann sie kaum kommunizieren, weil sie dann in Kauf nehmen muss „anderen auf die Füße zu treten". Die Ambivalenz bildet sich also auch im persönlichen Verhalten ab. Diejenigen, denen man auf die Füße tritt, fühlen sich ihrer Sache sicher, „weil sie etwas Gutes tun, weil sie Not sehen und handeln". Es ist schwer, aus diesem argumentativen Dilemma heraus zu kommen. Gleichwohl fordert sie konkrete Beschlüsse am Ende der Tagung, um nicht stehen zu bleiben.

Relevanz für die Praxis der Tafelbewegung

Wenn es auf der einen Seite so viele kompetente und glasklare Analysen gibt, auf der anderen Seite aber sozialpolitisch nichts passiert, dann deutet dies zumindest darauf hin, dass viele der AkteurInnen, z. B. die Wohlfahrtsverbände, nicht unabhängig in ihrem Handeln sind. Die Diskussion hat gezeigt, dass es bei allen Unterschieden (z. B. bei der Nutzung von Begriffen) sehr viel

anschlussfähigen Konsens gibt. Es liegt in der Luft, diesen Konsens fruchtbar
über Tafel- und Institutionengrenzen hinweg nutzbar zu machen, sich zu vernetzen. *Dabei geht es nicht darum, die Tafelarbeit zu be- oder verhindern, sondern
darum, sie um eine neue Komponente zu ergänzen,* die dann aber auch mittelfristig
zu einer Veränderung von Einstellungen führt, veränderte Einstellungen bei
Mitarbeitern und Förderern, aber auch bei MedienvertreterInnen und politisch Verantwortlichen. Genau an diesem Punkt konvergieren erkennbar die
Interessen.

Abschließend soll dies am Beispiel der Kindertafeln verdeutlicht werden. Reinhard Pevestorf macht deutlich, dass der Bundesverband Deutsche
Tafel e. V. keine Kindertafeln möchte: „Es gibt zwei Projekte, da sind wir sehr
unglücklich. Wir haben entschieden, dass es keine Kindertafeln gibt. Wir wollen auch keine Alterstafel. Tafelarbeit ist schon schlimm genug, sie ist notwendig. Aber wir wollen nicht, dass man hier jetzt noch Unterabteilungen
bildet. Ganz eindeutig!" An dieser Stelle aber zeigt sich, wie die Praxis sich
der Theorie in den Weg stellt. Hilde Rektorschek und Dieter Greese berichten
von den je eigenen Ansätzen, Kindern zu helfen. Die Kindertafeln bringen
noch einmal die grundsätzliche Ambivalenz auf den Punkt: Einerseits will
man die Augen vor dem Offensichtlichen nicht verschließen und daher helfen,
wo und wie es eben geht. Andererseits soll das alles nicht auf Dauer gestellt
werden. Man will die Kinder und die Kinderarmut sichtbar machen, dabei
wird aber auch ein Hilfssystem sichtbar, auf das sich viele verlassen, weil es
eben so, wie es ist, gut funktioniert und man daher nicht nach tiefergehenden
Lösungen suchen muss. Die Transformation der Tafeln wird sich an diesem
entscheidenden Punkt abarbeiten müssen. Vielleicht wird man sich auch einfach entscheiden müssen.

IV AUSBLICK

Eine Landkarte zur Transformation der Tafeln

Stefan Selke

Zusammenfassung

In diesem abschließenden Beitrag werden die Kernthemen der Tagung nochmals aufge-griffen und systematisch dargestellt. Hierbei wird Bandbreite der behandelten Themen erkennbar, aber auch die hohe Dialogfähigkeit der Diskutierenden. Trotz aller Unter-schiedlichkeiten konnten oft erstaunliche Übereinstimmungen herausgearbeitet werden. Dies betrifft insbesondere die mögliche Zielsetzung für den zukünftigen Transforma-tionsprozess. Nach dem ersten interdisziplinären Tafelsymposion wird deutlich, dass die Tafelbewegung eine Chance hat, zu einem gestaltenden gesellschaftlichen Akteur zu werden.

Landkarte des Dialogs und der Veränderungen

„Metzger und Veganer" der Tafelbewegung haben sich getroffen. Was nur als ironischer Seitenhieb auf einen am Tag der Abschlussdiskussion erschiene-nen Zeitungsartikel gemeint war, entpuppte sich als zutreffende Beschreibung des heterogenen Feldes der TeilnehmerInnen und der von ihnen vertretenen disparaten Meinungen. Trotz aller Unterschiedlichkeiten in Herkunft, Erfah-rungen und Auffassungen stand während der Fachtagung der wechselseitige Bezug aufeinander im Mittelpunkt. Herausgekommen ist eine treffende Zu-standsbeschreibung der Tafelbewegung und eine Roadmap in die Zukunft in Form einer „argumentativen Landkarte", die im Folgenden in vier „Kartenaus-schnitten" im Sinne einer Grobnavigtion skizziert werden soll.

Landkarten dienen der Orientierung. Sie zeigen Orte und Wege und sym-bolisieren damit Zustände und Prozesse. Dennoch muss sie jede/r selbst lesen und interpretieren. Vielleicht hilft dieses Bild, um den *status quo* zu beschrei-ben. Auf dem ersten interdisziplinären Tafelsymposion 2010 wurde gemein-sam eine solche Landkarte entworfen. Niemand muss sich verpflichtet fühlen, die darin enthaltenden Hinweise zu beachten. Gleichwohl hat der begonnene

Dialog gezeigt, dass eine gemeinsame Grundorientierung möglich, ja sogar sinnvoll ist. Dies ist das Hauptergebnis der Fachtagung.

1   Erster Kartenausschnitt: Themenfelder

Auf der Fachtagung wurde ein „riesiges Themenfeld mit vielen Verästelungen" behandelt, so einer der Teilnehmer. Dieses Konzept der Breite war für eine derartige Auftaktveranstaltung durchaus gewollt. Die Themenfelder waren durch die Einzelveranstaltungen vorstrukturiert, allerdings zeigte sich, dass kaum eine Session ohne Querverweise zu angrenzenden und überlappenden Themenfeldern auskam. Insgesamt wurden alle relevanten Themen im Kontext von Tafeln angesprochen. Einige kamen zu kurz, etwa die Frage nach der Perspektive der Betroffenen.[1]

Stärkstes Interesse fand wohl das übergreifende Themenfeld „gesellschaftlicher Stellenwert der Tafeln". In allen Einzelveranstaltungen wurde immer wieder der Bogen zu einer gesamtgesellschaftlichen bzw. sozialpolitischen Bewertung gesponnen. Speziellere Praxisthemen tauchten nur am Rande auf, was aber der Konzeption der Tagung entsprach. Im Mittelpunkt stand immer die gemeinsame Analyse in einer *handlungsentlastenden* Einstellung. Handlungsentlastet bedeutet hierbei, dass die anwesenden AkteurInnen vom jeweiligen Alltagsgeschäft befreit waren. Allein aus diesem Grund war es möglich, sich auf die vorgestellte Problemidentifikation und Problemstrukturierung einzulassen und aus den unterschiedlichsten Richtungen zu den Kernfragen vorzudringen. Die wichtigsten Themenfelder werden noch einmal kurz vorgestellt:

Auf einer eher methodologischen Ebene wurden immer wieder die unterschiedlichen *Selbst- und Fremdwahrnehmungen* der anwesenden AkteurInnen thematisiert. Die kommende Diskussion sollte die Unterschiede zwischen Innenwahrnehmung (Praxis) und Außenwahrnehmung (Betroffene) sowie die hiervon abgekoppelte Beobachterperspektive (Forschung) noch stärker berücksichtigen, um eine gemeinsame Sprache zu finden.

Grundsätzlich wurde in den verschiedensten Zusammenhängen immer wieder nach den *Erfolgskriterien der Tafeln* gefragt. Je nachdem welche Perspektive eingenommen wird, kann eher nach Wirkung, Nutzen oder Gebrauchswert von Tafeln gefragt werden. Ein Ergebnis hierbei ist, dass sich

---

[1] Dies war aber auch der Tatsache geschuldet, dass das Konzept der Tagung nicht vorsah, Betroffene einzuladen. Dies wird bei der nächsten Tagung nachgeholt.

der Erfolg der Tafeln nicht eindimensional bestimmten lässt. Es macht einen großen Unterschied, ob nach dem Erfolg aus der subjektiven Perspektive von NutzerInnen oder nach dem Erfolg für die Gesellschaft gefragt wird. Für die kommende Diskussion geht es dann darum, mehrdimensionale Erfolgsdimensionen zu definieren und derart zu operationalisieren, dass sie auch in der Praxis auf breite Akzeptanz stoßen und Anwendung finden. Hierzu bieten u. a. die verschiedenen Eckpunkte- und Positionspapiere der Wohlfahrtsverbände umfangreiche Hinweise, die bislang noch nicht systematisch-vergleichend ausgeschöpft wurden.

Von hier ist es nicht weit, bis zur Thematisierung des *gesellschaftlichen Stellenwerts der Tafeln* und ähnlicher existenzunterstützender Einrichtungen. Die TeilnehmerInnen waren sich darin einig, dass Tafeln (und deren Bekanntheit) einen Platzhalter für gesellschaftliche Debatten darstellen. Oder eben ein Brennglas, durch das hindurch sich der Grund des gesellschaftlichen Seins und Zusammenseins erkennen lässt. Gleichzeitig wurde zu Recht davor gewarnt, sich in isolierten Betrachtungen zu verfangen, d. h. die Tafeln losgelöst von anderen, angrenzenden gesellschaftlichen Prozessen zu betrachten. Zwar erscheint ein Monitoring der Tafeln, z. B. unter sozialethischen und qualitätssichernden Aspekten, nach wie vor sinnvoll. Allerdings geht es doch vor allem um eine *Kontextualisierung der Tafeln*, d. h. eine Einbettung des Tafeldiskurses in gesamtgesellschaftliche Betrachtungsweisen (z. B. gesamtwirtschaftliche Betrachtung, strukturelle Arbeitslosigkeit, Debatte um soziale Ungleichheit und Exklusion etc.). Tafeln sind ein sehr guter Ausgangspunkt, um sich diesen Debatten und einigen darin enthaltenen dringenden Problemen des gesellschaftlichen Wandels auf anschauliche Art und Weise zu nähern. Hierin liegt das „epistemologische Potenzial" der Tafeln.

Große Einigkeit herrschte unter den Anwesenden beim *klaren Bekenntnis zum Sozialstaat* und seinen originären Aufgaben. Damit verbunden war die Anerkennung der Verantwortung, die implizit oder explizit mit den Tafeln verbunden ist und die Frage nach der gegenwärtigen und zukünftigen *Rolle der Tafeln*: Inwieweit sind Tafeln Erfüllungsgehilfen für schlechte Sozialpolitik und damit ein Sitzkissen für die Politik? Oder können sie ein Stachel in der Wunde sein und helfen, inakzeptable gesellschaftliche Zustände zu überwinden?

Um diese und ähnliche Fragen zu beantworten, bedarf es nach Wunsch der TeilnehmerInnen einer verstärkten *Vernetzung der AkteurInnen*. Immer wieder wurde der Wunsch geäußert, Denk- und Diskussionsfreiräume zu etablieren und möglichst zu institutionalisieren. Gerade diejenigen, die in der Praxis sehr engagiert sind, haben eine deutliche Sehnsucht, immer wieder einmal (unter Anleitung) in Distanz zum eigenen Tun zu treten und dies (durchaus

auch selbstkritisch) zu reflektieren. Viele spüren den Spagat, ja die Zerreißpro-
be, zwischen den hohen Anforderungen der alltäglichen Praxis (Leistungs-
druck, Wunsch nach Professionalisierung, Verantwortung) und dem Wunsch
danach, das eigene Tun zu reflektieren. Zwar ist Reflektion nicht alles, sondern
macht nur dann Sinn, wenn auch Aktionen daraus resultieren. Aber: Auf der
Ebene der Praxis wurden die komplizierten *Rollenmodelle und personellen Kreis-
läufe* zwischen HelferInnen und NutzerInnen näher in den Blick genommen,
verbunden mit den Dauerfragen nach *Menschenwürde, Stigmatisierung, Scham*
und *Beschämung*. Auch in diesem Themenfeld wäre es hilfreich, sich von den
institutionellen Eigenlogiken frei zu machen und anzuerkennen, dass es je
nach Perspektive sehr unterschiedliche Wahrnehmungs- und Bewertungs-
muster geben kann.

2   Zweiter Kartenausschnitt: Wissensfelder

Ausgehend von diesen Themenfeldern können die anlässlich der Fachtagung
besprochenen zentralen Wissensfelder rekonstruiert werden. Hierbei werden
Systemwissen, Gemeinwohlwissen, Zielwissen und Transformationswissen
unterschieden. Es handelt sich hierbei lediglich um analytische Abgrenzungen, die nicht trennscharf sind, jedoch dazu dienen, die zukünftige Diskussion zu strukturieren.

Systemwissen: Zunächst stellt sich die Frage, welche empirischen Prozes-
se zu der bestehenden Situation geführt haben. Hierbei reicht es nicht aus, sich
die quantitative Verteilung der Tafeln im Zeitverlauf zu vergegenwärtigen.
Vielmehr ist intensive Ursachenforschung im Bereich der Wirtschafts- und
Sozialpolitik zu betreiben. Letztlich ist der Erfolg der Tafeln als Versagen der
Gesellschaft, insbesondere der Politik, zu werten. Eine Systemkritik der Tafeln muss daher zwangsläufig zu einer Systemkritik aller gesellschaftlichen
Felder führen. Dieses Systemwissen wurde anlässlich der Fachtagung kaum
thematisiert. Es ist die Aufgabe der Forschung, Tafelgenese und gesellschaft-
lichen Wandel (theoretisch) derart zu verknüpfen, dass hierbei tragfähige
Handlungsanweisungen für die Tafelaktiven aber auch für die politisch Verantwortlichen entstehen.

Gemeinwohlwissen: Für den Staat wird es immer schwieriger, als Vertreter des „Gemeinwohls" aufzutreten. Er ist stattdessen ein Interessensvertreter
unter anderen, vor allem aber der Vertreter seiner eigenen Interessen. Inwieweit diese mit den Interessen der Tafelbewegung kompatibel sind, ist noch
nicht abschließend erkannt. Daher stellt sich die Frage, ob Tafeln und ähnliche

Einrichtungen Lösungen sind, die sich praktisch am Gemeinwohl orientieren und dabei nachhaltig operieren. Eine Operationalisierung der Nachhaltigkeitsdimensionen der Tafelbewegung steht allerdings noch komplett aus, bislang blieb es bei Behauptungen und Absichtsbekundungen. Ein zentrales Thema in diesem Wissensfeld wird die Frage sein, wie sich verhindern lässt, dass Tafeln eine logistisch aufwendige Exkursionsverwaltung betreiben und sich stattdessen in eine auch sozial nachhaltige Inklusionsbewegung transformieren. Da sich andeutete, dass es hierzu vielfältiger lokaler Bezüge und Wissenskontexte bedarf, können Gemeinwohlwissen und daraus resultierende Inklusionsstrategien wohl nur durch intensive lokale Vernetzungen erzeugt werden.

Zielwissen: Für eine Bewegung ist die Frage nach den Zielen zentral. Mit welchen Argumenten aber werden welche Ziele innerhalb der Tafelbewegung vertreten? Generell muss festgestellt werden, dass sich die Tafelbewegung bislang eher auf die Mittel konzentriert hat und kein ausgeprägtes Zielwissen generierte. Zielwissen ist nötig für zwei Bereiche: die unmittelbare, gute Praxis nach Mindeststandards und die mittelbare Praxis der gesellschaftlichen Veränderung.

Transformationswissen: Dies führt fast übergangslos zur Frage nach den möglichen oder gar notwendigen Transformationen im Feld der Tafeln. Wie schon der Titel des vorliegenden Tagungsbandes andeutet, wurden von den Teilnehmenden durchaus Felder bestimmt, die veränderbar sind. Dabei wurden Positionen auf hohem Reflexionsniveau ausgetauscht, Spannungsfelder und Dynamiken traten klar zutage. Leider paarte sich die Klarheit in der Analyse oftmals mit Zurückhaltung in der Positionierung. Hier besteht noch ein großer Nachholbedarf an einer wirklich offenen, meinungspluralen Diskussionskultur – vor allem innerhalb der Wohlfahrtsverbände.

Wissenslücken und Forschungsfelder

Da das Konzept der Fachtagung auch vorsah, den Wissenstand der begleitenden Tafelforschung aufzuarbeiten und Forschungslücken aufzuzeigen, wird an dieser Stelle ein (sicherlich lückenhafter) Überblick über mögliche Arbeits- und Forschungsfelder gegeben.

Das empirische Fundament zur begleitenden Erforschung der Tafeln ist noch immer mangelhaft. Dies hat zur Folge, dass sich Darstellungen über Tafeln oft auf normative Aussagen oder subjektive Einschätzungen reduzieren. Dieser Zustand ist dann nicht mehr hinnehmbar, wenn die Transformation der Tafelbewegung ernsthafte Forderungen an die politisch Verantwortlichen adressieren möchte – dies kann nur auf einem verlässlichen und möglichst unabhängigem Fundament empirischer Daten erfolgen, die möglichst interessensneutral erhoben werden müssen.

Grundlage jeglicher Begleitforschung zu Tafeln sollte daher eine umfangreiche Strukturdatenerhebung sein. Die Anzahl der Tafeln und tafelähnlichen Einrichtungen in Deutschland ist immer noch unbekannt. Diese Strukturdatenerhebung legt die Grundgesamtheit auf der Ebene der Institutionen fest. Hiermit wird festgestellt, wie viele Tafeln und tafelähnliche Einrichtungen es in Deutschland (oder besser: im deutschsprachigem Raum) gibt. Explizit müssen dabei alle Formen und Typen von Lebensmittelausgaben und ähnlichen existenzunterstützenden Einrichtungen erfasst werden. Ziel könnte eine Art „Tafel-Atlas"[2] sein, der alle Einrichtungen in ihrer regionalen Verteilung und ggf. auch in ihrer Vernetzung zeigt. Diese Strukturdatenerhebung sollte sich nicht nur auf die Feststellung der *institutionellen,* sondern auch der *personellen* Grundgesamtheiten beziehen. Hierzu zählt die Feststellung der genauen Anzahl der Personen, die potenziell Tafeln und ähnliche Einrichtungen in Anspruch nehmen könnten, die Anzahl derer, die Tafeln und ähnliche Einrichtungen aktiv nutzen und diejenigen, die dies (aus welchen Gründen auch immer) nicht tun, obwohl sie ein Anrecht darauf hätten. Gleiches gilt für die Feststellung der Struktur der HelferInnen und MitarbeiterInnen, über die gegenwärtig keine repräsentativen Daten vorliegen.

Auf der Basis dieser Strukturdatenerhebung könnten dann umfassende Fragen zur sozialen, ökologischen sowie ökonomischen Nachhaltigkeit der Tafelarbeit und allen ihren Aspekten bearbeitet werden. Folgende Kernfragen könnten dabei Gegenstand der zukünftigen Tafelforschung sein:

- Kulturelle, ökonomische, soziale, rechtliche Entstehungsbedingungen von Tafeln, Entstehungsursachen und Wirkungsketten
- Regionale Verbreitung/Dichte in Relation zum Bedarf
- Typologie und Erfassung des Angebotsspektrums
- Vergleich der Motive (aus den subjektiven Akteursperspektiven) und Interessen (personelle, institutionelle, politisch-normative)
- Messung der Wirkung/nicht-intendierte Wirkungen sowie Monitoring von Missbrauchsformen

---

[2] Wobei hier der Name „Tafel" solange stellvertretend zu verstehen ist, bis es einen anderen, konsensfähigen Kategorienbegriff gibt.

- Systematische Erfassung von Bekanntheit und Image in der Bevölkerung, (Information) Branding, Legitimation/gesellschaftliche Akzeptanz
- Evaluation der Rolle als Akteur im Rahmen der Zivilgesellschaft, Kooperationen und Kooperationsmodelle, Problemlösungspotenzial und nutzenlimitierende Faktoren
- Verdrängungswettbewerbe im Feld existenzunterstützender Angebote, Grenzen der Zivilgesellschaft

Die Rolle der Forschung kann dabei nur gemeinsam mit der Praxis definiert werden. So wie es einerseits die Notwendigkeit zu einer *reflektierenden Praxis* gibt, gibt es andererseits die Notwendigkeit zu *transdisziplinärer und partizipativer Forschung*, d. h. Forschung gemeinsam mit und in der Praxis.

3   Dritter Kartenausschnitt: Wertefelder

Wie kaum ein anderes Thema verbinden sich mit dem Blick auf Tafeln Normen und Werte. Meist unbewusst schieben diese sich als Filter zwischen Wahrnehmung und Beurteilung. Bislang war das Sprechen über Tafeln (oder eher: die mangelnde Dialogbereitschaft) einer eher emotionalen Fundierung des Themas auf Basis werteorientierter Modelle geschuldet. In diesem (symbolischen) Feld wurde auf dem Tafelsymposion viel erreicht. Dies fängt dort an, wo aufgrund der Möglichkeit zur persönlichen Begegnung Vertrauen in die je anderen AkteurInnen und eine Grundakzeptanz der je anderen Haltungen möglich wurde. Dies führte in der Folge dazu, dass Vorzugslesearten aufgebrochen wurden (wie man dies in der Sprache der Wissenschaft nennt). Dies bedeutet, dass nun deutlich wurde, dass es im Feld der Tafeln ein breites Meinungsspektrum gibt und es Sinn macht, diese Meinungen nicht gleich aufgrund der eigenen gefühlten moralischen Überheblichkeit zu negieren.

Zwischen Selbstwirksamkeitserwartung und Korrumpierungseffekten

Mit der folgenden Grafik wird der Versuch unternommen, dieses Spektrum anhand von Zitaten aus Publikationen und Interviews zu illustrieren. Dabei werden im oberen Teil Meinungen von HelferInnen und NutzerInnen gegenüber gestellt. Diese stammen aus einer Studie der Forschungsgruppe „Tafel-Monitor". Im unteren Teil werden Zitate prominenter BeobachterInnen des Tafelsystems (aus verschiedenen Quellen) gruppiert. Das Spektrum reicht von sehr positiv-unkritischen Einschätzungen (links) bis zu sehr negativ-kritischen Einschätzungen (rechts). Um die Unterschiedlichkeit innerhalb dieses Werte- und Meinungsfeldes plakativ herauszuarbeiten, wurden die beiden Begriffe „Selbstwirksamkeitserwartung" und „Korrumpierungseffekte" gewählt.

Für die BefürworterInnen der Tafeln schwingt im eigenen Tun oder in der Beurteilung immer die Erwartung (oder auch: die soziale Erwünschtheit) eines positiven Effekts mit. Die Selbstwirksamkeitserwartung bezieht sich auf das konkrete eigene Engagement, aber auch auf systemische Effekte. Allerdings gilt es, beides zunächst anhand von empirischen Studien nachzuweisen (z. B. die Nachhaltigkeit der Tafelarbeit) und nicht bloß zu behaupten. Für die KritikerInnen der Tafeln stehen eher Befürchtungen im Mittelpunkt, die Verluste thematisieren – Verluste an Menschenwürde, sozialen Rechten, Selbstbestimmtheit usf.. Aus Sicht der Betroffenen ist der Korrumpierungseffekt, der am weitesten reicht, die Exklusion von der Mehrheitsgesellschaft. Aber auch für diese Perspektive braucht es noch mehr empirisches Fundament, ausgehend von ersten qualitativen Einschätzungen in diesem Feld.

Erkennt man grundsätzlich den Bestand und die Legitimität dieser heterogenen Wertefelder an, dann reduzieren sich Folgeprobleme der Kommunikation ganz erheblich. In diesem Sinne hat die persönliche Begegnung auf dem Tafelsymposion schleichenden Entwertungs- und Enthemmungsprozessen entgegen gewirkt, d. h. nun ist es möglich, *mit*einander zu sprechen, anstatt nur *über*einander.

In den Diskussionen zeigte sich immer wieder, dass die vorgebrachten Argumente auf normativen Grundhaltungen basieren, die dann letztlich auch die Ursache von Interessenskonflikten sind. Als zwei Grundpole lassen sich eine eher pragmatische Einstellung und eine eher konzeptionelle Einstellung nennen. Zwar gibt es hierbei Korrelationen zu bestimmten Akteursgruppen, der Zusammenhang ist jedoch nicht deterministisch. Hierauf lässt sich aufbauen. Beide Haltungen haben ihre Legitimation, beide lassen sich verknüpfen.

Die Rekonstruktion von Zuschreibungsprozessen als Erkenntnisgewinn

Die Teilnehmenden, aber auch die OrganisatorInnen lernten, dass es im Kern sehr oft um Wahrnehmungs- bzw. Zuschreibungsprozesse geht. Ein Vertreter der Tafeln brauchte es so auf den Punkt: „Für mich war dieses Wochenende sehr hilfreich. Ich stelle einfach fest, wie wir reflektiert werden, wie wir angesehen werden. Und wir müssen jetzt darüber nachdenken." Das Treffen zeigte, dass sich teils gravierende Unterschiede zwischen der Selbstwahrnehmung

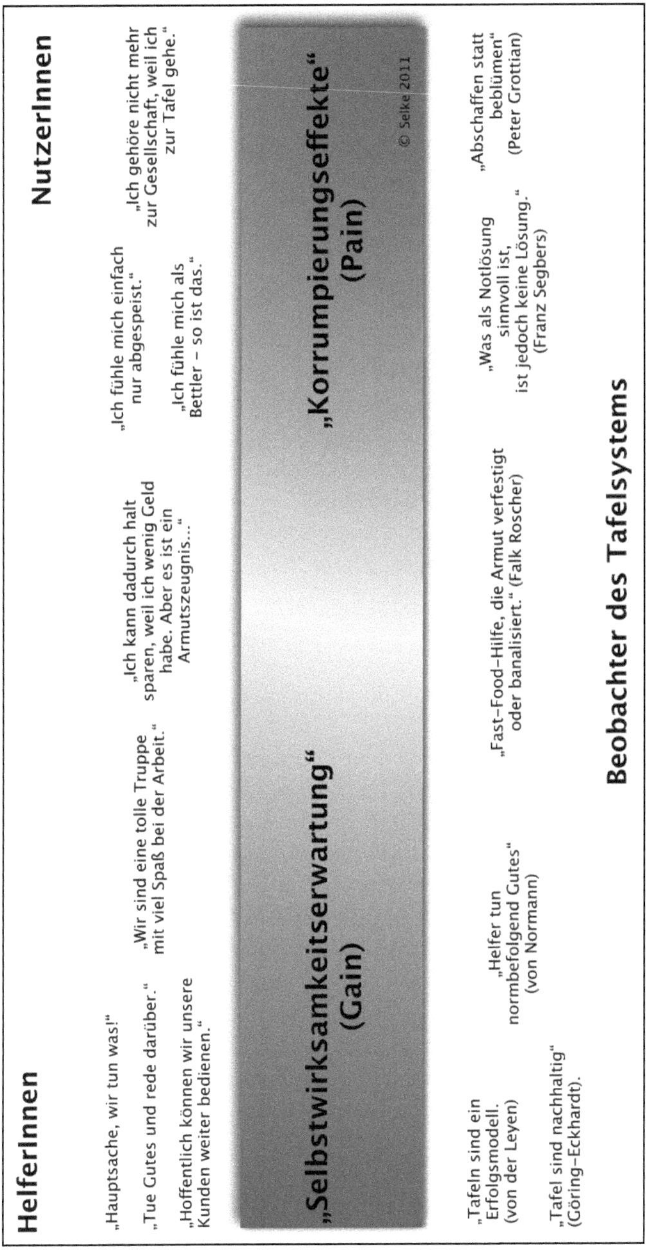

HelferInnen

„Hauptsache, wir tun was!"

„Tue Gutes und rede darüber."

„Hoffentlich können wir unsere Kunden weiter bedienen."

„Wir sind eine tolle Truppe mit viel Spaß bei der Arbeit."

„Helfer tun normbefolgend Gutes" (von Normann)

„Tafeln sind ein Erfolgsmodell. (von der Leyen)

„Tafel sind nachhaltig" (Göring-Eckhardt).

„Selbstwirksamkeitserwartung" (Gain)

„Ich kann dadurch halt sparen, weil ich wenig Geld habe. Aber es ist ein Armutszeugnis..."

„Fast-Food-Hilfe, die Armut verfestigt oder banalisiert." (Falk Roscher)

„Korrumpierungseffekte" (Pain)

© Selke 2011

NutzerInnen

„Ich gehöre nicht mehr zur Gesellschaft, weil ich zur Tafel gehe."

„Ich fühle mich einfach nur abgespeist."

„Ich fühle mich als Bettler – so ist das."

„Was als Notlösung sinnvoll ist, ist jedoch keine Lösung." (Franz Segbers)

„Abschaffen statt beblümen" (Peter Grottian)

Beobachter des Tafelsystems

Abbildung 1   Meinungsspektrum zu Tafeln (Darstellung anhand ausgewählter Zitate)

und der Fremdwahrnehmung ergeben. Daraus resultiert die Aufgabe, diese Differenzen ernst zu nehmen, auch wenn sie sich nicht automatisch leicht überbrücken lassen. Es ist daher zu fragen, wo die Bilder, Vorstellungen und Leitbegriffe herkommen, die das Handeln der AkteurInnen in diesem Feld bestimmen. Für einige der TeilnehmerInnen war dies mit einer Erfahrung verbunden, wie sie eine Kippfigur bietet. Bislang eher „orthodoxe" Vorstellungen änderten sich schlagartig, eine neue Sicht auf die Dinge wurde möglich. Auf dieser Erkenntnisarchitektur muss der Transformationsprozess der Tafeln weiter aufbauen.

4   Vierter Kartenausschnitt: Handlungsfelder

Im letzten Kartenausschnitt werden Handlungsfelder auf unterschiedlichen Ebenen sichtbar. Hierbei sind zwei Ergebnisse besonders hervorzuheben: Erstens waren sich alle TeilnehmerInnen darin einig, ernsthaft über eine EXIT-Strategie nachzudenken. Zweitens wurde der Wunsch nach der Moderation des anstehenden Transformationsprozesses laut. Diese beiden Handlungsfelder werden im Folgenden kurz vorgestellt.

Nachdenken über eine ernsthafte EXIT-Strategie

Abseits aller Interessen, Meinungsunterschiede und gefühlten Konflikte gab es eine große inhaltliche Übereinstimmung: Alle TeilnehmerInnen der Tagung fanden es wichtig, ernsthaft über eine EXIT-Strategie nachzudenken. Von allen Seiten wurde der Wunsch nach einer Handlungsstrategie gefordert, die Tafeln langfristig überflüssig macht – so wie es eigentlich auch das Selbstverständnis der Tafelbewegung vorsieht. Schwieriger war die Frage nach dem Weg, der konkreten Strategie und der Bedeutung von „langfristig".

Was bedeutet EXIT-Strategie? Tafeln sind nie angetreten, um als Dauereinrichtung zu enden. Dies widerspricht dem Selbstverständnis der Tafelbewegung komplett. Es widerspricht allerdings auch der gängigen Praxis, weshalb sich die Kritik an den Tafeln im Kern auf die schleichende und irreversible Systembildung fokussierte. Eine EXIT-Strategie in den Blick zu nehmen bedeutet zunächst, sich an die eigenen Grundsätze zu erinnern. Es kann aber auch – wie vielfach gefordert – die Grundlage für eine Erfolgsdefinition der Tafeln sein. An eine EXIT-Strategie überhaupt nur zu denken heißt vor allem, endlich den zeitlichen Horizont der Tafelbewegung in den Blick zu nehmen und über Langzeitfolgen nachzudenken. An diesem Punkt der Überlegungen entsteht dann schnell ein Konsens darüber, dass es nicht das alleinige Ziel der Tafelbewegung sein kann, immer weiter zu expandieren und sich immer weiter auszudifferenzieren. Allerdings müssen dann auch zwei Zeithorizonte unterschieden werden, um einen konstruktiven Denkansatz nicht gleich wieder im Keim der ideologischen Überforderung zu ersticken:

Kurz- und mittelfristig wird es, unter Fortsetzung der Tafelarbeit an sich, zur Transformation von Standards der Praxis kommen. Hierzu liegen vielfältige Ideen, basierend auf Positiv- und Negativbeispielen und vielfältigem Erfahrungswissen vor. Innerhalb dieses Zeithorizonts macht es Sinn, Verbesserungen aus der Innenperspektive heraus vorzunehmen, Studien zu konkreten Erfahrungswerten durchzuführen und Konsens über Modi der interpersonellen Begegnung zwischen HelferInnen und NutzerInnen zu erarbeiten.

Langfristig kann dies nicht ausreichen. Innerhalb dieses Zeithorizonts geht es vielmehr darum, gemeinsame Potenziale (Kompetenzen, Kontakte) und Ressourcen (Personen, Zeit, Engagement) zu nutzen, um Forderungen an die politisch Verantwortlichen zu adressieren oder gar politisch zu skandalisieren. Es geht darum, gemeinsam dafür zu sorgen, dass das öffentliche Bild der Tafeln sich nicht in euphemistischen Darstellungen erschöpft, sondern die Fakten zur Kenntnis nimmt und zeigt, wie es den Menschen wirklich geht, die Tafeln sicher nicht ganz freiwillig nutzen. Die Politik ist derart zu fordern (mit Fakten, Berichten, …), dass sie sich nicht auf scheinbar einfachen Lösungssuggestionen für sozialstaatliche und letztlich gesamtgesellschaftliche Probleme ausruht. Dabei ist immer wieder darauf zu bestehen, dass den Menschen bei Tafeln zwar kurzfristig, auf keinen Fall aber langfristig geholfen werden kann.

Tafeln haben solange eine Zukunft, solange Armut wächst und der Sozialstaat es nicht schafft, strukturelle Armut nachhaltig zu bekämpfen. *Eine Gesellschaft ohne Tafeln wäre nicht nur eine Gesellschaft ohne Tafeln, sie wäre vor allem eine andere Gesellschaft.* Wer sich ernsthaft darum bemüht, Tafeln überflüssig zu machen, der bemüht sich gleichzeitig (gewollt oder ungewollt) ernsthaft darum, ein anderes Gesellschaftsmodell, ein anderes Gerechtigkeitsmodell und ein anderes Modell von Menschenwürde zu etablieren.

Wunsch nach Moderation des Transformationsprozesses

Niemand möchte Tafeln, aber Tafeln sind eine soziale Realität. Dieser oft geäußerte Satz führt zu abschließenden Überlegungen, wie der von vielen gewünschte moderierte Transformationsprozess aussehen könnte. Die Frage ist, wohin sich die Tafelbewegung bewegt. Macht man weiter wie bisher oder gibt es definierte Ziele? Und wenn ja, wie lauten diese Ziele? Wie lässt sich gestaltend auf die Tafelbewegung Einfluss nehmen ohne diese zu steuern? Um diese Frage zu beantworten, lässt sich mit einem Seitenblick auf ein anderes Feld – die Technikgestaltung – einiges lernen. Technikentwicklung – dies hat die Technikgeneseforschung gezeigt – ist ein offener Prozess. Dieser Prozess ist an vielen Stellen beeinflussbar und gestaltbar, z. B. in Hinblick auf Umwelt- und Sozialverträglichkeit. Diesen Anspruch sollte die Tafelbewegung ebenfalls ohne Abstriche haben. Es ist möglich, innerhalb eines offenen Prozesses (offen für AkteurInnen, offen für Themen, offen für Ergebnisse) Gesellschaft im Hinblick auf diverse „Verträglichkeiten" mitzugestalten. Dazu benötigt es:

Gestaltungsobjekte: Es stellt sich die Frage, was (oder wer) gestaltet werden soll. Die Gestaltungsobjekte sind einerseits die Tafeln selbst, z. B. die praktischen Bedingungen und Rahmenbedingungen ihrer Nutzung. Gestaltet werden kann aber auch das gesamte normative Gerüst der Gesellschaft (Gesetze, Verfahren etc.). An dieser Stelle sei daran erinnert, dass es wenig Sinn macht, die Tafeln nur isoliert zu betrachten. Vielmehr ist ihre kontextuelle Einbettung zu berücksichtigen. Dazu kann das Modell der Tafellandschaft eine Hilfestellung geben.[3]

Gestaltungssubjekte: Hier geht es darum, festzulegen, wer eigentlich die gestaltenden AkteurInnen sind. Auch hier hilft das o. g. Modell. Gestaltung kann einerseits aus der Innenperspektive (HelferInnen, MitarbeiterInnen, NutzerInnen) erfolgen, andererseits aus einer Außenperspektive (ForscherInnen, PolitikerInnen, informierte BürgerInnen). Sie kann aus der Perspektive individueller AkteurInnen erfolgen oder in Form kollektiver Gestaltung. Hier wird sich in Zukunft zeigen, welche Kombination am ehesten taugt, um Innovationsprozesse anzustoßen – um nichts Geringeres geht es.

Gestaltungsziele und -intentionen: Gestaltungsvorgänge sind handlungstheoretisch nicht ohne Absichten (Intentionen) und Ziele vorstellbar. Gestaltende AkteurInnen sollten über beides verfügen. Hierbei zeigte sich anlässlich der Fachtagung, dass die Tafelbewegung eine diffuse Zieldefinition hat. Es handelt sich im Fall der Tafeln sicherlich um eine Bewegung. Wären die Tafeln aber eine „soziale Bewegung" (wie immer wieder gerne behauptet), dann müsste das zu erreichende soziale Ziel präzise bestimmbar oder gar offensichtlich sein. Anders aber als bei echten sozialen Bewegungen (Frauenbewegung, Friedensbewegung, Umweltbewegung), deren Ziel klar artikuliert

---

[3] Vgl. dazu das Modell der Tafellandschaft vom Autor im ersten Teil dieses Tagungsbandes.

wurden (Gleichberechtigung, Gewaltfreiheit, Nachhaltigkeit) herrscht im Fall
der Tafeln ein zieldefinitorisches Vakuum. Formuliert wurden bislang eher
Absichten, die sich auf die *quantitative* Bewältigung von Phänomenen sozia-
ler Ungleichheit in der Gesellschaft beziehen, nicht aber auf deren *qualitative*
Veränderung. In der Transformation der bürgerlichen Tafelbewegung in eine
echte soziale Bewegung liegt das gewaltigste Potenzial der Tafeln. Mit einer
Verschiebung des eigenen Augenmerks von quantitativen hin zu qualitativen
Aspekten können Tafeln nicht nur (wie bisher) einen Anteil am „Wohlfahrts-
mix" haben, sondern eine echte, den gesellschaftlichen Wandel gestaltende
Kraft werden.

Gestaltungsmittel: Bislang bezogen sich die Gestaltungsmittel der Tafeln
auf die logistischen Probleme der Praxis. Unterstellt man aber einen *qualitative
turn* der Tafelbewegung, dann müssen andere Mittel zum Einsatz kommen als
bisher. Diese Mittel, Maßnahmen und Instrumente hängen ganz wesentlich
von der Definition echter, neuer Ziele ab. Mittel können – wie auch auf der
Fachtagung angedeutet – eine verstärkte Vernetzung der Akteurinnen sein,
das gemeinsame politische Skandalisieren des Kontextes der Tafeln, aber
auch die kooperative Beteiligung an Forschungsvorhaben, insbesondere an
Grundlagenforschung.

Gestaltungserwartungen: Letztlich wird es nur gelingen, die sehr heterogenen AkteurInnen auf noch zu definierende Gestaltungsziele hin zu ver-
einen und zu motivieren, wenn zumindest begründete Erwartungen auf eine
Zielerreichung vorliegen. Auf der Fachtagung wurde in vielen Beiträgen von
TeilnehmerInnen sehr deutlich, dass keine Placebo- und Arbeitsbeschäfti-
gungsmaßnahmen sondern echte Gestaltungsmaßnahmen gewünscht sind.
Wer die Aussicht hat, ein Ziel, über das breiter Konsens besteht, in einer über-
schaubaren Zeit (wenigstens teilweise) zu erreichen, wird sich auch mit Freude und Energie an den damit zusammenhängenden Gestaltungsprozessen
beteiligen. Der Zielerreichungsgrad muss irgendwo zwischen völliger Zielerreichung und völliger Zielverfehlung liegen. Dies betrifft v. a. die Frage nach
der Schwere der nicht-intendierten Handlungsfolgen und die Frage, ob/wo
diese die intendierten Wirkungen übersteigen. Hierzu sind situationsspezifi-
sche (empirische) Analysen notwendig. Vor allem geht es bei der Zieldefinition
um die *Vermeidung von Lock-In-Prozessen.* Unter einem Lock-In versteht man
(meist technische, aber auch gesellschaftliche) Entwicklungen, die zu einem
vorzeitigen Einfrieren von Prozessen zu Standards führen, die sich dann als
irreversibel erweisen. Genau dies sollte mit den Tafeln nicht passieren, d. h. es
ist zu vermeiden, dass die Entwicklung alternativlos verläuft. Das wäre das
genaue Gegenteil von Transformation.

Gestaltungsebenen: Als Ergebnis der Diskussion kann festgehalten werden, dass es zwei Ebenen gibt, auf denen gestaltend eingewirkt werden kann. Auf lokaler Ebene geht es darum, auch kurzfristig auf alle operativen Dimensionen einzuwirken. Hier bieten die Tafeln an, was sie für sinnvoll und richtig halten, reflektieren aber auch regelmäßig die eigene Praxis mit Hilfe externer BeobachterInnen. Ein Vertreter der Tafeln brachte es derart auf den Punkt: „Wir machen Fehler und wir können diese Fehler in Zukunft vermeiden. An diesem Punkt kann sich jede Tafel angesprochen fühlen." Auf einer visionären Ebene geht es darum, auf alle politischen Dimensionen einzuwirken. Die TeilnehmerInnen waren sich darin einig, dazu alle möglichen Netzwerke zu nutzen, um Zugang zur Politik und den politischen Entscheidungsträgern zu finden. Dieser Ansatz muss über isolierte (Armuts-)Konferenzen und Fachtagungen hinaus Formen finden, die Öffentlichkeit und die Politik zu erreichen.

5 Fortsetzung des Dialogs – Suche nach Grundbausteinen der Veränderung

Die Tafeln in Deutschland befinden sich in einer sozialen „Beta-Phase". Sie sind die noch unfertige Version eines gesellschaftlichen Programms, das sie gerade mitschreiben. Das Bewusstsein wächst, dass die Tafelbewegung und der gesellschaftliche Wandel nicht zwei lose, unverbundene Phänomene darstellen, sondern sich gegenseitig bedingen (Interdependenz). In Zukunft wird es verstärkt darum gehen, ein sinnvolles Zusammenspiel von a) gesellschaftlich-politischen, b) pragmatisch-normativen und c) wissenschaftlich-analytischen Entscheidungs- bzw. Problemlösungsprozessen zu organisieren.

Es geht dabei um weit mehr, als nur um Tafeln oder ähnliche Einrichtungen. Es geht – in den Worten von Gerd Häuser – um die Suche nach „Grundbausteinen einer Veränderung". Was soll/kann ein damit verbundener Moderationsprozess leisten? Er dient erstens dazu, *Synchronisationsleistungen* zwischen gesellschaftlichen AkteurInnen/gesellschaftlichen Teilsystemen (vgl. Modell) anzuregen. Dazu wurde auf der Fachtragung ein Anfang gemacht. Die Synchronisation bezieht sich gleichermaßen auf Begriffe[4] wie auf Ziele und Mittel der Veränderung. Zweitens soll der Moderationsprozess dazu dienen, aufbauend auf den grundlegenden Synchronisationen eine *Inklusionsformel* zu finden. Eine echte soziale Bewegung zeichnet sich nicht nur

---

[4] Hierbei geht es um die konsensfähige Ausformulierung dessen, was unter „Tafeln & Co." zu verstehen ist, d. h. wie weit das Spektrum der zu untersuchenden Hilfseinrichtungen reicht.

durch operationalisierbare Ziele und Meilensteine aus, sondern auch durch ein Mission Statement, das von allen Beteiligten verstanden und inhaltlich geteilt wird. Eine derartige Inklusionsformel, die sich auf die Veränderung des Kontextes der Tafeln bezieht, fehlt bislang.[5] Drittens müssen im Rahmen des Moderationsprozesses (neue) *Räume des Engagements* definiert werden. Damit wird nicht gesagt, dass das Engagement (z. B. der vielen Ehrenamtlichen) komplett umgelenkt werden soll. Notwendig ist aber doch – so die Mehrzahl der TeilnehmerInnen der Fachtagung – über alternative und/oder komplementäre Räume des Engagements nachzudenken. Viertens soll es innerhalb des Moderationsprozesses zu einer Interessenstransparenz und *Interessensabwägung* kommen. Fünftens besteht das Ziel in der gemeinsamen (transdiziplinären) Produktion von *politisch brauchbarem Wissen*.

Machen Sie Angebote!

Um einen moderierten Transformationsprozess zu gestalten, sind alle Beteiligten aufgerufen, Angebote zu machen. Der „historische Moment", so ein Teilnehmer der Fachtagung, sollte nicht verpuffen, die gemeinsam demonstrierte Dialogfähigkeit sollte fortgesetzt werden – in gemeinsamen Projekten und Treffen sowie vor allem in gemeinsamen Forderungen. Ein Vertreter der Tafeln brachte es wie folgt auf den Punkt: „Vor allem haben wir hier Gesprächsbereitschaft erlebt. Nun gilt es, diesen Ball aufzunehmen. Wir sollten also überlegen, wie wir in Zukunft besser zusammen arbeiten können." Hilfreich war dafür sicherlich der respektvolle Umgang miteinander, die Form der Begegnung, aber auch der Ort Furtwangen, der eine ablenkungsfreie Form von Gesprächen ermöglichte. Der Wunsch nach Anknüpfung war bei den meisten TeilnehmerInnen deutlich spürbar. Eine Teilnehmerin appellierte: „Weitermachen! Das kann ja nicht einfach so im Raum stehen bleiben, das ist jetzt der richtige Zeitpunkt." Wie das Gremium letztlich aussehen wird, das den Transformationsprozess gestaltet, ist zum gegenwärtigen Zeitpunkt noch offen. Eines haben aber sicher alle mitgenommen: Eine gemeinsame Suche nach den Grundbausteinen einer gesellschaftlichen Veränderung bedeutet nichts anderes, als ein gewaltiges humanistisches Projekt zu Beginn des

---

[5] Hiermit wird nicht gesagt, dass es keine Inklusionsformel gäbe. Aus der Innensicht der Tafelvertreter gibt es einige solcher Angebote. Es gibt jedoch keine Inklusionsformel, die auch von Akteuren geteilt wird, die außerhalb der Tafelbewegung stehen, gleichzeitig aber mit ihr verbunden sind, d. h. vor allem die NutzerInnen.

21. Jahrhunderts. Dieses Projekt muss von vielen AkteurInnen gestaltet und mitgetragen werden. Innerhalb dieses Transformationsprojekts geht es nicht darum, die eigene Position aufzugeben, sondern zunächst darum, die Position der anderen zu verstehen. Allein hieraus erwächst ein enormer, bislang nicht genutzter Gestaltungsspielraum. Empirische Fakten sollten die Grundlage für die zukünftige Transformation der Tafeln sein, nicht wertebasierte Modelle. *Das Selbstverständnis muss sich dem Verständnis anpassen und nicht umgekehrt.*

Hinweise zu den Autorinnen und Autoren

Jens Becker, Dr., ist wissenschaftlicher Mitarbeiter am Institut für Sozialforschung und Sozialwirtschaft e. V. (*iso*) in Saarbrücken sowie Lehrbeauftragter am Fachbereich Gesellschaftswissenschaften der Goethe-Universität/Frankfurt am Main und der Europäischen Akademie der Arbeit (EAdA). Arbeitsgebiete: Armut und Reichtum, Governance and Welfare, Demografischer Wandel und soziale Dienstleistungen.
Kontakt: Jens.Becker@soz.uni-frankfurt.de

Heike Görtemaker, geb. 1977, Studium Sozialpädagogik/Sozialarbeit an der Leuphana Universität Lüneburg demnächst weiterführendes Studium in Lüneburg, Forschungsschwerpunkt: Tafeln und Sozialarbeit.
Kontakt: h.goertemaker@yahoo.de

Anneliese Hendel-Kramer, M.A. geb. 1947, Soziologin, wissenschaftliche Mitarbeiterin am Sozialwissenschaftlichen FrauenForschungsInstitut an der Evangelischen Hochschule Freiburg im Breisgau (SoFFI F). Arbeitsschwerpunkte: Frauen in besonderen Lebenslagen, Soziodemographische und epidemiologische Fragestellungen.
Kontakt: hendel@eh-freiburg.de

Holger Hoffmann, M.A., geb. 1959. Diakoniewissenschaftler (Univ. Heidelberg), Dipl.-Sozialpädagoge (FH), Dipl.-Sozialwirt (FH), Referent und stellv. Vorstand im Diakonischen Werk der Evangelischen Landeskirche in Baden, Karlsruhe (www.diakonie-baden.de), Lehrbeauftragter der Evangelischen Hochschule Freiburg im Breisgau. Arbeitsschwerpunkte: Diakonie, Armut und Existenzsicherung, SGB II/SGB XII.
Kontakt: hoffmann@diakonie-baden.de

Mareike Layer, geb. 1980, studierte Kulturwissenschaft, Germanistik und Musikwissenschaft in Berlin und Bordeaux. Derzeit arbeitet sie an ihrer Dok-

torarbeit zum Thema „Prekäre Gastfreundschaft in Hochmittelalter und Gegenwart". Ihre Arbeitsschwerpunkte sind Theorien der Begegnung und der
Interaktion, phänomenologische Konzepte zu Körper und Raum, Kulturtheo-
rie der Gastfreundschaft.
Kontakt: marlayer@yahoo.de

Stephan Lorenz, Dr. phil., Soziologe (MA), studierte Soziologie, Psychologie
und Philosophie an der Friedrich-Schiller-Universität Jena und an der Uppsala
Universitet (Schweden). Forscht im eigenen, von der DFG geförderten Projekt
am Institut für Soziologie in Jena zu den Tafeln. Seine weiteren Arbeitsschwerpunkte in Forschung und Lehre sind Überfluss und Konsum, Umwelt und
Nachhaltigkeit, Gesellschaftstheorie und Methodologie.
Kontakt: Stephan.Lorenz@uni-jena.de.

Katja Maar, Prof. Dr. phil., geb. 1975, lehrt Soziale Arbeit an der Hochschule Esslingen (Schwerpunkt Soziale Arbeit im Bereich existenzielle Notlagen). 2009 gründete sie zusammen mit Stefan Selke die Forschungsgruppe
„Tafel-Monitor".
Kontakt: katja.maar@hs-esslingen.de

Timo Sedelmeier, geb. 1980, studierte von 2001 bis 2006 Geographie und
Europäische Ethnologie an der Albert-Ludwigs-Universität in Freiburg i.Br.
Seit 2007 ist er als Doktorand am dortigen Institut für Kulturgeographie tätig.
Seine Arbeitsschwerpunkte liegen im Bereich der Wirtschafts- und Sozial-
geographie, insbesondere in der geographischen Armutsforschung und der
Nahrungsgeographie.
Kontakt: Timo.Sedelmeier@geographie.uni-freiburg.de

Stefan Selke, Prof. Dr. phil., lehrt als Soziologe im Arbeitsbereich „Gesell-
schaftlicher Wandel" an der Hochschule Furtwangen University sowie am
Karlsruher Institut für Technologie (KIT). Er forscht und publiziert zu ver-
schiedenen Themenfeldern des medialen, technologischen und sozialen
Wandels. Stefan Selke ist Gründer der Forschungsgruppe „Tafel-Monitor" am
Institut für angewandte Forschung (IAF) der Hochschule Furtwangen Univer-
sity und betreibt seit 2008 das Onlineportal www.tafelforum.de.
Kontakt: ses@hs-furtwangen.de

.

MIX
Papier aus verantwortungsvollen Quellen
Paper from responsible sources
FSC
www.fsc.org
FSC® C105338

If you have any concerns about our products,
you can contact us on
ProductSafety@springernature.com

In case Publisher is established outside the EU,
the EU authorized representative is:
**Springer Nature Customer Service Center GmbH
Europaplatz 3, 69115 Heidelberg, Germany**

Printed by Libri Plureos GmbH
in Hamburg, Germany